Sabine Oberhardt

MENSCHENCODE®

Wie Sie sich und andere entschlüsseln

VERRAI-VERLAG
Stuttgart

Das Werk, einschließlich seiner Teile, ist urheberrechtlich geschützt. Jede Verwertung ist ohne Zustimmung des Verlages und des Autors unzulässig. Dies gilt für die elektronische oder sonstige Vervielfältigung, Übersetzung, Verbreitung und öffentliche Zugänglichmachung.

Bibliografische Information der Deutschen Nationalbibliothek:
Die Deutsche Nationalbibliothek verzeichnet diese Publikation in der Deutschen Nationalbibliografie; detaillierte bibliografische Daten sind im Internet über http://dnb.d-nb.de abrufbar.

© VERRAI-VERLAG · 70469 Stuttgart

2. Auflage April 2019
Alle Rechte vorbehalten.
https://verrai-verlag.de

Umschlaggestaltung und Motiv:
Hauptmann & Kompanie Werbeagentur, Zürich
ehrle studios Werbeagentur GmbH
Fotos: Terzo Algeri, Heilbronn
Illustrationen: Chris Fischer, Karlsruhe

Printed in Germany
ISBN 978-3-946834-79-3

Inhalt

Vorwort 9

Einleitung 11
    Warum ich dieses Buch geschrieben habe 11

Charaktercode 17
    I. Wer bin ich? 17
    II. Finden Sie Ihre Farbe 19
    III. Die Bedeutung Ihrer Farbe 22
    IV. Wie sich die Farbe nach außen hin zeigt 25
    V. Wirkung des Charakters 27
    VI. Der Umgang mit den Temperamenten – Wie stellen wir uns
        auf den anderen ein? 31
    Die 7 Schlüssel zum Charaktercode 38

Prägungscode 39
    I. Warum bin ich so, wie ich bin? 39
    II. Das Handpuppenspiel und die Prägung 40
    III. Lüften Sie das Geheimnis der Prägungen 43
    Die 7 Schlüssel zum Prägungscode 57

Mentalcode 59
    I. Die sieben Bausteine Ihres Mentalcodes 62
    II. Geistige Gesetze und ihre Auswirkungen 68
    III. Aktivieren Sie Ihr Gehirn: Steuern Sie Ihren Erfolg durch
        Visualisierungskraft 74

    IV. Wie sieht es mit Ihrer Visualisierungs- oder
        Vorstellungskraft aus? 75
    V. Nutzen Sie das mentale Training als Erfolgsbeschleuniger 75
    Die 7 Schlüssel zum Mentalcodecode 79

Wirkungscode 81
    I. Körpersprachecode 81
    II. Die Bedeutung Ihrer Stimme und Ihrer Sprachmuster 97
    III. Mimik: Werden Sie zum Lügenerkenner 102
    IV. Imagecode 106
    V. Psycho- und Physiognomikcode 113
    Die 7 Schlüssel zum Wirkungscode 133

Gesundheitscode 135
    I.   Entschlüsseln Sie Ihren Gesundheitscode 138
    II. Die Auswirkung Ihres Naturells auf Ihre Gesundheit 144
    Die 7 Schlüssel zum Gesundheitscode 156

Intuitionscode 157
    I. Intuition als Wegweiser für Entscheidungen 160
    II. Intuitionsaktivierung 164
    Die 7 Schlüssel zum Intuitionscode 172

Erfolgscode 173
    I. Wissenschaftliche Betrachtung 174
    II. Entdecken Sie Ihr Erfolgspotenzial 175
    III. Erfolg und Bewusstsein 179
    IV. Erhöhen Sie Ihr Erfolgsbewusstsein 197
    V. Die Bedeutung des Erfolgs aus verschiedenen Blickwinkeln 198
    VI. Ihr persönlicher Weg zum Erfolg 203
    Die 7 Schlüssel zum Erfolgscode 208

Knacken Sie den Menschencode® 209

Was ich mir für Sie wünsche 211

Dank 213

Feedback 214

Register 215

Quellenverzeichnis 221

Die Autorin 223

Vorwort

»Jeder ist seines Glückes Schmied.«

»Ach, Herr Scherer, jeder von uns ist doch auch von seinen Umständen abhängig.« Wenn ich einen solchen Satz höre, dann treibt mich das zur Weißglut. Von meinen Eltern habe ich kein Vermögen geerbt, sondern Schulden und ein defizitäres Unternehmen. Nicht ein paar Hunderttausend Euro Schulden, es waren ein paar Millionen! Waren es also die Umstände, die mir mein Leben so gestaltet haben, wie es heute ist? Nein, mein heutiges Leben verdanke ich den Chancen, die ich genutzt habe. Daher sage ich: Jeder hat die Möglichkeit, sein Leben so zu gestalten, wie er es will.

Dies stellt Sabine Oberhardt auf sehr anschauliche und inspirierende Weise in ihrem Buch dar. Egal ob als Führungskraft, im Vertrieb oder im Privatbereich: Jeder kann seine Chancen nutzen.

Sabine Oberhardt zeigt Ihnen gezielte Möglichkeiten und Chancen auf, ganzheitliche Menschenkenntnis und Erfolg auf leichte und unkomplizierte Art zu gewinnen. Schon im ersten Kapitel erkennt der Leser, wie er gestrickt ist, wie er wirkt und was er dadurch bewirkt.

Extrem beeindruckt bin ich, dass Sabine Oberhardt es geschafft hat, einen umfassenden Ansatz zu wählen, der Menschenkenntnis, Selbsterkenntnis und Erfolg verbindet. Hier schreibt eine Fachfrau, praxisorientiert, verständlich, klar und mit einem Augenzwinkern.

Durch die methodische Aufbereitung wird jeder motiviert, die Menschenkenntnis sofort in die Praxis umzusetzen. Die Erfolgstipps unterstützen Sie, sich selbst besser zu verstehen und auch Ihr Gegenüber gezielter und analytischer einzuschätzen. Wie Sie als Führungskraft, als Vertriebsmitarbeiter oder als der Mensch von nebenan Ihre Persönlichkeit entwickeln können, wird Ihnen anhand von zahlreichen Übungen, Checklisten, Fragebögen und Auswertungen aufgezeigt.

Besonders begeistert hat mich, dass Sabine Oberhardt sehr viel aus ihrer Erfahrung als Coach einbringt. Durch ihre charmante Art, den Finger in die Wunde zu legen, schafft sie es, Motivationen zu wecken, um direkt in die Veränderung gehen und loslegen zu wollen. Dadurch erhält dieser Ratgeber eine ganz persönliche Note. Denn diese zeichnet eben den Menschencode® aus.

Der ganzheitliche Ansatz, die eindrucksvolle Schilderung von Menschen- und Erfolgstypen, die Verbindung zwischen Analysefähigkeit mit emotionaler Intelligenz geben diesem Ratgeber ein Alleinstellungsmerkmal.

Im finalen Erfolgscode werden alle Erkenntnisse aus den vorangegangenen Codes gebündelt. So kann jeder Leser seine Selbstreflexion nochmals anstoßen, um seine Chancen individuell zu nutzen. Nicht nur Menschenkenntnis, sondern auch das Erkennen der richtigen Ziele und des persönlichen Erfolges machen dieses Buch zu einem Ratgeber, den es sich zu lesen lohnt.

Der besondere Charme des Menschencodes® ist nicht nur die persönliche Entwicklung, sondern auch das Erkennen seines Gegenübers. Denn was Unternehmen heute benötigen, sind Führungskräfte, die wissen, wie sie mit Mitarbeitern umgehen und diese richtig einsetzen. Weiter werden Mitarbeiter benötigt, die wissen, wie sie mit Geschäftspartnern und Kunden umgehen müssen, um den Unternehmenserfolg zu sichern.

Sabine Oberhardts Buch ist faszinierend, informativ und extrem motivierend. Auch sie hat aus ihren persönlichen Umständen und Herausforderungen immer das Beste gemacht und ihre Chancen genutzt. Nutzen auch Sie Ihre Chance für eine dauerhafte Veränderung und Selbstbestimmung.

In Unternehmen und im Leben ist Menschenkenntnis eine Voraussetzung für Erfolg und Selbsterkenntnis ist die Chance, die richtigen Ziele zu erkennen. Das bringt Erfüllung und Balance.

Nichts ist wichtiger, als ein erfülltes Leben zu haben. Denn die meisten Menschen bereuen nicht, was sie getan haben, sondern was sie nicht getan haben.

Nutzen Sie die sieben Codes. Sie beleuchten den Menschen von allen Seiten. Mit jedem Code kommen Sie einen Schritt weiter als Mensch, Persönlichkeit und mit Ihren Zielen. Egal wo Sie heute stehen – Sie haben die Chance, jetzt zu beginnen.

Hermann Scherer
www.hermannscherer.com
Coach, Berater und Bestsellerautor mit über 30 Büchern in zwölf Sprachen

Einleitung

»Für den Menschen, der mit Menschen umgehen kann, würde ich ein Vermögen bezahlen.«

wird Henry Ford zugeschrieben

Warum ich dieses Buch geschrieben habe

Der Grund dafür ist einfach: Es gibt viele Führungskräfte und Verkäufer, die durchschnittlich sind und die zu mir kommen, um exzellent zu werden.

Die meisten Führungskräfte und Vertriebsmitarbeiter verfügen über eine hohe Fachkompetenz und ein großes theoretisches Wissen. Jedoch fehlt es ihnen häufig an Empathie für ihr Gegenüber, Leidenschaft und Begeisterung für den Menschen. Daher möchte ich in diesem Buch Antworten auf die folgenden Fragen geben:

Wie schaffen Sie es, den Funken der Begeisterung im Menschen zu wecken?
Indem Sie die Leidenschaft für Ihre eigene Persönlichkeit entdecken und sich durch eine gezielte Selbstreflexion besser kennen- und verstehen lernen. Denn nur eine Persönlichkeit, die sich in allen Facetten kennt, kann auch einen anderen Menschen verstehen und lesen.

Wie lernen Sie Ihr Gegenüber zu lesen?
Durch die sieben ganzheitlichen Codes erhalten Sie ein Handwerkszeug, das Ihnen ermöglicht, Stärken zu erkennen, Schwächen als Herausforderungen anzunehmen, Kompetenzen gezielt und individuell zu entwickeln sowie Belastungsgrenzen und Leistungspotenziale richtig einzuschätzen. Denn was bringt es Ihnen, wenn Sie einem Mitarbeiter viele Aufgaben übertragen und nicht die

Potenziale eines anderen Mitarbeiters nutzen? Oder wenn Sie als Verkäufer mit dem besten Produkt unterwegs sind und vergessen, den Kunden als Menschen abzuholen?

Was ist der besondere Nutzen für Sie?
Es gibt jede Menge Bücher über Menschenkenntnis. Doch es gibt noch kein einziges Buch, das ermöglicht, einen Menschen umfassend zu entschlüsseln. Die Besonderheit dieses Buches besteht darin, dass der Menschencode® eine ganzheitliche Methode ist. Sie können sich die Methode ähnlich wie bei einer Spiegelreflexkamera vorstellen. Sie hat verschiedene Einstellmöglichkeiten zur Fokussierung eines Menschen, um ein exzellentes Bild des Gegenübers zu machen. Wenn etwas fehlt, wird das Bild des Menschen unscharf.

Mit dem Menschencode® halten Sie ein Fachbuch mit vielen Praxisbeispielen und Erfolgstipps in den Händen: Damit lernen Sie, alle Segmente scharf zu stellen und ein klares Bild von sich und Ihrem Gegenüber zu haben. Zudem erfahren Sie, wie Sie sich und Ihr Gegenüber so entwickeln, fördern und fordern können, wie es das jeweilige Potenzial ermöglicht.

Dieses Buch ist eine Chance, vieles in Ihrem Leben leichter zu machen. Mit dem darin vermittelten Wissen bekommen Sie das ideale Instrument an die Hand, um Ihre eigenen Potenziale und die der anderen besser zu erkennen und zu fördern.

Wie steuern Sie Ihren Erfolg und kommen weiter?
Nur wenn Sie sich und Ihr Gegenüber richtig einschätzen, können Sie die richtigen Entscheidungen treffen. Dies gilt sowohl in beruflicher als auch in privater Hinsicht. Ständig begegnen Sie neuen Menschen, die Sie anhand ihres Auftretens beurteilen. Egal ob es um die Auswahl eines Mitarbeiters, einer Führungspersönlichkeit oder des richtigen Partners geht – wie schön wäre es, in den anderen hinein zu sehen? Sie wüssten, was ihn bewegt und wie er sich in Zukunft verhalten wird.

Dieses Buch wird Ihnen helfen, genau das zu erlernen. Schritt für Schritt lernen Sie sich und Ihr Gegenüber zu entschlüsseln, wer das jeweilige Gegenüber ist und wie dessen Strategie lautet. Um dies zu erkennen, benötigen Sie eine analytische und methodische Vorgehensweise. Hierbei lernen Sie, präzise und schnell zu analysieren und Ergebnisse zu liefern. Jeder von uns hat einen »inneren Scanner«, aber leider ist er nicht immer zuverlässig und liefert nicht die richtigen Ergebnisse, da diese häufig von unserem Denken »überstrahlt« werden. Doch hier die gute Nachricht: Sie können Ihren inneren Scanner trainieren! Mithilfe dieses Buches lernen Sie, seine Ergebnisse enorm zu verbessern. Es ist wie so oft nur eine Frage der richtigen Methode.

Die Methode Menschencode®

Der Menschencode® ist ein umfassendes Analysetool, das Ihre analytischen Fähigkeiten mit Ihrer emotionalen Intelligenz verbindet. Durch seine Ganzheitlichkeit ist es Einzelmethoden überlegen. Der Menschencode® besteht aus sieben verschiedenen Codes. Diese brauchen Sie, um sich selbst und einen anderen Menschen vollständig zu erfassen. Mithilfe der Codes können Sie sich und andere Menschen sprichwörtlich entschlüsseln – in ihrem Wesen, ihren Motiven, Handlungen und auch ihren Zielen.

Um andere zu entschlüsseln, setzen die Codes zuallererst bei Ihnen an. Sie erkennen sich und werden sich Ihrer Prägungen und Motive bewusst. Dadurch kommen Sie mit sich ins Reine und haben die Chance, Ihre eigenen Potenziale bestmöglich zu entwickeln. Diese Potenziale nutzen Sie anschließend als strategische Stärken, um andere leichter zu entschlüsseln.

Wichtig: Um uns selbst und andere besser zu verstehen, müssen wir alle sieben Codes miteinbeziehen.

Wie wenden Sie den Menschencode® an?

Die Vorgehensweise ist einfach und für jeden erlernbar. In jedem Code vertiefen zahlreiche Beispiele, Kurzgeschichten und Selbsttests die Inhalte. In anschließenden praktischen Übungen können Sie Ihre neuen Fähigkeiten direkt erproben. Ich werde Sie immer wieder motivieren, Dinge auch in der Praxis auszuprobieren und die Ergebnisse zu reflektieren.

Mit etwas Erfahrung werden Sie dann bald in der Lage sein, vor Ihrem inneren Auge alle Informationen zu sehen, die Sie über einen Menschen brauchen. Sie werden typenbedingte Besonderheiten ebenso erkennen wie Herausforderungen und werden Ihre Mitarbeiter entsprechend deren Fähigkeiten richtig einsetzen lernen.

Welchen Nutzen und Mehrwert haben Sie?
In diesem Buch erlernen Sie neue Kernkompetenzen, die für eine moderne Unternehmensführung unerlässlich sind. Im Kampf um die besten Köpfe wird der Mensch selbst immer wichtiger. Deshalb müssen Fachkräfte wissen, wie sie mit den Menschen umgehen. Denn eine gute Kommunikation und eine gesunde Streitkultur tragen erheblich zum Unternehmenserfolg bei. Die neue Generation an Arbeitnehmern fordert dies bereits bei ihrer Einstellung ein. Sie will eine Arbeit mit Sinn, hinter der sie stehen kann, und eine Unternehmenskultur, in der jeder Einzelne geachtet wird.

Mit Ihren neuen Kompetenzen sind Sie darauf vorbereitet. Denn wenn Sie den Menschencode® verinnerlicht haben, erkennen Sie sofort, mit welcher Persönlichkeit Sie es zu tun haben. Egal ob im Verkaufsgespräch, im Teammeeting oder bei Beförderungen: Sie erkennen, was Ihr Gegenüber braucht, und reagieren entsprechend. Gezielter und schneller als je zuvor und mit mehr Spaß, mehr Leichtigkeit und auch mehr Energie! Die Energie und Zeit, die Sie vorher in schwelende Konflikte und Grabenkämpfe investiert haben, stehen nun für Ihre Projekte zur Verfügung, denn auf der zwischenmenschlichen Ebene ist alles geklärt!

Ihr Nutzen beschränkt sich nicht auf das berufliche Leben. Auch im privaten Bereich kann Ihnen dieses Buch von erheblichem Nutzen sein. Denn Sie erfahren, wie Sie das Miteinander mit den verschiedenen Menschentypen so angenehm und erfolgreich wie möglich gestalten. Legen Sie los! Erfahren Sie, wie Sie sich und andere Menschen leichter und besser einschätzen. Schon bald werden Sie Ihr Leben leichter gestalten und weiterkommen. Kollegen, Mitarbeiter und Freunde werden in einem anderen Licht erscheinen. Sie erkennen leichter, was diese bewegt und wie Sie darauf reagieren können. Durch diese neue Kompetenz wird Ihnen der zwischenmenschliche Umgang mit vielen Menschen künftig leichter fallen, und Sie erreichen einfacher Ihre Ziele. Ein ganz großer Mehrwert ist, dass Sie sich selbst besser verstehen und wissen, was Sie wirklich wollen und wie Sie Ihre Ziele erreichen.

Sie steigern Ihre emotionale Intelligenz. Sie haben künftig stets ein probates Mittel zur Hand, um bei sich selbst den Bereich zu erweitern, in dem Sie stark sind. Nehmen Sie die Dinge in die Hand und bestimmen Sie so Ihren eigenen Lebenserfolg.

Legen Sie los und nutzen Sie die neue Kernkompetenz, die für eine moderne

Unternehmensführung eine Voraussetzung darstellt. Starten Sie durch und trainieren Sie Ihre Fähigkeiten, um künftig die richtigen Entscheidungen zu treffen und weiterzukommen.

Dieses Buch versteht sich als Ratgeber: Sehen Sie die Impulse als Anregungen, lassen Sie sich von ihnen motivieren und suchen Sie sich diejenigen Punkte heraus, die am besten zu Ihnen passen.

Hinweis: In diesem Buch wird aus Gründen der Übersichtlichkeit und der leichteren Lesbarkeit die männliche Form verwendet. Die Fallbeispiele kommen aus meiner Praxiserfahrung, sind jedoch anonymisiert und geändert, sodass Ähnlichkeiten mit lebenden oder verstorbenen Personen rein zufällig sind.

Für viele Übungen in diesem Buch habe ich Ihnen Vorlagen erstellt, damit Sie direkt loslegen können. Sie können diese von meiner Website *www.sabineoberhardt.com* herunterladen.

Bevor Sie mit dem Lesen beginnen, haben Sie die Möglichkeit, Ihre Menschenkenntnis online zu testen. Loggen Sie sich auf meiner Website mit dem folgenden Code ein: a7b7w89. Damit Sie Ihren Erfolg überprüfen können, ist im Buch ein weiterer Code versteckt.

Charaktercode

I. Wer bin ich?

Stellen Sie sich vor: Sie spielen ein Gesellschaftsspiel, bei dem Sie Ihr Mitspieler kurz vor dem Ziel herauswirft. Wie ist Ihre Reaktion? Denken Sie sich »Da ist noch nichts entschieden«? Oder nehmen Sie es locker, denn es ist ja nur ein Spiel? Fühlen Sie sich darin bestätigt, dass Sie im Leben einfach immer Pech haben? Oder wussten Sie schon vom Beginn an, dass die Wahrscheinlichkeit zu gewinnen gering ist?

Sie merken es schon: Auf ein und dieselbe Situation reagieren wir völlig unterschiedlich. Denn auch wenn unser Sein ein Lebensprozess ist, so sind wir doch beeinflusst von unserem genetisch bedingten Temperament, das unsere Charaktereigenschaften prägt. Sicherlich haben Sie sich schon einmal die Frage gestellt, weshalb manche Kollegen eine Abwehrhaltung einnehmen, wenn eine schlichte Nachfrage erfolgt. Oder Sie haben sich gefragt, weshalb ein Mitarbeiter nahezu in Tränen ausbricht, wenn jemand seine Arbeitsleistung kritisiert. Dies ist häufig eine Frage des Temperaments, das auf die charakterlichen Eigenschaften unserer Persönlichkeit Einfluss nimmt.

Die Bestimmung des eigenen Temperaments hat schon die alten Griechen beschäftigt. Sie geht auf den griechischen Arzt Galenos von Pergamon (ca. 200–130 v. Chr.) zurück. Er hat seine Typologie der vier Temperamente mit der Vier-Säfte-Lehre des berühmten Hippokrates von Kos (ca. 460–370 v. Chr.) verknüpft. Vereinfacht geht diese Lehre davon aus, dass im Körper des Menschen vier Flüssigkeiten (»humores«) vorkommen. Diese Flüssigkeiten können jeweils einem Temperament zugeordnet werden. Die im Körper überwiegende Flüssigkeit bestimme dabei das vorherrschende Temperament.

Die Temperamentenlehre nach Galen

»Saft«	Temperamententyp	Temperamentsausprägung
Blut (*sanguis*)	Sanguiniker	gutmütig, gesellig, aktiv und fröhlich
Schleim (*phlegma*)	Phlegmatiker	vernünftig, behäbig, gerät nicht leicht in Zorn
Schwarze Gallenflüssigkeit (*mélaina cholé*)	Melancholiker	vorsichtig, introvertiert, betrübt und nachdenklich
Gelbe Gallenflüssigkeit (*cholé*)	Choleriker	leicht reizbar, macht seinem Ärger Luft, eigennützig

Diese antike Lehre hat im Laufe der Jahrhunderte Furore gemacht und Mediziner, Philosophen und Literaten beschäftigt. Ihre Weiterentwicklung prägt bis heute die Charakterkunde und Persönlichkeitsanalyse.

Die moderne Charakterkunde distanziert sich von Säften und Schubladeneinteilungen. Sie sieht den Menschen als Ganzes, in dem sich verschiedene Temperamentsströme vereinen. Dabei können sich die Temperamente im beruflichen Leben auch anders darstellen als im privaten Bereich. Nicht zu unterschätzen ist indes der Einfluss eines überwiegenden Temperaments. Auch die heutige Charakterkunde klassifiziert die Temperamente des Menschen daher in Charaktertypen, dies jedoch nicht statisch, sondern flexibel.

Die Temperamente des Menschen werden in der Charakterkunde häufig Farben oder Elementen zugeordnet.

Temperamententyp	Farbe	Element
Sanguiniker	Gelb	Luft
Phlegmatiker	Grün	Wasser (Dampf)
Melancholiker	Blau	Erde
Choleriker	Rot	Feuer

Persönlich bevorzuge ich die Einteilung in die Grundfarben Rot, Grün, Blau und Gelb. Diese Klassifizierung beinhaltet die Möglichkeit, dass Mischformen (Farbenüberschneidungen) des Temperaments sowohl im Rahmen eines allgemeinen Persönlichkeitsprofils als auch situationsbedingt erkannt werden und darstellbar sind. Professionelle Unterstützung hierbei ist das Diagnosesystem INSIGHTS MDI® von Frank Scheelen / Scheelen AG. Der große Vorzug dieses Systems liegt in seiner Vielschichtigkeit.

II. Finden Sie Ihre Farbe

Unsere Charakterstruktur ist ein einzigartiges Kunstwerk, das viele Merkmale und Eigenschaften besitzt, die uns nahezu unbewusst sind. Farblich gesehen sind wir bunt. Gleichzeitig sind wir alle durchaus geprägt von einem der grundsätzlichen Charaktere: einer dominierenden Farbe. Finden Sie daher zunächst im Selbsttest heraus, welcher Charaktertyp bei Ihnen überwiegt. Bitte entscheiden Sie sich für eine Aussage – ohne lange nachzudenken. Notieren Sie jetzt ganz spontan, welche Antworten Ihrer Persönlichkeit am meisten entsprechen:

1. Wie verhalten Sie sich im Kontakt mit fremden Menschen?
a. Sie gehen offen auf andere zu, denn »wer nicht wagt, der gewinnt nicht«.
b. Sie beurteilen Menschen nach Status und Prestige, da Sie nur bestimmte Persönlichkeiten um sich haben möchten.
c. Sie sind zunächst vorsichtig, wenn Sie fremde Menschen treffen, und warten ab, wie diese sich verhalten.
d. Sie sind zunächst distanziert und warten ab, bis ein anderer auf Sie zugeht.

2. Woher nehmen Sie Ihre Energie?
a. Sie brauchen ständig Kommunikation und Unterhaltung, um Kraft zu gewinnen. Ruhe macht Sie eher nervös.
b. Sie nehmen Ihre Energie aus Ihren Zielen und Visionen.
c. Sie möchten nach einem Arbeitstag richtig entspannen. Sie benötigen Ruhe und einen lieben Menschen als Gesprächspartner, um den Tag zu verarbeiten.
d. Sie benötigen Ruhe und Distanz, um über den Tag zu reflektieren.

3. **Wie klar sind Ihre Ziele im Leben?**
a. Sie stellen sich einfach vor, was Sie haben wollen, und dann bekommen Sie es auch.
b. Ihre Ziele sind Ihre Herausforderungen, und daran messen Sie auch Ihren Erfolg.
c. Ihre Ziele ergeben sich im Laufe des Lebens. Wichtig ist Ihnen vor allem ein harmonisches und zufriedenes Umfeld.
d. Ihre Ziele müssen realistisch sein. Erst planen Sie, welche möglich sind, und dann definieren Sie diese. Schließlich muss man immer mit allem im Leben rechnen.

4. **Welche Charaktereigenschaften zeichnen Sie am meisten aus?**
a. Sie sind sehr offen und begeisterungsfähig. Das Leben ist schön und macht Ihnen viel Spaß.
b. Sie denken in der Regel in großen Dimensionen und sind erfolgsorientiert. Daher begehren Sie zumeist nur das Beste.
c. Sie sind von Natur aus hilfsbereit und gutmütig. Auch wenn Sie bereits mehrmals enttäuscht worden sind, unterstützen Sie dennoch Mitmenschen in Not.
d. Sie planen und organisieren sich gut. Sie wägen ab, was sinnvoll ist und Ertrag bringt.

5. **Wie wichtig sind Ihnen Freundschaften?**
a. Sie finden es spannend, immer wieder neue Menschen kennenzulernen, das macht Ihnen Freude und Spaß.
b. Sie erwarten einen Mehrwert und einen Nutzen von einer Freundschaft. Sie wählen Freunde aus, um sich weiterzuentwickeln und besser zu werden.
c. Sehr wichtig! Denn ohne echte Freundschaft fühlen Sie sich alleine. Sie sind häufig für Ihre Freunde da, wenn diese Sie brauchen.
d. Ihre wahren Freunde können Sie an einer Hand abzählen. Wichtig ist, dass diese Freunde auf dem gleichen Level denken wie Sie.

6. **Umgang mit Druck**
a. Je mehr Druck, umso hektischer werden Sie.
b. Je mehr Druck, umso besser und konzentrierter sind Sie.

c. Je mehr Druck, umso zurückhaltender werden Sie, Sie fühlen sich unwohl.
d. Je mehr Druck, umso ruhiger werden Sie – eins nach dem anderen wird erledigt.

7. **Sie spielen das Gesellschaftsspiel, bei dem man sich ärgern kann. Ihr Mitspieler wirft Sie kurz vor dem Ziel heraus. Wie wäre Ihre Reaktion?**
   a. Das Leben ist ein Spiel. Noch ist nichts entschieden.
   b. Das Leben ist eine Herausforderung. Am Ende gewinne ich!
   c. Das Leben ist nicht immer fair. Hauptsache, wir verstehen uns auch nach dem Spiel.
   d. Das Leben ist kein Zuckerschlecken. Der Wahrscheinlichkeit nach war das vorauszusehen.

Haben Sie sich bei den Antworten gefunden? Sie erkennen bereits, dass jeder Mensch im Rahmen seiner charakterlichen Neigung auf verschiedene Verhaltenssituationen anders reagiert. Nach der jeweiligen Auswertung Ihrer Antworten wird Ihnen ein überwiegendes Farbtemperament zugeordnet. Sehen Sie selbst, welche Farbe bei Ihnen punktet:

a. Sie gehören zu den »Gelben« und sind ein positiver Mensch: Sie laufen los und vertrauen dem Leben. Sie nehmen jede Chance wahr, die sich bietet. Wenn jemand Sie enttäuscht, vergessen Sie das wieder. Jeder bekommt bei Ihnen eine zweite Chance. Sie sind ein Optimist und orientieren sich an den positiven Erlebnissen. Deshalb strahlen Sie auch viel Charme und Freude aus. Entscheidungen fallen Ihnen nicht so leicht. Wenn das Umfeld jedoch stimmt und Sie sich supergut fühlen, dann entscheiden Sie sich auch sehr schnell – oft für alles.
Sie leben nach dem Motto: »Das Leben meint es gut mir mir und was es bietet, gönn ich mir.«

b. Sie sind ein »Roter« und somit ein sehr zielorientierter Mensch. Alles was Ihnen hilft, Ihr Ziel noch schneller zu erreichen, nehmen sie wahr. Sie sind entschlossen und verantwortungsbewusst. Sie fahren ein hohes Tempo – nicht nur im Auto. Das was Sie von sich erwarten, erwarten Sie auch vom Umfeld. Entscheidungen fallen Ihnen leicht. Bevor Sie sich zu lange mit einem Thema auseinandersetzen, entscheiden Sie sich.

Sie handeln grundsätzlich nach dem Motto: »Wo ein Wille ist, da ist auch ein Weg – just do it!«

c. Sie sind ein »Grüner« und als solcher unterstützen Sie andere gerne. Auch sind Sie sehr gutmütig. Vor allem aber sind Sie ein treuer Freund. Wenn etwas vorfällt, vergessen Sie es nicht so leicht. Im Umgang mit anderen warten Sie erst ab. Wenn Sie ein gutes Gefühl haben, ergibt sich eine treue Freundschaft. Entscheidungen fallen Ihnen nicht so leicht. Sie »schlafen« auch gerne darüber oder fragen Freunde. Entscheidend ist, dass Sie Ihr Selbstwertgefühl stärken, damit Sie Aussagen von anderen nicht ganz so »persönlich« nehmen und leichter damit umgehen.

Sie leben nach dem Motto: »Tue Gutes und unterstütze Menschen, wenn sie in Not sind und dich brauchen.«

d. Sie sind ein »Blauer«, der sehr logisch und rational denkt. Sie sind sehr genau und gewissenhaft. Dinge, die nicht erklärbar sind, sind nicht möglich. Sie analysieren alles. Was zu teuer ist, gönnen Sie sich nicht. Ihre Entscheidungen sind sehr rational. Gegenüber sich selbst sind Sie sehr sparsam. Haben Sie schon einmal darüber nachgedacht, was Sie in Ihrem Leben für sich Gutes tun wollen? Wie Sie Ihr Leben gestalten können? Was wollen Sie im Alter sagen, wenn Sie auf Ihr Leben zurückblicken. Gut für Sie ist, wenn Sie Ihren Blickwinkel auf die positiven Dinge lenken und sich auch einmal etwas Gutes tun und es vor allem dann auch genießen.

Sie leben nach dem Motto: »Informiere dich – wäge ab und handle dann.«

III. Die Bedeutung Ihrer Farbe

Kennen Sie den Spruch »Der richtige Mann am richtigen Ort!«? Jeder von uns hat exzellente charakterliche Fähigkeiten. Diese offenbaren sich nur, wenn uns die entsprechenden Möglichkeiten hierfür eingeräumt werden. Gleichzeitig ist es entscheidend, bei unserem Gegenüber seine charakterlichen Stärken und Herausforderungen zu erkennen. Nur so finden wir die richtige Person für die Verwirklichung unserer Ziele und treiben damit Erfolge voran.

Wenn Sie also einen Konflikt gewinnen wollen, brauchen Sie einen Anführer (rot), wenn Ihnen »Unglaubliches« vorschwebt, benötigen Sie einen Charismatiker (gelb). Ist eine schwierige und langwierige Verhandlungsführung gefragt, sollte ein nachhaltiger Planer (blau) zur Verfügung stehen, und wenn Einfühlungsvermögen gefragt ist, benötigen Sie den Beziehungstyp (grün).

Die moderne Charakterkunde ist daher aus unserem heutigen Wirtschaftsleben nicht mehr wegzudenken. Für jede Firma ist es essenziell, dass ein Mitarbeiter, eine Führungskraft oder auch der Chef grundsätzlich die dem Charakter entsprechende Eignung hat, um den beruflichen und persönlichen Herausforderungen und den Stellenanforderungen gewachsen zu sein. Denn nur wenn Sie selbst wissen, wie Sie sich in bestimmten Situationen verhalten und reagieren, ist es möglich, die Aufgaben und Arbeiten auch leichter zu meistern.

Schauen Sie sich nun bitte die Farbtypen an und finden Sie sich in Ihrer eigenen Auswertung wieder:

1. Anführer – Macher – Leader

Der *rote* Typ ist zielorientiert und nutzt jede Gelegenheit, um seinen Willen durchzusetzen. Besonders entgegenkommend ist er dabei nicht, denn er beurteilt Aufgaben und Kontakte nach seinem Nutzen oder Interesse. Er kann durchaus charmant sein, neigt allerdings zur Selbstdarstellung. Seinen Unmut äußert der rote Typ sehr direkt. Gefühle zeigt er seltener. Der rote Typ ist sowohl beruflich als auch privat ein Macher und ist überwiegend auf seinen eigenen Vorteil bedacht. Er geht davon aus, dass der Erfolg ihm recht gibt. Geduld gehört nicht zu seinen Stärken. Eintönigkeit und Routine sind ihm ein Gräuel, denn ohne Herausforderung geht für ihn nichts voran.

Bekannte Persönlichkeiten dieses Typs gibt es viele. Es sind die Menschen, die über ihren Erfolg sagen, dass der Wille wichtiger ist als Talent. Oliver Kahn beschreibt diese Ansicht in einem Interview wie folgt: »Aus der Sicht eines Torwarts ist der mentale Aspekt sehr wichtig. Es gibt und gab sicherlich einige Talente, die besser waren und mehr Talent hatten als ich, den großen Durchbruch aber aufgrund der mentalen Einstellung oder anderen äußeren Umständen nicht geschafft haben.«[*]

Klassische rote Typen sind nach meiner Einschätzung Steve Jobs (Gründer und CEO von Apple), Barbara Salesch (Juristin), Stefan Raab (TV-Moderator) oder Karl Lagerfeld (Modedesigner).

---

[*] www.mensfitness.de/oliver-kahn

2. Inspirator – Motivator – Charismatiker

Der *gelbe* Typ ist ein äußerst positiver Mensch. Er ist der bunte Vogel innerhalb der Temperamente. Er vertraut dem Leben, knüpft Kontakte und drückt seine Gedanken und Gefühle gerne in Worten aus. Seine Fantasie kennt keine Grenzen.

Der gelbe Typ ist sehr motiviert und orientiert sich an positiven Erlebnissen. Als Freigeist mag er keine Kontrolle. Er hat nichts dagegen, wenn andere das Heft in der Hand haben, soweit ihm sein gestalterischer Spielraum gewährt wird. Mit seiner illustren Art ist er ein gern gesehener Partygast, der mit seinem Charme mühelos das jeweils andere Geschlecht begeistert. Auch im Beruf ist er als Motivator und innovativ denkender Mensch gern gesehen. Er ist motiviert, wenn sein Umfeld von ihm begeistert ist und er genügend Applaus erhält. Er hat einen unvergleichlichen Charme und ist diplomatisch.

Es gibt viele gelbe Menschentypen; diese stehen beruflich und privat gerne im Mittelpunkt. Thomas Gottschalk (TV-Moderator), Daniela Katzenberger (TV-Star) und Harald Glööckler (Modedesigner) sind für mich klassische Vertreter des gelben Typs.

3. Netzwerker – Freund – Unterstützer

Der *grüne* Typ erscheint auf den ersten Blick etwas zurückhaltend. Er wartet ab, auf wen er sich einlässt. Eine emotionale Öffnung erfolgt erst, wenn das Gegenüber als vertrauenswürdig eingestuft wurde.

Dieser Menschentyp ist ein Familienmensch. Für seine Familie und seine Freunde nimmt er sich immer gerne Zeit. Druck und Risiko mag er nicht, da zieht er sich zurück und fühlt sich unwohl. Der grüne Typ braucht Zeit, sich auf etwas Neues einzustellen. Er überdenkt jede Entscheidung sehr genau. Er sucht sich in diesen Fällen gerne Beratung bei der Familie, Freunden oder Arbeitskollegen. Hat er seine Entscheidung gefällt, tritt er dafür ein. Er benötigt ein harmonisches und beständiges Arbeitsumfeld. Denn dann kann er sich mit allen seinen Stärken einbringen. Es gibt viele grüne Menschentypen, diese stehen beruflich und privat nicht gerne im Mittelpunkt.

Menschen vom klassischen grünen Typ sind für mich Roland Koch (Politiker) und Philip Lahm (Fußballspieler). Lahm ist ein guter Teamplayer, er kümmert sich um seine Kollegen und schafft es durch seinen Mannschaftsgeist das Team zusammenzuhalten.

4. Koordinator – Analytiker – Experte

Der *blaue* Typ ist von Zurückhaltung geprägt, da er alle Aufgaben ruhig, diszipliniert und strukturiert erledigt. Er ist ein Mensch, der detailliert vorausschauend plant. Kreativität ersetzt er durch gründliches Durchdenken. Er hat ein bestimmtes Weltbild und lässt sich in seiner Meinungsbildung nur schwer beeinflussen. Dabei ist er nicht stur, sondern er muss durch logische Argumente vom Gegenteil überzeugt werden. Gefühle werden von ihm nicht nach außen getragen, sondern, wenn überhaupt, nur im innersten Kreis offenbart. Familie und enge Freunde sind für ihn ein Fixpunkt. Er ist zuverlässig und vertrauenswürdig. Man sollte jedoch nicht von ihm erwarten, dass er eine Party »schmeißt«. Der blaue Typ bevorzugt eher kleinere Veranstaltungen, bei denen er mit Freunden oder der Familie etwas unternimmt und – bei gegebenem Anlass – sachlich diskutiert. Im beruflichen Umfeld bevorzugt er Aufgaben, die er alleine bearbeiten kann. Er kann sich dadurch besser konzentrieren. Klassische Persönlichkeiten dieses Temperaments sind nach meiner Einschätzung Angela Merkel (Politikerin) und Joachim Löw (Fußballtrainer).

Natürlich sind Sie in den seltensten Fällen knallrot, quietschgelb, grasgrün oder himmelblau. Nutzen Sie dennoch die Vorzüge Ihres überwiegenden Temperaments. Lokalisieren Sie die Stärken Ihres persönlichen Temperaments.

IV. Wie sich die Farbe nach außen hin zeigt

Glauben Sie mir: Sie können Ihren Charakter nicht verleugnen. Er ist nach außen sichtbar. Ihre Körpersprache, Ihre Stimme und Ihre äußerlichen Präferenzen und Eigenschaften lassen Ihren überwiegenden Farbtyp erkennen. Gleichzeitig ist es Ihnen möglich, aufgrund der Äußerlichkeiten auch den Charakter der Persönlichkeiten Ihres Umfeldes zu identifizieren. Schauen Sie sich nur um, Ihr Umfeld ist äußerst bunt.

1. Anführer – Macher – Leader

Der *rote* Typ will alleine bestimmen und ist auch alleine für seinen Erfolg verantwortlich. Verantwortung übernimmt er fraglos – auch für Niederlagen.
Kleidung: statusorientiert und gerne teuer, nach dem Motto: »Das Beste ist gerade gut genug für mich.«

Körpersprache: schneller Schritt, Gestik und Mimik werden zur Unterstreichung von wichtigen Dingen gezielt eingesetzt.
Auto: statusorientiert, schnell, oft keine Typenbezeichnung. Es ist immer sauber!
Stimme: laut und klar, in der Wortwahl kurz und deutlich.
Umgang mit anderen: Extrovertiert! Geht auf Fremde zu, wenn er denkt, dass diese einen Nutzen für ihn haben.

2. Inspirator – Motivator – Charismatiker

Der *gelbe* Typ umgibt sich gerne mit Menschen und benötigt Applaus. Er genießt es, im Mittelpunkt zu stehen.
Kleidung: extravagant, manchmal etwas zu viel des Guten, zum Beispiel große Ketten. Schmuck muss glänzen, frei nach dem Motto: »Je mehr, desto besser.«
Körpersprache: schneller Schritt, viel Gestik und Mimik, offen und fröhlich.
Auto: statusorientiert, etwas Besonderes, gerne ein Cabrio und häufig auch tiefer gelegt.
Stimme: laut, lebensfroh, begeistert, in der Wortwahl ausschweifend, erzählt gerne Geschichten.
Umgang mit anderen: extrovertiert, geht auf Fremde zu, da er gerne neue Menschen kennenlernt.

3. Netzwerker – Freund – Unterstützer

Der *grüne* Typ ist im Grunde seines Herzens ein Mannschaftsspieler, der den Gewinn des Teams in den Vordergrund stellt.
Kleidung: bequeme, kuschelige Kleidung, gerne Kombinationen. Der Krawattenknoten sitzt meist nicht perfekt, da der *grüne* Mensch »Luft« benötigt und es bequem haben will. Dies nach dem Motto: »Hauptsache, es fühlt sich gut an, dann fühle ich mich auch wohl.«
Körpersprache: langsam, bedächtig, weniger Gestik und Mimik, wirkt in sich ruhend.
Auto: kein Status notwendig, gerne ein Kombi, denn er nimmt häufig Personen mit. Ordnung im Auto ist nicht erforderlich, sogar Essen ist erlaubt!
Stimme: leise, ruhig, gefühlsbetont. In der Wortwahl ausschweifend und teilweise nicht auf den Punkt kommend, da er andere nicht verletzen möchte.
Umgang mit anderen: introvertiert, wartet eher ab und bevorzugt es, mit Menschen zu reden, bei denen er ein gutes Gefühl hat.

4. Koordinator – Analytiker – Experte

Der *blaue* Typ ist der Strukturierer eines jeden Projekts, der sich innerlich über einen Erfolg freut, doch nicht den Anspruch darauf erhebt, in vorderster Reihe genannt zu werden. Entscheidend ist für ihn, dass die Pläne eingehalten werden.
Kleidung: eher konservativ, gute Qualität. Motto: »Preis und Leistung müssen stimmen.«
Körpersprache: besonnen, ruhige Gestik und Mimik.
Auto: legt großen Wert auf ein gutes Preis-Leistungsverhältnis, nützliche Ausstattung und praktische Accessoires, wie zum Beispiel eine Anhängerkupplung.
Stimme: ruhig, in der Wortwahl detailliert und sachlich.
Umgang mit anderen: introvertiert, abwartend, benötigt wenig Kommunikation, Interesse an sachlichen Dingen.

Schauen Sie sich selbst und Ihr Umfeld an. Wenn Sie beobachten, werden Sie sogleich die Charaktere erkennen. Denken Sie daran: »Übung macht den Meister«.

V. Wirkung des Charakters

Die Erkenntnis des eigenen Farbtyps ist wichtig. Haben Sie schon einmal darüber nachgedacht, wie Ihr Charakter auf andere wirkt, beziehungsweise wie andere Charaktere auf Sie wirken? Die Diskrepanz zwischen Selbsteinschätzung und Außenwirkung kann sehr groß sein.

Betrachten Sie nun einmal die selbst gefühlte Wirkung und die Außenwirkung Ihres Charakters (Grafik Seite 28).

Sind Sie überwiegend der blaue Typ, der sich selbst als äußerst korrekten und logischen Menschen empfindet und der auf andere einen kühlen und distanzierten Eindruck macht? Oder sind Sie ein wenig mehr rot als gelb und wirken mit Ihrer entschlossenen Art auf Dritte antreibend? Als mitfühlender grüner Typ werden Sie von außen oftmals als weniger engagiert wahrgenommen. Als der charmante gelbe Typ müssen Sie sich damit auseinandersetzen, dass Sie möglicherweise auf manchen Menschen zu begeistert und motiviert wirken (siehe Grafik Selbstbild und Fremdbild, Seite 28).

Selbstbild

Mensch

GRÜN	GELB
menschlich hilfsbereit mitfühlend abwartend relaxt	offen kontaktfreudig begeistert diplomatisch charmant

introvertiert ──────────────── extrovertiert

perfektionistisch detailliert genau zurückhaltend formal	anspruchsvoll entschlossen überzeugend zielorientiert aufgabenbezogen
BLAU	**ROT**

Sache

Fremdbild

Mensch

GRÜN	GELB
teamorientiert geduldig nachtragend beleidigt unflexibel	hektisch laut oberflächlich extravagant voreilig

introvertiert ──────────────── extrovertiert

distanziert kritisch kühl zurückhaltend arrogant	direkt cholerisch antreibend wenig tolerant von sich überzeugt
BLAU	**ROT**

Sache

Kokettieren Sie mit Ihrer Farbe, indem Sie Ihr persönliches Selbstbild nach außen verkörpern, und eliminieren Sie damit Ihre Fremdbilder. Erfreuen Sie sich an Ihrer Farbe. Nur wenn Sie wissen, wie Sie möglicherweise von außen gesehen werden, haben Sie die Chance, sich diesen Umstand zunutze zu machen und aktiv gegenzusteuern.

1. »Gleiches beruhigt – Widerspruch regt an!«

Beobachten Sie! Denken Sie an Ihren Partner, Ihre Freunde und Bekannte, Mitarbeiter oder Vorgesetzte. Was fällt Ihnen, egal ob im Hinblick auf berufliche oder private Situationen, jeweils spontan ein?

»Der ist ja übermotiviert«, »Der ist zu laut!«, «Die ist langweilig!«, »So ein Angeber!«, »Wieso spricht der nicht!«, »Werde ich jetzt wieder vollgetextet!«, »Schlecht angezogen!«, »Prima, alles auf Angriff!«, »Der wird immer überstimmt!«, »Ich bin wieder an allem schuld!«, »Dieser hektische Gang!«, »Immer dagegen!«

oder

»Den kann man schicken!«, »Die packt an!«, »Geschickt verhandelt!«, »Mal wieder auf den Punkt gebracht!«, »Immer verdammt fix!«, »In der Ruhe liegt die Kraft!«, »Die ist genau!«, »Charmeoffensive!«, »Präzisionsarbeit!«.

Sie hatten sicherlich für viele dieser Aussagen direkt eine bestimmte Person vor Augen. Auch werden Sie sich in der einen oder anderen Einschätzung anderer Menschen selbst wiedererkannt haben. Ab und zu werden Sie sich daher innerlich sagen: »Das bin ja ich!« beziehungsweise »Das sagen andere über mich«.

Es ist einfach so: Abhängig vom eigenen Charakter beanstanden oder befürworten wir die Temperamente und die Eigenschaften von anderen. Wir gehen nachsichtig mit ihnen um, oder wir stören uns erheblich an ihnen.

Zum Beispiel: Ein introvertierter Mensch (grün oder blau) ist ein Mensch, der langsam redet, ruhig ist und warten kann. Er wirkt gelassen und gemütlich. Der extrovertierte Mensch (gelb oder rot) hingegen redet schnell und ist ruhelos. Er wirkt hektisch und aktiv.

Ein introvertierter Mensch denkt über einen Extrovertierten: »Der überholt sich gleich selbst!« Ein extrovertierter Mensch denkt über den Introvertierten: »Der schläft ja fast beim Gehen ein!«

2. »Gleich und Gleich gesellt sich gern!«

Gerade wenn Sie sich selbst in anderen wiedererkennen, ebnet dies häufig sowohl im privaten als auch im beruflichen Zusammenleben den Weg. Sie sind direkt konform, denn Sie verstehen das Verhalten, die Körpersprache des Gegenübers, akzeptieren dessen Gang, den Humor, die Stimme und die Argumentation des anderen.

Wenn ein Mensch Ihnen ähnelt, so finden Sie diesen sympathisch. Stimmt die Chemie, ist auch Vertrauen sehr schnell aufgebaut. Muss die Chemie dagegen erst hergestellt werden, bedarf es gegenseitiger Anstrengungen, um Vertrauen aufzubauen. Dies zahlt sich zumeist aus. Im Geschäftsleben umgeben wir uns daher gerne mit Menschen, die uns ähnlich sind. Der Umgang ist einfacher, und wir verstehen uns leichter.

Wenn ein Mensch ganz anders ist als Sie, dann sind Sie kritischer. Es dauert länger, bis Sie einen Zugang haben. Andere Typen haben auch andere Eigenschaften und Verhaltensweisen, die uns häufig fremd sind. Es ist wesentlich anspruchsvoller, sich auf diese Eigenschaften einzustellen.

Zum Beispiel: Der rote Typ nimmt gerne ein Wortgefecht mit einem ebenfalls roten oder auch gelben Typen auf. Den roten empfindet er als ebenbürtigen Gegner, mit dem gelben hat er Spaß. Den grünen Typ meint er zu beherrschen. Mit dem blauen Typen vermeidet er allzu lange Diskussionen und bricht diese einfach ab. Folglich wünscht sich der rote am liebsten ein ebenfalls rotes Gegenüber, das clever genug ist, sich unterzuordnen.

3. »Gegensätze ziehen sich an!«

Ein weiteres Phänomen der Wirkungsweise von Charakteren ist, dass das Unbekannte interessant ist und uns neugierig macht. So findet zum Beispiel ein extrovertierter Mann eine introvertierte Frau geheimnisvoll. Ein introvertierter Mann findet eine extrovertierte Frau wiederum aufregend und schlagfertig.

Interessanterweise sprechen uns gegensätzliche Charaktere dann besonders an, wenn wir selbst nicht weiterwissen, also ein ähnlicher Charakter keine Hilfestellung oder Bereicherung bieten kann.

Zum Beispiel: Der introvertierte Unternehmer (blau) benötigt für den Vertrieb seiner Produkte einen extrovertierten Verkäufer (gelb). Die Beziehung kann zwar dauerhaft sein. Doch sie wird voraussichtlich auf diese Aufgabenstellung (Verkauf) begrenzt sein.

Eine extrovertierte Frau (gelb) verliebt sich in einen verlässlichen und beständigen Mann (blau), weil sie sich nach bisherigen Beziehungspleiten Ruhe und Kontinuität wünscht. Diese Beziehung wird nur dann halten, wenn beide lernen (und lernen wollen), mit dem Gegensatz umzugehen, denn sonst wird die zu Beginn schönste Beziehung nach der Verliebtheit auseinandergehen.

Fazit:
Die Erkenntnis der Wirkungsweise von Charakteren führt Ihnen Ihr eigenes Temperament vor Augen und ermöglicht es Ihnen, andere Temperamente besser einzuordnen und zu verstehen.

Lernen Sie Charaktereigenschaften typbezogen zu erkennen und farblich einzuordnen. Halten Sie sich dabei auch immer die eigenen Eigenschaften und deren Wirkungsweise wie einen Spiegel vor Augen. Trainieren Sie, sich auf den anderen einzustellen. So werden Sie »Herr« des Charaktercodes und haben damit das Heft in der Hand.

VI. Der Umgang mit den Temperamenten – Wie stellen wir uns auf den anderen ein?

Um Sie auf das Thema einzustimmen, bitte ich Sie zunächst um eine kleine Übung: Halten Sie Ihr Handy ans Ohr, als würden Sie telefonieren. In welcher Hand halten Sie das Handy und an welchem Ohr? Nehmen Sie nun das Handy in die andere Hand und halten es an das andere Ohr.

Merken Sie den Unterschied? Es fühlt sich merkwürdig und ungewohnt an, das Handy am anderen Ohr und in der »falschen« Hand zu halten. Genauso ist es am Anfang, wenn Sie sich auf einen anderen Typ einstellen. Es wird leichter, wenn Sie es trainiert haben.

Der Umgang mit den Temperamenten ist nicht ganz einfach. Hier sind gute Beobachtung, eine geschärfte Wahrnehmung, ein wenig Fingerspitzengefühl und Übung gefragt.

Machen Sie sich zunächst eine allgemeingültige Checkliste, mit der Sie vor Ihrem geistigen Auge Ihr jeweiliges Gegenüber betrachten. Beachten Sie auch die Kleinigkeiten, denn diese geben Aufschluss über die Intensität und Echtheit der charakterlichen Ausprägung.

Mögliche hilfreiche Inhalte für Ihre Checkliste:
- Ist der andere eher introvertiert oder eher extrovertiert?
- Geht er ruhig auf Sie zu oder schneller?
- Redet er langsam oder spricht er temperamentvoll?
- Ist er sachlich, dominant, lethargisch oder menschlich in seinen Aussagen?
- Ist seine Kleidung gediegen, lässig, elegant oder abgerissen?
- Ist das äußere Erscheinungsbild gepflegt, eher nachlässig oder unscheinbar?

Trainieren Sie Ihr Einschätzungsvermögen mit folgender Übung, in der Menschen zu einem Seminar oder Geschäftsgespräch kommen:
1. Eine Person A betritt einen Raum und schaut sich erst um, bevor sie sich setzt. Die Begrüßung ist ruhig und emotionslos.
2. Person B betritt den Besprechungsraum und geht direkt auf einen freien Platz zu. Sie grüßt mit lauter, begeisterter Stimme und einem Lächeln.
3. Person C betritt den Besprechungsraum, grüßt freundlich und ruhig und setzt sich auf den nächsten freien Platz.
4. Zuletzt kommt Person D in den Besprechungsraum, grüßt laut, geht quer durch den Raum und setzt sich.

Haben Sie die Temperamente erkannt? Notieren Sie sich Ihre Zuordnung zu den Temperamenten, bevor Sie die Auswertung lesen.

Lösung
1. Person A ist tendenziell introvertiert und sachlich (*blau*).
2. Person B ist tendenziell extrovertiert und menschlich (*gelb*).
3. Person C ist tendenziell introvertiert und menschlich (*grün*).
4. Person D ist tendenziell extrovertiert und sachlich (*rot*).

Lagen Sie richtig? Wenn nicht, dann werden Sie gleich noch einige Aha-Erlebnisse haben, die Ihnen das Verhalten noch deutlicher machen und Sie den jeweiligen Typ noch besser erkennen lassen. Überzeugen Sie sich selbst.

1. Im Umgang mit dem roten Typen
Einen *roten* Typen gewinnen Sie für sich, indem Sie klar und deutlich sind. Sie sollten im Umgang mit *roten* Charakteren Folgendes beherzigen:

Ihr Sprachstil: prägnant und klar, vor allem zielorientiert. Bieten Sie sofort Lösungen an.
Ihr Verhaltensstil: präsent und konzentriert.
Ihr Arbeitsstil: zuverlässig und schneller, als es der *Rote* erwartet.
Ihr Führungsstil: Freiraum gewährend und herausfordernd.
Ihr Beziehungs- und Motivationsstil: fördernd und fordernd. Geben Sie ihm besondere Aufgaben, loben Sie Erfolge und Schnelligkeit. Sorgen Sie immer für Abwechslung und überraschen Sie ihn.
Ihr Kommunikationsstil: Mit einem festen Händedruck und direktem Augenkontakt sorgen Sie für einen ersten guten Eindruck. Sie vermitteln das Gefühl der Beherrschung aller Lebenslagen.
Ihr Verkaufsstil: Stellen Sie Fragen und zeigen Sie Ihren Nutzen auf.

Erfolgstipp: Rote Typen sind nicht nachtragend, ganz im Gegenteil: Sie schätzen es, wenn sie merken, dass Sie an sich arbeiten und aus einem Fehler lernen.

Wenn Sie selber *rot* sind, dann sollten Sie im Umgang mit anderen Temperamenten folgendermaßen vorgehen:
Gelb: Zu Beginn eines Gesprächs sollten Sie etwas Zeit für Smalltalk einplanen, freundlich, diplomatisch und offen sein. Lassen Sie bei Ihrem Gegenüber Begeisterung zu und geben Sie Anerkennung.
Grün: Sorgen Sie zu Gesprächsbeginn erst einmal für eine angenehme Atmosphäre. Bieten Sie beispielsweise etwas zu trinken an, fragen Sie nach, wie die Anreise war und wie es geht. Hören Sie zu. Erst danach wechseln Sie auf die sachliche Ebene.
Blau: Starten Sie sachlich in das Gespräch und geben Sie dem *blauen* Typen Zeit, sein Anliegen oder seine Vorstellungen detailliert zu schildern. Es ist am besten, wenn Sie ihm eine Zeitvorgabe geben.

Fazit: Die Strategie für den *roten* Typen lautet, unabhängig davon, ob Sie selbst auch *rot* sind: Wenn Sie dem anderen das geben, was er braucht, dann bekommen Sie schneller das, was Sie wollen.

2. Im Umgang mit dem gelben Typen

Den *gelben* Typen gewinnen Sie, indem Sie ihm Freiräume geben, damit er seine Kreativität ausleben kann. Er legt sich richtig ins Zeug, wenn seine Arbeit gewürdigt wird. Dann brilliert er mit außerordentlichen Ergebnissen.

Ihr Sprachstil: Sprechen Sie mit einer guten Stimmmodulation und Betonung, verwenden Sie begeisternde Worte.

Ihr Verhaltensstil: Seien Sie offen und spontan.

Ihr Arbeitsstil: Seien Sie kreativ und lassen Sie sich spontan auf seine Prioritäten ein. Verlieren Sie dabei nicht das Ziel aus den Augen.

Ihr Führungsstil: Geben Sie ihm Herausforderungen. Lassen Sie ihm Freiraum und holen Sie regelmäßig Rückmeldungen ein.

Ihr Beziehungs- und Motivationsstil: Lassen Sie Abwechslung und die Möglichkeit zur Ideenfindung zu. Fördern und fordern Sie ihn, loben Sie ihn für seine Kreativität und seine Ideen.

Ihr Kommunikationsstil: Ein lockeres Auftreten mit freundlichem Augenkontakt und einem festen Händedruck sorgt für einen guten ersten Eindruck. Seien Sie dabei ausdrucksvoll in Mimik und Gestik.

Ihr Verkaufsstil: Stellen Sie ihm Fragen, begeistern Sie ihn.

 Erfolgstipp: *Gelbe* Menschen benötigen Bewunderung und Rampenlicht, sie genießen es, wenn Sie auf sie eingehen, und bringen Ihnen Sympathie und Engagement entgegen.

Wenn Sie selbst *gelb* sind, dann sollten Sie im Umgang mit anderen Temperamenten folgendermaßen vorgehen:

Rot: Kommen Sie zügig auf den Punkt. Halten Sie sich an die Zeitvorgabe des anderen. Verblüffen Sie ihn mit Lösungsvorschlägen. Lassen Sie ihn auswählen. Zeigen Sie Anerkennung für seine Erfolge.

Grün: Zu Beginn eines Gesprächs sollten Sie ihn reden lassen. Erst wenn Sie gefragt werden, erzählen Sie etwas über sich. Bevorzugte Themen sind Familiäres, Urlaub und seine Hobbys. Trinken Sie mit ihm eine Tasse Kaffee oder Tee. Hören Sie aktiv zu und planen Sie etwas mehr Zeit ein. Behalten Sie Ihr Gesprächsziel immer im Auge!

Blau: Vermeiden Sie übermäßige Gestik und halten Sie Gesprächspausen ein. Bleiben Sie ruhig und sachlich. Stellen Sie Fragen und hören Sie bis zum Ende zu.

Achten Sie darauf, dass Sie Ihr Ziel im Blick haben und sich nicht in eine andere Richtung durch zu viele Details lenken lassen.

Fazit: Die Strategie für den *gelben* Typen lautet, unabhängig davon, ob Sie selbst auch *gelb* sind: Bleiben Sie offen und lassen Sie sich auf das ein, was auf Sie zukommt. Sie werden in jedem Gespräch eine kleine Überraschung erleben.

3. Im Umgang mit dem grünen Typen

Den *grünen* Typen gewinnen Sie mit Ruhe, Kontinuität und Menschlichkeit.
Ihr Sprachstil: Sprechen Sie mit einer geringen Lautstärke und sanft. Verwenden Sie Worte, die Sicherheit geben.
Ihr Verhaltensstil: Sie sollten sich auf Ihr Gegenüber einlassen und ihm menschlich entgegentreten.
Ihr Arbeitsstil: Seien Sie zuverlässig und verlässlich, das bevorzugt ein grüner Mensch. Bei wichtigen Aufgaben oder in schwierigen Lebenssituationen sollten Sie immer für ihn da sein und ihn unterstützen, auch wenn er dies nicht fordert.
Ihr Führungsstil: Geben Sie ihm Sicherheit und ein berechenbares Verhalten. Sorgen Sie für eine klare Vorgabe und eine nachvollziehbare Aufgabenverteilung.
Ihr Beziehungs- und Motivationsstil: Routineaufgaben werden bevorzugt, dann fühlt er sich gut. Wenn Sie ihm etwas versprechen, dann halten Sie es auch. Nehmen Sie sich Zeit, um eine gute Beziehung aufzubauen.
Ihr Kommunikationsstil: Ein guter erster Eindruck entsteht durch freundlichen Augenkontakt, menschliche Offenheit und Einfühlungsvermögen.
Ihr Verkaufsstil: Lassen Sie Raum für seine Erzählungen und hören Sie ihm aufmerksam und aktiv zu.

 Erfolgstipp: *Grüne* Menschen benötigen Sicherheit. Sie mögen es, wenn man auf sie eingeht und sie zum Beispiel nach ihrem Befinden fragt. Sie werden es Ihnen mit Anerkennung und Treue danken.

Wenn Sie selbst *grün* sind, dann sollten Sie im Umgang mit anderen Temperamenten folgendermaßen vorgehen:
Rot: Sprechen Sie laut und deutlich. Sagen Sie konkret, was Sie haben wollen. Halten Sie sich an seine Zeitvorgabe. Gehen Sie immer vorbereitet in ein Gespräch.

Gelb: Lassen Sie den *Gelben* erzählen und bewundern Sie ihn. Sie dürfen mit ihm lachen und auch über sich sprechen. Wichtig ist, dass Sie vorrangig positive Geschichten erzählen.
Blau: Sprechen Sie ruhig und sachlich mit ihm. Reagieren Sie auf seine Details und hören Sie aktiv zu.

Fazit: Die Strategie für den *grünen* Typen lautet, unabhängig davon, ob Sie selbst auch *grün* sind: Schaffen Sie eine gute Beziehung, indem Sie sich auf den anderen einlassen. Sehen Sie das Gute in Ihrem Gegenüber.

4. Im Umgang mit dem blauen Typen

Den *blauen* Typen erreichen Sie mit Wissen und Struktur.
Ihr Sprachstil: Sprechen Sie mit einer ruhigen Lautstärke, bleiben Sie sachlich in Ihren Aussagen und geben Sie ihm Sicherheit.
Ihr Verhaltensstil: Bleiben Sie sachlich und höflich. Geben Sie ihm Gelegenheit, alle Details ausführlich zu schildern.
Ihr Arbeitsstil: Halten Sie Zusagen ein und erstellen Sie Pläne oder Checklisten.
Ihr Führungsstil: Der *blaue* Typ benötigt klare Auf- oder Vorgaben und eine Struktur. Entscheidend ist für ihn, dass Ziele konkret definiert und eingefordert sowie überprüft werden.
Ihr Beziehungs- und Motivationsstil: Geben Sie ihm genügend Zeit für das Erledigen der Aufgaben. Führen Sie sachliche Feedbackgespräche, damit die Planung eingehalten wird. Halten Sie Terminzusagen und die Agenda ein.
Ihr Kommunikationsstil: Für einen ersten guten Eindruck sollten Sie Abstand halten und weder offensiven Augenkontakt suchen noch laut sein. Verwenden Sie nur kleine Gesten oder gar keine.
Ihr Verkaufsstil: Bereiten Sie sich sehr gut vor. Bringen Sie vollständige Unterlagen mit. Gehen Sie detailliert auf seine Fragen ein. Überzeugen Sie ihn durch Fachkompetenz, hohe Qualität und ein gutes Preis-Leistungsverhältnis.

 Erfolgstipp: *Blaue* Menschen benötigen Ruhe und Sicherheit. Sie werden respektiert, wenn Sie sachlich, konkret und korrekt sind.

Wenn Sie selbst *blau* sind, dann sollten Sie im Umgang mit anderen Temperamenten folgendermaßen vorgehen:

Rot: Sprechen Sie laut und deutlich. Sagen Sie konkret, was Sie haben wollen. Halten Sie sich an die Zeitvorgabe des anderen. Fassen Sie sich kurz – reduzieren Sie Ihre 30 Folien auf 5.
Gelb: Fragen Sie den *gelben* Typen nach seinen Erfahrungen und hören Sie aktiv zu. Zeigen Sie ihm durch Ihre Gestik, dass Sie von ihm und seinen Erzählungen begeistert sind. Fassen Sie die Kernaussagen zusammen.
Grün: Geben Sie ihm Zeit und fragen Sie ihn nach seinem persönlichen Befinden. Bestätigen Sie ihn in seinen Aussagen und formulieren Sie die Zusammenfassung menschlich und ruhig.

Fazit: Die Strategie für den *blauen* Typen lautet, unabhängig davon, ob Sie selbst auch *blau* sind: Schaffen Sie eine Struktur und bleiben Sie auf der sachlichen Ebene. Nur wenn Sie die richtigen Worte wählen und klare Ansagen machen, erhalten Sie, was Sie benötigen und wollen.

Persönliche Empfehlung
Merken Sie, wie sich Ihre Wahrnehmung und Beobachtungsgabe schärft, wenn Sie die Menschen Ihres Umfeldes betrachten? Sie lernen in Farben und Farbtypen zu denken!

Wenn Sie dies üben und im Laufe der Zeit automatisieren, werden Sie zukünftig in der Lage sein, bei Ihrer nächsten Begegnung, zum Beispiel während eines Verkaufsgesprächs oder bei einem Cocktail an der Hotelbar, eine direkte charakterspezifische Einschätzung Ihres Gegenübers vorzunehmen. Sie werden wissen, welche Farbe bei Ihrem Gesprächspartner dominiert, und haben die Chance, das Verhalten des anderen binnen kürzester Zeit besser zu verstehen. Sie entscheiden, ob Sie sich auf diesen Menschen typengerecht einstellen. Spielen Sie mit Ihrem eigenen Temperament, denn es liegt in Ihrer Hand, sich je nach Gesprächspartner ein wenig zurückzunehmen oder sich auch auf das eigene Temperament zu kaprizieren.

Der Charaktercode beruht auf dem Verhalten eines Menschen. Der Charaktercode bietet Ihnen die Möglichkeit, Veränderungen herbeizuführen und Situationen zu steuern. Sie können sich Ihr eigenes Leben, egal ob im privaten oder beruflichen Bereich, wesentlich farbenfroher gestalten. Nutzen Sie Ihre Chance, indem Sie sich Ihr eigenes Temperament sowie die Temperamente anderer bewusst zunutze machen.

Erfolgstipp: Reflektieren Sie Ihr Verhalten. Wie haben Sie heute Ihre Stärken im Berufs- oder Privatleben eingesetzt? Wie schnell konnten Sie Ihr Gegenüber einschätzen? Was hat sich dadurch in der Zusammenarbeit verbessert?

Die 7 Schlüssel zum Charaktercode

1. Trainieren Sie Ihre Wahrnehmung im Umgang mit sich und anderen.
2. Aktivieren Sie Ihre Stärken.
3. Geben Sie sich jeden Tag den Impuls, etwas Neues auszuprobieren.
4. Sehen Sie in Ihrem Gegenüber einen Freund – konzentrieren Sie sich auf das Positive!
5. Sehen Sie die Andersartigkeit Ihres Gegenübers als Chance zur persönlichen Weiterentwicklung.
6. Trainieren Sie den Umgang mit einem Ihnen gegensätzlichen Typen und freuen Sie sich über Ihre Erfolge.
7. Nur wer es schafft, sich selbst zu kennen und auf den anderen einzugehen, hat eine erfolgreiche Kommunikation und ein besseres Miteinander gefunden.

Prägungscode

I. Warum bin ich so, wie ich bin?

Haben Sie manchmal das Gefühl, dass Sie gerne anders handeln möchten, nur schaffen Sie das aus irgendeinem Grund nicht? Ärgern Sie sich über eine Verhaltensweise, die Sie sich schon lange abtrainieren wollten und die immer noch präsent ist? Fragen Sie sich häufig, weshalb Sie es nicht schaffen, über Ihren »Schatten« zu springen? Wenn Sie Strategien anwenden und diese nur kurzfristig oder gar nicht funktionieren, dann haben Sie die Ursache Ihrer unbewussten Herausforderung noch nicht gelöst.

Im Prägungscode erkennen Sie die Ursache: Warum haben Sie das, was Sie heute haben, und wie lenken Sie diese Situation in eine positive Richtung?

Auch wenn wir gewisse typologische (charakterliche) Eigenschaften in uns tragen, so sind wir doch alle das Ergebnis unserer eigenen Geschichte. Erziehung und Umfeld prägen unser Sein ebenso wie genetische Vorgaben und unser Charakter. Jede Begegnung, jedes Erlebnis hinterlässt eine Spur in unserer Seele und prägt unser Ego. Wir sind das Ergebnis einer Mischung aus gelebter Vergangenheit, Umfeld, Verstand, Gefühl und Unterbewusstsein.

Vergangenheit ist dabei nicht nur das Gestern, denn die Prägungen eines Menschen setzen nach wissenschaftlichen Erkenntnissen bereits mehrere Monate vor der Geburt ein. Unterschätzen Sie daher nicht den Einfluss Ihrer Vergangenheit auf Ihre Persönlichkeit und Ihr Leben.

II. Das Handpuppenspiel und die Prägung

Erinnern Sie sich noch an Ihr erstes Handpuppentheater und an Ihre Lieblingspuppe? Was hat Ihnen Ihre Mutter, Ihr Vater oder einer Ihrer Großeltern mit der Fingerpuppe vorgespielt:

a. »Guten Morgen lieber …, schön, dass du so gut geschlafen hast und so toll bist. Wir haben dich alle lieb!«
b. »Guten Morgen …, du stinkst ja ganz schön und brüllst schon wieder herum!«

Wenn Sie das Glück hatten, dass die Variante a) Ihnen vorgespielt wurde, dann wuchsen Sie sehr positiv auf.

Wenn Sie die Herausforderung hatten, mit der Variante b) täglich begrüßt zu werden, dann haben Sie jetzt die Möglichkeit, einiges aus Ihrer Kindheit aufzuarbeiten.

 Erfolgstipp: Schreiben Sie auf, was Ihnen nahestehende Personen schon als Kind eingeredet haben. Notieren Sie die positiven und die weniger positiven Aussagen.

Wie Sie Ihre Prägungen erkennen und diese zu Ihren Gunsten einsetzen
Viele Menschen haben das Empfinden, in jeder Situation selbstbestimmt zu handeln. Sie haben genaue Vorstellungen, wie sie ihre Ideen und Ziele umsetzen. Es gibt jedoch auch Situationen, in denen das nicht möglich ist. Zum Beispiel bei wiederkehrenden Konflikten mit Vorgesetzten und Kollegen, bei Trennungen oder Scheitern bei der Zielerreichung.

Vielleicht tragen Sie ständig das Gefühl mit sich herum, an allem Schuld zu haben. Dies geschieht ohne einen ersichtlichen Grund. Hier erkennen Sie, dass Sie von etwas getrieben werden, das Sie veranlasst, sich immer wieder gleich zu verhalten. Die Blockade kommt häufig aus der Macht des Systems. Wir verbringen den meisten Teil unseres Lebens in den unterschiedlichen Systemen (Gruppen): Firma, Teams, Abteilungen, Partnerschaft, Familie, Freunde etc. Die Systeme haben eine eigene Ordnung.

Systemische Wirkungsweise

Jedes System hat bestimmte Wirkungsdynamiken. Wenn Sie Rangfolge, Zugehörigkeit, Anerkennung und den Ausgleich von Geben und Nehmen nicht beachten, gerät dieses System in eine Schieflage.

Zum Beispiel: In einem Unternehmen, welches jahrzehntelang sehr stark von Hierarchien geprägt war, wollte ein Geschäftsführer von einem auf den anderen Tag alle Mitarbeiter zur Selbstorganisation erziehen. Jeder sollte jede Aufgabe übernehmen und auch mitentscheiden dürfen. Er war sich sicher, dass dies funktionieren würde. Nach der Organisationsänderung war jedoch das Chaos perfekt: Einige wollten entscheiden, was jedoch von den übrigen Teammitgliedern nicht akzeptiert wurde. Andere machten, was sie wollten, weitere waren lediglich um ein gutes Teamklima bemüht. Die Mitarbeiter waren sich alle einig, dass wieder Hierarchieebenen geschaffen werden sollen.

Menschen, die jahrelang an Situationen gewöhnt sind, werden sich nicht von heute auf morgen ändern. Prägungen sind so stark, dass Veränderungsprozesse länger dauern und alle Beteiligten entsprechend mitgenommen werden müssen.

Auch im Privatleben gibt es solche Situationen: Zwei Geschwister wachsen in der gleichen Umgebung auf. Der eine Sohn ist eher der Extrovertierte, der andere eher der Introvertierte. Der Vater bekommt vom Lehrer bestätigt, dass der Extrovertierte eher zu aktiv ist und sich nicht konzentrieren kann. Zur Bestätigung der Aussagen verweist der Lehrer auf die schlechten Noten. Der introvertierte Sohn wird vom selben Lehrer sehr gelobt und gefördert. Er schreibt auch sehr gute Noten. Sie können sich bestimmt vorstellen, was der Vater denkt: »Der eine kann nichts, der ist schon in der Schule nicht gut. Der andere kann später meine Firma übernehmen.«

Der eine Sohn machte die mittlere Reife, eher mittelmäßig, der andere ein hervorragendes Abitur. Der Vater schickte beide Söhne zum Coaching. Der Extrovertierte meinte, dass er keine Chancen hat, jemals etwas Gutes zu machen, und einfach zu dumm ist. Er dachte, dass er es seinem Vater nie recht machen kann. Der Introvertierte war so von sich überzeugt, dass er zu keinerlei Selbstreflexion in der Lage war.

Nachdem die Prägungen aufgearbeitet wurden, hat der Extrovertierte seine Stärken erkannt; diese lagen im diplomatischen Umgang mit Menschen und in seinem Verhandlungsgeschick. Er musste schon früh lernen, mit schwierigen Situationen umzugehen. Er ging in den Vertrieb und konnte sich überzeugen, dass er etwas kann. Heute führt er die Firma seines Vaters. Der Vater ist auf beide Söhne sehr stolz. Es tut ihm nur leid, dass er nicht früher die Stärken des einen Sohnes erkannt und durch sein Denken und Handeln zu dessen negativen Prägungen beigetragen hat. Heute ist er froh, dass er dem extrovertierten Sohn die Firma übertragen hat und somit einiges wieder gutmachen konnte.

Sie sehen an diesen Beispielen, wie wichtig es ist, Prägungen aufzuarbeiten und diese auch aufzulösen.

Wie entstehen Prägungen?
Meist werden Prägungen in einer sehr sensiblen Phase gelegt und in ein dauerhaftes Verhaltensrepertoire aufgenommen. Es gibt verschiedene Prägungsarten:

Nahrungsprägung: Menschen bevorzugen bestimmte Nahrungsmittel, die ihre Mutter während der Schwangerschaft zu sich genommen hat. So hat sich das Fruchtwasser entsprechend verändert, wenn Ihre Mutter sehr scharf gegessen hat. So werden Sie auch scharfe Lebensmittel bevorzugen.

Gedanken- und Glaubenssätzeprägung: Schon ab dem fünften Lebensmonat werden die Gedanken und Einstellungen der Eltern über ihr Kind vom Kind selber aufgenommen. Diese Gedanken prägen das weitere Leben entscheidend mit.

Denken Sie nochmals kurz an das Handpuppentheater zurück. Viele Eltern basteln oder kaufen kleine Handpuppen, und über diese kommunizieren sie mit dem Baby.

Beispiele: »Guten Morgen liebe Sarah, das ist ein schöner Tag!« oder »Guten Morgen Sarah, das ist kein schöner Tag, wenn du schon wieder so böse bist. Da muss ich schimpfen!«

 Erfolgstipp: Reflektieren Sie täglich Ihre Gedanken. Achten Sie darauf, was Sie denken und was Sie sagen. Sie werden schnell erkennen, welche Prägungen Sie bei sich oder Ihrem Umfeld auslösen und welchen Einfluss diese auf bestimmte Situationen oder Lebensbereiche haben.

III. Lüften Sie das Geheimnis der Prägungen

1. Mit Selbsterkenntnis zu mehr Selbstbewusstsein

Der Schlüssel, um Ihren eigenen Prägungscode zu knacken, ist *Selbsterkenntnis*. Der Begriff der Selbsterkenntnis hat bereits die antiken griechischen Philosophen beschäftigt. Der viel zitierte Spruch »Erkenne dich selbst« zierte bereits im fünften Jahrhundert v. Chr. eine Säule des Apollotempels in Delphi.

Selbsterkenntnis ist die Erkenntnis einer Person über das eigene Selbst. Hierzu gehört die Fähigkeit, Selbstreflexion zu üben – über das eigene Denken, die Vergangenheit und Handlungen. Auch Werte und Standpunkte sollten hinterfragt werden. Nur eine objektive Selbstbeobachtung führt zu Selbstbewusstsein und verhindert eine Selbsttäuschung.

Die Selbsterkenntnis bezieht sich sowohl auf die Vergangenheit als auch auf die Gegenwart. Je nach Charakter, der Stärke von Ereignissen und Erfahrungen wird unsere Persönlichkeit von unserer Vergangenheit geprägt. Hier ist ein Rückschluss zum Charaktercode möglich, denn die unterschiedlichen Charaktertypen stehen ihrer eigenen Geschichte genauso verschieden gegenüber:

Der gelbe Typ schaut immer nach vorne. Er macht aus jeder Situation das Beste und wird nur gute Erinnerungen zulassen und die schlechten bestmöglich vergessen wollen. Der blaue Typ wird sich immer an die Vergangenheit erinnern. Er reagiert sehr rational, behält jedoch die Erinnerungen, ob diese gut oder weniger gut sind. Ein charakterlich eher sensibler grüner Mensch wird vergangene Ereignisse in die Gegenwart mit einbeziehen, da er sie bewusst und emotional reflektiert. Der starke rote Typ setzt sich über Vergangenes hinweg. Durch seine Zukunftsorientierung wird die Vergangenheit einen Platz in einer Black Box einnehmen, die jedoch unbewusst immer dabei ist.

Jeder Charaktertyp unterliegt sehr persönlichen Prägungen aus der Vergangenheit. Zwar gehen die verschiedenen Typen unterschiedlich damit um, jedoch werden alle früher oder später mit ihren Prägungen konfrontiert.

Vielleicht denken Sie jetzt: »Dann ist es eben so!« Versuchen Sie diese Denkweise abzulegen, denn mangelnde Selbsterkenntnis führt zu Stagnation, Rückschritt und Unzufriedenheit. Eine offene Selbsterkenntnis ermöglicht Ihnen, Ihre Zukunft aktiv zu gestalten und zu leiten.

2. Welcher Prägungstyp bin ich?

Finden Sie heraus, welche Vergangenheitsprägungen in welcher Intensität bei Ihnen vorhanden sind. Machen Sie dazu einen kurzen Selbstcheck: Wählen Sie bei den folgenden Themen jeweils den Satz, der am ehesten auf Sie zutrifft:

Fokus
a. Sie sind ausschließlich auf die Gegenwart und Zukunft fixiert.
b. Sie denken häufig über Ihre Vergangenheit oder immer mal wieder über vergangene Ereignisse nach.

Erlebnisse
a. Schöne Erlebnisse und persönliche Erfolge, Urlaube oder schöne Familienereignisse stehen für Sie im Vordergrund.
b. Sie denken immer wieder an Verluste (zum Beispiel verstorbene Freunde), berufliche (zum Beispiel Beförderung fehlgeschlagen) oder private Misserfolge (zum Beispiel Trennung und Scheidung).

Blickrichtung
a. Sie finden, dass Sie die Gegenwart genießen und vorausschauend sind.
b. Sie sind der Ansicht, dass Ihre Vergangenheit besser als die Gegenwart ist.

Persönliche Einstellung
a. Sie denken durchweg positiv.
b. Sie vergleichen sich mit anderen.

Zufriedenheit
a. Sie sind mit Ihrer Vergangenheit im Reinen.
b. Sie denken, dass Sie manche schlechte Erinnerungen heute noch belasten oder negative Einzelerfahrungen immer mal wieder sehr präsent sind.

Wenn Sie mindestens zwei Fragen mit dem Buchstaben b) beantworten, ist Vergangenes für Sie präsent. Gleiches gilt, wenn mindestens einmal b) Ihre Antwort ist und Sie sich bei zwei Fragen unschlüssig sind. In diesem Fall sind Sie dann im klassischen »Jein«, denn es ist alles ein bisschen richtig, doch auch nicht ganz zutreffend. Sie sind jedenfalls nicht »vergangenheitsfrei«. Je mehr b)

Sie bei den Sätzen angekreuzt haben, desto mehr hat die Vergangenheit Einfluss auf Ihre Gegenwart.

Dies ist eine große Chance, denn Erinnerungsbewältigung ist der Schlüssel, um den Prägungscode zu knacken. Sollten Sie alle Fragen mit a) beantwortet haben, dann fühlen Sie sich entweder völlig wohl in Ihrer »Vergangenheitshaut«, oder Sie machen sich richtig etwas vor.

Sie haben nun schon erkannt, in welchem Bereich Sie etwas ändern sollten. Sei es bei Ihrem Fokus, bei Ihrer Blickrichtung oder bei Ihrer Einstellung. Sie werden sehr schnell erkennen, dass Sie die Möglichkeit haben, diese Prägungen aufzulösen.

3. Die Chance der Vergangenheit

Ihre Vergangenheit ist die beste Möglichkeit, Ihr Leben konstruktiv in die Hand zu nehmen. Dechiffrieren Sie Ihren persönlichen Code, indem Sie sich Ihren negativen Erinnerungen stellen, diese akzeptieren und verarbeiten. Behalten Sie Ihre positiven Erinnerungen und stellen Sie diese in den Vordergrund. Schöpfen Sie aus der Selbsterkenntnis, damit Sie Ihre Zukunft so gestalten, wie Sie diese haben wollen! Starten Sie mit diesen sieben Grundregeln zur Selbsterkenntnis durch:

Erste Grundregel: Lernen Sie persönliche Offenheit
Sehen Sie Ihre persönliche Welt für einen kurzen Moment mit den Augen eines Kindes. Stellen Sie sich vor, Sie wären gerade einmal fünf Jahre alt. Mit Ihren fünf Jahren stehen Sie in dem Aufzug eines Hochhauses mit 100 Stockwerken. Ihre Fahrt soll nach oben gehen. Ein älterer Herr steigt auch ein und drückt auf Stockwerk 32.

Er fragt Sie, wohin Sie wollen, und Sie antworten mit einem spitzbübischen Lächeln: »Ganz nach oben, da ist die Aussicht am schönsten.« Da stöhnt der Mann: »Ja, ja, das wollen viele, nur schafft das fast keiner – und wenn, zu welchem Preis?« Auf die Frage, warum er es nicht probiert habe, meint der ältere Mann, dass er eben nicht die Möglichkeiten gehabt habe und es schwer sei. Sie laden ihn ein, mit Ihnen hochzufahren. Da meint er nur: »Nein, nein, ich will die Aussicht gar nicht sehen, ich fahre schon seit dreißig Jahren in den 32. Stock.«

Jahre später denken Sie über das nach, was der Mann an jenem Tag zu Ihnen gesagt hat. Doch Sie wollen nicht im Stockwerk 32 stranden und solch eine Einstellung haben wie dieser Mann. Der war doch nur traurig und unzufrieden. Was

Sie am meisten geschockt hat, war, dass der Mann seine Chance, mit Ihnen nach oben zu fahren, nicht nutzen wollte.

Was sagt Ihnen diese Szene? Sie haben immer die Möglichkeit, zu entscheiden, wohin Sie gehen und was Sie tun. Beginnen Sie Ihre Träume zu leben!

»Auf Position Null gehen«
Einfacher gesagt als getan. Fakt ist, dass wir unsere persönliche und berufliche Situation unseren Möglichkeiten anpassen. Dies führt häufig dazu, dass wir unsere Vorstellungen und Träume in allen wichtigen Bereichen immer weiter reduzieren, bis wir nur noch »Funktionswerkzeuge« unserer eigenen Vergangenheit und Gegenwart sind.

»Auf Position Null gehen« bedeutet daher, die alten Vorstellungen und Träume aufleben zu lassen und ihre Bedeutung für Ihre aktuelle Gegenwart zu erkennen. Feuerwehrmann oder Primaballerina wollen Sie wahrscheinlich heute nicht mehr werden. Jedoch mögen Sie davon träumen, endlich beruflich anerkannt zu werden. Sie meinen es zu verdienen, den Partner fürs Leben zu finden, Kinder zu bekommen, ein Studium oder eine Fortbildung durchzuziehen, Nepal zu bereisen oder endlich ein einstelliges Handicap zu haben.

Ihre Traum- und Erinnerungswelt ist wie auch Ihre Wünsche und Sehnsüchte so individuell wie Sie selbst und ständig im Wandel. Deshalb heißt der erste Schritt: Reflexion. Hierbei ist wichtig, dass Sie sich Zeit zum Nachdenken nehmen, und zwar gerne einen ganzen Tag. Es ist völlig egal, ob Sie hierzu einen Berg besteigen, in den Wald gehen oder sich vor den Kamin setzen. Die Hauptsache ist, dass Sie allein nachdenken und sich weder von Fernsehen, PC oder Menschen um sie herum stören und beeinflussen lassen. Ihr einziges Thema ist: Wohin geht die Reise? Was wünschen Sie sich heute noch? Was hat Sie früher ausgemacht und wer sind Sie heute?

Beginnen Sie diesen Schritt mit einer einfachen Übung: Stellen Sie sich vor den Spiegel und schauen Sie sich mindestens drei Minuten an. Blicken Sie sich ganz tief in die Augen. Lassen Sie alle Emotionen und Gefühle zu, die spontan auftreten.

Wenn Sie in Ihre persönliche Nachdenkphase übergehen, sollten Sie sich mit folgenden Fragen beschäftigen:
- Was machen Sie gerne?
- Wie zufrieden sind Sie mit sich?

- Wie fühlen Sie sich in Ihrem beruflichen Umfeld?
- Was nehmen Sie wahr, wenn Sie an Ihr Privatleben denken?
- Welche Erinnerungen haben Sie noch an Ihre Kindheit?

Notieren Sie alle Gefühle und Emotionen. Welche dieser Emotionen und Gefühle wollen Sie in Zukunft haben? Was werden Sie ändern und warum werden Sie es ändern?

Überprüfen Sie Ihre Antwort nochmals und begründen Sie, warum Sie es wirklich ändern wollen? Welchen Mehrwert, welche Emotionen haben Sie, wenn Sie Ihre Situation ändern?

Arbeiten Sie Ihre persönlichen Vorstellungen Schritt für Schritt auf. Beginnen Sie dabei mit den Betrachtungen, Wertungen und Wünschen Ihrer Kindheit. Sie werden erstaunt sein, was Sie sich im Laufe der Zeit alles vorgestellt und gewünscht haben. Zugleich werden Sie sehr klar erkennen, wo heute Ihre Ziele und Wünsche liegen und weshalb Sie manche Dinge erreichen wollen.

Zweite Grundregel: Erkennen Sie die Macht der Selbsttäuschung
Ihnen sind jetzt Ihre Ziele klarer, und Sie wissen, dass Sie etwas ändern wollen. Damit Sie den Weg zu Ihren persönlichen Wünschen und Erfolgen beschreiten können, ist es wichtig, dass Sie Ihre Selbsttäuschungen erkennen und diese auch einzuschätzen lernen. Selbsttäuschung ist im Ergebnis die Neigung, Ereignisse so zu interpretieren beziehungsweise zu idealisieren, dass diese die eigenen Erwartungen erfüllen.

Wie oft haben wir uns alle nicht schon die »hätte, wäre, wenn«-Frage gestellt? Die Sprüche sind bekannt: »Hätte ich vermögendere Eltern gehabt, dann hätte ich mehr Möglichkeiten gehabt und aus mir wäre etwas anderes geworden.« Oder: »Hätte ich mehr Zeit mit dem Kunden verbringen können oder hätte ich mehr Informationen gehabt, dann hätte ich den Auftrag bekommen.« Diese Aussagen sind auf eine ganz simple Definition reduzierbar: »Wäre X anders gewesen, dann wäre Y besser gelaufen.«

Dies für sich alleine ist im Einzelfall zwar noch keine Selbsttäuschung. Es geht jedoch genau in diese Richtung. Je öfter Sie den Umständen oder anderen Menschen die Schuld für Ihre persönlichen oder beruflichen Misserfolge zuschieben, desto mehr täuschen Sie sich über die Realität Ihrer eigenen Vergangenheit hinweg. Im Umkehrschluss bedeutet dies nicht, dass Sie sich nun schablonenartig selbst die Schuld für alles geben, was in Ihrem Leben schon einmal schiefgelaufen ist. Jetzt haben Sie die Erkenntnisse und die Chance, ab heute Veränderungen vorzunehmen und Ihren Erfolg zu steuern. Probieren Sie die nachfolgende Übung aus.

Übung: X-Y-Auslösung

1. Schritt: Stellen Sie sich vor Ihren Spiegel und vergegenwärtigen Sie sich eine Situation, die in den letzten drei Monaten richtig schlecht gelaufen ist, wie zum Beispiel die Ablehnung einer Bewerbung. Was ist passiert?
2. Schritt: Welche Erklärung habe ich? Wer ist es gewesen? Woran hat es gelegen, dass ich abgelehnt wurde? Ich war dem Chef einfach nicht sympathisch, daher wurde ich nicht eingestellt.
3. Schritt: War das wirklich so? Ich bin wohl nicht gut vorbereitet in das Gespräch gegangen. Auch war er mir nicht wirklich sympathisch. Deshalb konnte ich auch keine positive Einstellung ihm gegenüber signalisieren.
4. Schritt: Hätte ich es ändern können?

Wenn Schritt 3 tatsächlich so war, ist die Wahrscheinlichkeit, dass ich das Ruder in diesem Gespräch noch hätte herumreißen können und den Job bekommen hätte, äußerst gering gewesen. Ich hätte jedoch an meiner inneren Einstellung und auf der Beziehungsebene arbeiten können. Eine Chance wäre es gewesen!

Wenn Schritt 4 tatsächlich so war, dann brauche ich mir nichts vorzumachen, denn dann bin ich alleine verantwortlich, dass ich für diese Position nicht in die engere Wahl gekommen bin.

Haben Sie es gemerkt? Wenn man Ereignisse noch einmal nach diesen Schritten auf den Prüfstand stellt, dann erkennt man sehr schnell, in welchen Situationen die Erinnerung von den tatsächlichen Geschehnissen abweicht. In diesem Fall haben Sie sich etwas vorgemacht und sich damit selbst getäuscht.

Persönlicher und beruflicher Erfolg ist harte Arbeit. Gerade erfolgreiche Persönlichkeiten wie Oprah Winfrey, Bill Gates oder Steve Jobs haben ihren Erfolg nicht in die Wiege gelegt bekommen, sondern erarbeitet. Gestalten Sie mit, indem Sie die »Hätte-wäre-wenn«-Ausreden aus Ihrer Erinnerungswelt verbannen und Ihre Möglichkeiten nutzen.

Dritte Grundregel: Erkennen und eliminieren Sie »Sabotageprogramme«
Sabotageprogramme sind wie ein kleiner Teufel in unserem Kopf, der unbewusst unsere Einschätzungen und Entscheidungen steuert. Sie sind ein Teil unserer inneren Stimme, allerdings genau der Teil, auf den wir besser nicht hören sollten.

Unsere innere Stimme wird bereits in der Kindheit geprägt. Wir erhalten Regeln und Glaubenssätze durch die Eltern sowie durch das Umfeld und erweitern diese später kontinuierlich durch eigenes Beobachten und Bewerten. Im Laufe unseres Lebens entsteht insoweit ein ganzer Komplex aus Glaubenssätzen, auf die wir uns – ohne diese nochmals zu prüfen – verlassen.

Sabotageprogramme können unterschiedlichste Formen und Spielarten annehmen. In jedem Fall sind sie höchst individuell und von Mensch zu Mensch verschieden.

Zum Beispiel: Wird ein Kind, das von seinen Eltern immer wieder als Tollpatsch dargestellt wurde, heute offensiv eine Beförderung anstreben oder sich auf einen neuen herausfordernden Job bewerben? Eher nein, denn die innere Stimme wird suggerieren: »Das steht mir gar nicht zu!« oder »Lass es sein, denn das wirst du niemals schaffen«.

Ein anderes Kind hat die Trennung der Eltern erlebt und sich jahrelang das Gejammer über die Untreue und die fehlenden Unterhaltsleistungen des Vaters angehört. Wird ein solches Kind später unbedarft eine Beziehung eingehen?

Auch hier: Eher nein, denn die innere Stimme wird einer dauerhaften Partnerschaft eher skeptisch gegenüberstehen und sagen: »Investiere nicht zu viel Zeit und Gefühle, denn du wirst enttäuscht werden« oder »Mit dem Heiraten wartest du besser noch«.

Sabotageprogramme sind völlig unterschiedlich »gestrickt« und resultieren nicht nur aus unserer Kindheit und Jugend, auch wenn sie dort maßgeblich ihren Ursprung haben, sondern auch aus der Entwicklung unseres Lebens. Sie sind häufig geprägt von inneren Äußerungen wie »Das habe ich nicht verdient«, »Es steht mir nicht zu ...«, »Ich habe doch keine Wahl zwischen ...«.

Sabotageprogramme funktionieren dabei wie ein heimliches Schlüssel-Schloss-Prinzip. Ein Glaubenssatz wird durch eine ähnlich gelagerte Reiz-Situation beliebig erneuert und in seiner Intention gesteigert.

Erste Maßnahme: Enttarnen Sie Ihre Sabotageprogramme
Sabotageprogramme verschwinden häufig von ganz alleine, wenn man erkennt, dass sie überhaupt vorhanden sind. Beobachten Sie sich, ob sich bei Ihnen ein Saboteur meldet. Indem Sie dies erkennen, enttarnen Sie Ihr Sabotageprogramm und können als erwachsener und verständiger Mensch selbst entscheiden, ob Sie diese Einflussnahme zulassen oder sich darüber hinwegsetzen.

Zweite Maßnahme: Kommunizieren Sie mit Ihren Sabotageprogrammen
Bei komplexeren Sabotageprogrammen ist die erste Maßnahme nicht unbedingt ausreichend. Dann empfiehlt es sich, mit Ihrem Saboteur zu sprechen. Stellen Sie sich dabei den Saboteur als Untermieter in Ihrem Körper vor und visualisieren Sie ihn. Nehmen Sie die Kommunikation mit ihm auf, dies ist wie das Führen von Selbstgesprächen, und hinterfragen Sie konkret, wieso, weshalb und aus welchem Grund Vorbehalte oder statisch festgelegte Meinungen bei Ihrem Saboteur vorhanden sind. Sie werden merken, die innerlich aufgebauten Grenzen und Direktiven für Ihr Verhalten werden durch diese Kommunikation und Auseinandersetzung mit Ihrem Saboteur schwächer, bis sie sogar ganz verstummen können.

Erfolgstipp: Schreiben Sie sich eine Woche lang alle Sabotageprogramme auf, die Sie sich selbst einflüstern und auf die Sie emotional reagieren, wenn ein anderer diese anspricht. Beobachten Sie auch Ihr Umfeld, welche Sabotageprogramme und Glaubenssätze hier am Werk sind. Sie haben es dann viel leichter, den anderen und seine Verhaltensweise zu verstehen.

Vierte Grundregel: Decken Sie Ihre verborgenen Vergangenheiten auf
Unsere Vergangenheit bestimmt unser Sein, denn das Sein ist keine Ist-Situation, sondern die Entwicklung eines ganzen Lebens. Positive und objektive Selbsterkenntnis beginnt daher naturgemäß mit dem eher unangenehmen Teil, nämlich bei genau den Lebenserfahrungen, an die Sie sich nicht mehr erinnern möchten.

Hier kommt unsere gelebte Vergangenheit ins Spiel. Auftauchende Probleme werden bestmöglich sofort eliminiert oder in eine unschädliche Ecke geschoben und damit verdrängt. Insbesondere unliebsame Ereignisse und Erinnerungen landen damit in der Verdrängungsecke, sodass der Ballast unserer Vergangenheit in unserem Inneren immer größer wird.

Vergessen Sie Aussagen wie »Es ist eben so – ich kann nichts tun«. Sie haben immer die Möglichkeit, etwas zu ändern. Je nach Charakter können wir mit der »Last« unserer Vergangenheit besser oder schlechter umgehen. Egal ob Sie ein guter Lastenträger mit einer »Elefantenhaut« sind oder ein eher sensibler Charakter, der vergangene Momente ständig mit sich herumschleppt, wir sind alle nicht vergangenheitsfrei.

Es ist nicht erforderlich, dass Sie Ihre ganze Vergangenheit noch einmal komplett heraufbeschwören. Dennoch ist es dringend notwendig, selbst festzustellen, welche Altlasten Sie noch mit sich führen. Deshalb sollten Sie das eigene Leben einmal kurz Revue passieren lassen und möglichst objektiv durchdenken. Gehen Sie Ihr Leben in einem rückwärts gerichteten Siebenjahresrhythmus durch, denn dies ist meistens das Zeitfenster, in dem sich ein Leben grundlegend verändert. Gliedern Sie Ihre Vergangenheit in Siebenjahresabschnitte und schreiben Sie sich auf, was Sie aus den jeweiligen Zeitperioden noch »zwickt«. Definieren Sie ein Motto für den jeweiligen Lebensabschnitt.

Hier gilt für das Ergebnis der Grundsatz: Was nicht mehr »zwickt«, ist erledigt, was direkt zu weiteren, insbesondere negativen Gedanken führt, ist noch da. Die »Zwicker« erkennen Sie an der Auslösung körperlicher Signale. Wenn Sie bei der Reflexion eines Ereignisses immer noch zum Beispiel tiefe Traurigkeit, Enttäuschung, Frust oder Wut empfinden, dann handelt es sich um ein verdrängtes Geschehen, mit dem Sie sich auseinandersetzen sollten. Schreiben Sie diese Gedanken in Kurzform auf, damit sie nicht erneut in der Verdrängungsecke landen.

Es ist zu unterscheiden zwischen:
- positiven Erinnerungen (bitte aufschreiben),
- negativen abgeschlossenen Vergangenheiten, die nicht mehr zu ändern sind => wenn möglich sollten Sie sich mit diesen abfinden (siehe auch Kapitel »Mentalcode«),
- negativen offenen Vergangenheiten, das heißt, am Geschehen ist nichts mehr zu ändern, doch die Auswirkungen auf Ihr heutiges Ich können Sie beeinflussen => konstruktiv werden.

Gerade die negativen Erinnerungsbilder sind häufig vielfältig und betreffen alle Bereiche unseres Lebens. So können Ihre Notizen aussehen:

Situationsanfang	Erinnerungsbild/ Gedanke	Emotion	Vergangenheit
der erste Job, Probezeit nicht bestanden	ich gehe aus dem Büro und werde nicht wieder kommen	Enttäuschung, Angst vor der Zukunft	abgeschlossen, da neuer Job
ich habe bei einem wichtigen Projekt den Kunden verloren	E-Mail mit der Absage	Enttäuschung, Ärger, Zukunftsangst	offen
mein Chef hat den mir versprochenen Job ohne Begründung an eine andere Person vergeben	die Person sitzt auf meinem Bürostuhl	Wut, Frust und das Gefühl, ungerecht behandelt zu werden	abgeschlossen, an diesen Posten komme ich nicht mehr heran
gegen mich wurde ohne Grund intrigiert	andere wenden sich von mir ab	Zorn	offen

Wenn Sie Ihre Vergangenheit durchgehen, werden Sie sehr schnell merken, wo es bei Ihnen noch zwickt. Gleichzeitig werden Sie sich bewusst, ob Sie durch aktives Tun die Auswirkungen der Vergangenheit beeinflussen können.

Der Trick dabei ist, dass viele Situationen, die Sie früher ungemein mitgenommen haben, heute gar nicht mehr so wichtig sind und damit emotional gleichgültig werden. Indem Sie diese durchdenken, wandeln Sie das emotionale Gefühl einer belastenden Situation in vielen Fällen in ein neutrales Gefühl um. Dies ist häufig der Fall, wenn sich die Situationen im Laufe der Zeit überholt haben oder neue Prioritäten gesetzt wurden.

Wenn Sie diesen Schritt des Durchdenkens Ihrer Vergangenheiten aufrichtig vollziehen, dann haben Sie dadurch bereits eine Vielzahl Ihrer negativen Erinnerungen verarbeitet.

Erfolgstipp: Prüfen Sie ganz genau, welche Situationen Sie tatsächlich noch belasten. Wichtig ist auch herauszufinden, warum diese Situation Sie belastet. Sobald Sie dies erkennen, werden Sie sehen, dass es häufig etwas mit Ihrer inneren Haltung zu tun hat. Diese ist veränderbar.

Fünfte Grundregel: negative Erinnerungen durch positive ersetzen

Zur positiven Auseinandersetzung mit den verbliebenen »Zwickern« dient eine praktische Methode: Ändern Sie das Erinnerungsbild, indem Sie negative Erinnerungen durch positive ersetzen.

Diesem Vorgehen liegt zugrunde, dass unsere Erinnerung meist aus Bildern besteht und wir häufig einfach nur ein falsches negatives Erinnerungsbild vor Augen haben. Das negative Bild hat sich unterbewusst in den Vordergrund gedrängt, sodass das Positive dieser Erinnerung verblasst, weil es in Vergessenheit geraten ist. Erinnern Sie sich daher an die positiven Momente Ihrer negativen Erinnerung und tauschen Sie das Bild, wie in folgender Tabelle dargestellt.

Ausgangssituation	Erinnerungsbild	Maßnahme	Neues Bild	Ergebnis
In Ihrer Ausbildung war Ihr erster Chef Choleriker.	Wenn Sie an diesen denken, haben Sie sofort ein negatives Gefühl in der Magengegend und fühlen sich ganz klein. Sie spüren, wie unsicher Sie ihm gegenüber sind.	Tauschen Sie Ihr Gedankenbild, indem Sie sich aktiv an einen schönen Moment mit Ihrem Chef erinnern.	Sie erkennen, wie Sie durch die Situation gelernt haben, schneller auf den Punkt zu kommen und dadurch selbstbewusster wurden, da Sie mehr Anerkennung bekamen.	Die Erinnerung an die cholerischen Ausbrüche ist nicht mehr ganz so aktiv und erscheint nicht mehr so bedrohlich.
In der achten Klasse sind Sie sitzen geblieben.	Die Erinnerung an Ihre Schulzeit ist von dieser Demütigung geprägt.	Tauschen Sie Ihr Bild, indem Sie sich an die schönen Momente Ihrer Schulzeit erinnern.	Sie sehen sich selbst im Abendkleid/Smoking auf dem Abi-Ball.	Sie sind nicht mehr der Versager, sondern der Absolvent.
Mit siebzehn wurden Sie von Ihrem ersten Freund bzw. Ihrer ersten Freundin verlassen.	So sehr haben Sie vorher noch nie geweint.	Denken Sie an die schönen Zeiten und auch an das, was Ihnen nicht gefallen hat.	Sie sehen sich mit dem Partner, der die schönen Seiten darstellt und der das macht, was Ihnen wichtig ist und auch so mit Ihnen umgeht.	Es wird nicht mehr wehtun. Sie werden es leichter haben, da Sie wissen, was Sie wollen und dass es diesen Partner gibt.

Wenn es Ihnen anfangs noch nicht gut gelingt, bleiben Sie trotzdem dran. Probieren Sie verschiedenartige Bilder aus, denn einige Assoziationen sind effektiver als andere. Damit Sie es leichter schaffen, hilft Ihnen die sechste Grundregel weiter.

 Erfolgstipp: Am Anfang ist es für Sie wichtig, das kleine »Teufelchen«, das immer wieder auftauchen wird und sagt: »Du machst Dir was vor«, zu besiegen. Denn nur wenn Sie Ihre früheren, weniger positiven Erinnerungsbilder durch positive Bilder ersetzen, haben Sie eine Chance, glücklicher zu sein und sich in Ihrer Persönlichkeit weiterzuentwickeln. Wiederholen Sie diese positiven Bilder und stellen Sie sich diese mindestens 20-mal hintereinander vor.

Sechste Grundregel: Verarbeitung durch Verzeihen
Wer ist schuld? Dies ist egal, denn die Kunst ist es, sich selbst und/oder anderen zu verzeihen. Verzeihen betrifft die »schwarze Liste« in unserer Vergangenheit. Dort tauchen bittere Sätze auf wie »Das werde ich mir nie verzeihen«, »Das werde ich dir nie verzeihen!« oder »Wie peinlich war das denn?«. Von diesen Erinnerungen geht eine selbstzerstörerische Kraft aus, die uns daran hindert, loszulassen, Wunden heilen zu lassen und vorwärts zu gehen.

Nicht verzeihen heißt, nicht zu vergessen. Damit belasten Sie sich. Sie halten die Erinnerung an das, was Sie getan haben oder Ihnen angetan wurde, wach und damit auch den Schmerz, die Wut oder den Frust. Es ist fast so, als drehten Sie selbst das Messer, das in der Wunde steckt, immer wieder herum.

Daher ist Vergebung für jegliche Form von Vergangenheitsbewältigung und Selbsterkenntnis unabdingbar. Dies heißt nicht, dass Sie das, was Sie sich oder anderen angetan haben, plötzlich gutheißen. Sie entscheiden sich lediglich dazu, es nicht länger zuzulassen, dass diese Vergangenheit Ihr Leben dauerhaft beeinflusst. Die Vergangenheit selbst wird dadurch weder besser noch anders.

Vergebung ist persönliche Stärke und ein Akt aktiver Lebensgestaltung, bei dem Sie die Eigenverantwortung für Ihr eigenes Verhalten und für das Verhalten anderer übernehmen. Sie schaffen damit die Basis, für Neues offen zu sein.

Das ist wichtig beim Thema Verzeihen:
- Fragen Sie sich: Was gibt es zu verzeihen? So schaffen Sie Klarheit über das Zustandekommen Ihrer persönlichen Verletzung, auch wenn Sie der »Täter« waren.
- Was hat mein Gegenüber wohl gefühlt? Machen Sie eine Situationsanalyse, denn häufig entstehen Verletzungssituationen nicht ganz von alleine und vielleicht hatten auch Sie Ihren Anteil daran.
- Keine falschen Berater zulassen, das heißt, Rachegefühle jeder Art sind zu eliminieren, obwohl Sie vielleicht noch nicht so weit sind (dann bitte eventuell erst einmal Zeit verstreichen lassen, denn das Thema heißt schließlich Vergebung).

Eine unverarbeitete Vergangenheit ist so individuell wie der Mensch selbst. Doch wie lässt man los, versteht und verzeiht? Dies ist einfach, wenn Sie bereit sind, etwas dafür zu tun:

Entschuldigung annehmen: Entschuldigungen treffen uns oft unerwartet in Momenten, in denen wir nicht damit gerechnet haben und auch gar nicht vergeben wollen. Die Entschuldigung eines anderen sollten Sie annehmen, denn es ist für fast keinen Menschen einfach, die Worte auszusprechen. Entschuldigungen sind wie ein Versprechen: Sie wollen die Vergangenheit ruhen lassen. Daher ist es sinnvoll, eine Entschuldigung anzunehmen.

Entschuldigung einfordern: Manchmal erwarten wir eine Entschuldigung, doch diese kommt einfach nicht. Wenn sie uns wichtig ist, dann müssen wir ein wenig nachhelfen, damit sie ausgesprochen wird. Also tun Sie gut daran, Ihrem Gegenüber erst einmal klarzumachen, dass er oder sie Sie verletzt hat. Sie werden überrascht sein, denn oft ist es einem Menschen nicht bewusst, dass er Sie verletzte.

Mut zur Wut: Ja, vermutlich hatten auch Sie schon die Situation, in der Sie in privater oder beruflicher Hinsicht völlig enttäuscht oder sogar gedemütigt wurden. Hilft Ihnen bloßes Verzeihen weiter? Nein, hier sollten Sie ein wenig »Mut zur Wut« haben. Konfrontieren Sie daher die Person mit Ihrer Enttäuschung. Dies bitte nur verbal und in einer Ich-Botschaft. Sollten Sie dies nicht schaffen, dann stellen Sie sich diese Person vor Ihrem geistigen Auge vor und sagen Sie es.

Entschuldigung anbieten: Jetzt werden Sie sehr überrascht sein, denn die meisten Menschen sehen die Schuld und die Verantwortung beim anderen. Reflektieren Sie auch, was Sie dazu beigetragen haben und bitten auch Sie den anderen für Ihr Verhalten oder Ihre Reaktion um Entschuldigung. Sie werden sehr schnell erkennen, dass es Ihnen damit noch besser geht und Sie tatsächlich dadurch eine langfristige Verbesserung erzielen.

Impulsgeschichte: Eine Frau erzählte mir, dass ihr Mann sie betrogen habe und dass sie ihm sein Vergehen niemals verzeihen werde. Auf meine Frage, ob sie denn wieder glücklich sein wolle, meinte sie, selbstverständlich. Nur dieser Mann habe es nicht verdient, glücklich zu sein. Ich bohrte weiter nach, weshalb er wohl fremdgegangen war. Da meinte sie, er ist halt so. Auf die weitere Frage, was sie ihm nicht mehr oder nicht gegeben hatte, herrschte eine betroffene Stille, und sie meinte: »Ich habe ihn nicht mehr so gut behandelt wie früher – für mich war die Beziehung reine Gewohnheit.« In diesem Moment verstand sie ihren Beitrag und konnte sogar ihren Mann um Verzeihung für ihr Verhalten bitten.

Siebte Grundregel: Beerdigen Sie den Rest
Sie haben in Ihrer Vergangenheitsschublade mächtig aufgeräumt, doch ein paar »alte Zwicker« sind immer noch da. Es wird sich voraussichtlich um abgeschlossene Vergangenheiten handeln, an denen Sie nichts mehr ändern können (zum Beispiel im Zusammenhang mit verstorbenen Personen, beendeten Jobs, einer Scheidung). Diese Kandidaten gilt es nun zur letzten Ruhe zu betten. Hierzu gibt es verschiedene Möglichkeiten:
Verzeih-Mantra: Manchmal ist es schon ausreichend, einen bestimmten Satz so lange vor sich hin zu sagen, bis er tatsächlich Realität wird. Das Mantra kann etwa lauten: »Mama, ich weiß, du hattest schwere Zeiten, deshalb verzeihe ich dir deine Strenge« (siehe Kapitel »Mentalcode«).
Schreiben Sie sich den Frust von der Seele: Verfassen Sie einen persönlichen Brief an den Menschen, der Ihnen wehgetan hat. Die Formulierung ist unerheblich, daher bitte nicht darüber nachdenken, denn je authentischer der formulierte Gedanke ist, desto besser.
Danach erfolgt das Ritual: Sie verbrennen den Brief in einer feierlichen Zeremonie, oder Sie zerreißen den Brief und trampeln darauf herum.

 Erfolgstipp: Wenn Sie akzeptieren, dass Sie für Ihre eigene Vergangenheit und für die Vergangenheiten, die andere in Ihr Leben getragen haben, lebensgestaltende Verantwortung übernehmen, sind Sie in der Lage, sich von jeglichem Vergangenheitsballast zu befreien und sehr frei und selbstbestimmt die Zukunft zu gestalten.

Die 7 Schlüssel zum Prägungscode

1. Erkennen Sie, welche Prägungen vorliegen, und notieren Sie diese.
2. Bestimmen Sie Ihre Position im Jetzt und in der Zukunft.
3. Stellen Sie eine Balance zwischen Geben und Nehmen her. Lernen Sie auch einzufordern.
4. Eliminieren Sie Sabotageprogramme. Achten Sie auf Ihre »wenn, dann hätte ich«-Ausreden. Akzeptieren Sie Ihre bisherige Haltung und schließen Sie mit ihr ab.
5. Lassen Sie die Vergangenheit los und richten Sie den Blick auf die Zukunft. Starten Sie neu mit dem, was Sie sich zum Ziel gesetzt haben.
6. Verwandeln Sie negative Erinnerungen in positive Emotionen. Machen Sie sich die Macht der sieben positiven Erinnerungen bewusst und trainieren Sie diese.
7. Verzeihen Sie und leben Sie das Verzeihen bewusst in Verzeihungsritualen aus. Denken Sie daran: Es interessiert nicht, wer Schuld hat, sondern dass es Ihnen gut geht. Sie haben Ihr Leben in der Hand und gestalten es nach Ihren Vorstellungen.

Mentalcode

Der Mentalcode ist ein »Durchsetzungscode«. In diesem Kapitel wird dargestellt, dass im gezielten Zusammenspiel von Körper und Geist eine positive Haltung auch Positives bewirkt. Nicht der Körper beherrscht den Geist, sondern umgekehrt. Unser Gehirn hat ein schier unvorstellbares Vermögen und besitzt die Macht, erheblichen Einfluss auf unser eigenes Verhalten und auf unseren Körper zu nehmen. Es ist möglich, mit diesen ungeahnten mentalen Fähigkeiten den Alltag, das Arbeits- und Privatleben sowie den persönlichen Werdegang zu revolutionieren. Es geht um Gedankenhygiene und um die verschiedensten Übungen zur Entwicklung der mentalen Kräfte.

Das Training der Mentalkraft führt zu einer weit unterschätzten, positiven Aktivierung des eigenen Lebens und ist auf alle Lebenssituationen anwendbar. Der Mentalcode gehört zu den essenziellen Schlüsseln des Erfolgs.

Im Mentalcode lernen Sie, sich in Richtung einer dauerhaften positiven Veränderung zu begeben. Die Voraussetzung hierfür ist einfach: Entscheidend ist, dass Sie daran glauben, dass Veränderungen möglich sind, und dass Sie diese auch wollen, damit Sie Ihr Leben in eine positivere Richtung lenken.

Der Schlüssel ist, dass Sie sich dafür entscheiden, was Ihnen am wichtigsten ist, und dass Sie sich dies jeden Tag in Ihr Bewusstsein rufen.

Aus der Hirnforschung wissen wir, dass die bloße Absicht in den seltensten Fällen genügt, um sich zu ändern. Erfolg haben Sie nur, wenn Sie auch Ihre innere Haltung ändern. Überprüfen Sie, wie Ihr Denken wirkt und was es bewirkt:

Der Würfeltrick
Wählen Sie einen Würfel aus, der Ihnen gefällt. Würfeln Sie. Schauen Sie sich die Zahl an und stellen Sie sich vor, diese Zahl gleich nochmals zu würfeln. Würfeln Sie. Welche Zahl erscheint? Welche Gedanken gingen Ihnen durch den Kopf?
a. »So ein Quatsch, ich kann doch nicht an eine Zahl denken und diese erscheint tatsächlich.«

b. »Mit viel Glück schaffe ich es.«
c. »Ich würfle häufig die Zahl, die ich mir vorstelle, das klappt schon.«
d. »Mit einer großen Wahrscheinlichkeit wird jede Zahl gleich häufig gewürfelt, vorausgesetzt, dass der Würfel in seiner Form gleich ist.«

Haben Sie sich wiedergefunden? Denken Sie doch nochmals an das Brettspiel, bei dem sich manche Menschen ärgern, und an Ihre Prägungen. Jetzt werden Sie sehen, welche Auswirkungen der Charakter- und der Prägungscode auf Ihren Mentalcode haben. Es gibt eine Regel, die besagt, dass man erst eine Sechs würfeln muss, um zu beginnen. Viele Menschen glauben, dass diese Zahl am schwierigsten zu würfeln sei, da sie im Spiel die erste Hürde darstellt. Andere denken, es ist die größte Zahl, deshalb ist sie am schwierigsten zu würfeln. Wieder andere sehen die Sechs als absolut machbar, nicht nur beim Würfeln. Wie denken Sie darüber?

Nach der Wahrscheinlichkeitsrechnung kommt jede Zahl gleich häufig vor. Aus der Quantenphysik weiß man jedoch, dass winzig kleine Quanten-Objekte, wie etwa Atome oder Moleküle, verschiedene Zustände gleichzeitig annehmen. Allein dadurch, dass ein Wissenschaftler die Objekte genauer beobachtet, verändert sich das Verhalten der beobachteten Teilchen. Dieses Phänomen nennt sich »Doppelspaltexperiment« und ist bisher nur bei Quanten nachgewiesen. Da alle Materie aus Atomen besteht, stellt sich die Frage: Wo hört das auf und was bedeutet es für Ihr Leben?

Jeder Mensch wird durch seine Gedanken bestimmt. Jeder Gedanke aktiviert das Gehirn und nimmt Einfluss auf alle Lebensbereiche. Neben den bewussten – den vorwärts gerichteten Gedanken – wird das Verhalten des Menschen täglich von ca. 60 000 unterbewussten (heimlichen) Gedankenvorgängen geprägt. Hinzu kommt unser Unbewusstsein als eine Art kollektives Nicht-Bewusstsein, welches die evolutionsbedingte psychische Grundkonstitution des Menschen prägt und Einfluss auf unser Bewusstsein und die Art und Weise unseres Denkens und Handelns nimmt.

Unser komplexes System der Wirkungsweise von Gedanken, Glaubenssätzen, der Vorstellungskraft, inneren Haltung, Persönlichkeit und den Bewusstseinsstufen bildet unseren Mentalcode.

Wenn Sie in der Lage sind, Ihren persönlichen mentalen Code zu dechiffrieren, lüften Sie das Geheimnis Ihrer eigenen Gedankenwelt und erkennen sich selbst. Unser Geist hat die Macht, erheblichen Einfluss auf unser eigenes Verhalten und auf unseren Körper zu nehmen. Gleichzeitig bietet der Geist die Möglichkeit, auch die Gedankenwelt anderer zu entschlüsseln und sogar auf diese Einfluss zu nehmen.

Sie haben die Möglichkeit, sich selbst aktiv zu programmieren und eigene Befindlichkeiten, Wünsche und Ziele zu steuern und gleichzeitig den Umgang mit anderen zu verbessern.

Vorab noch ein kleines Experiment: Sind Sie ein »ja, aber«- oder ein »ja, und«-Typ?

Welche der beiden unteren Figuren ist der oberen am ähnlichsten?

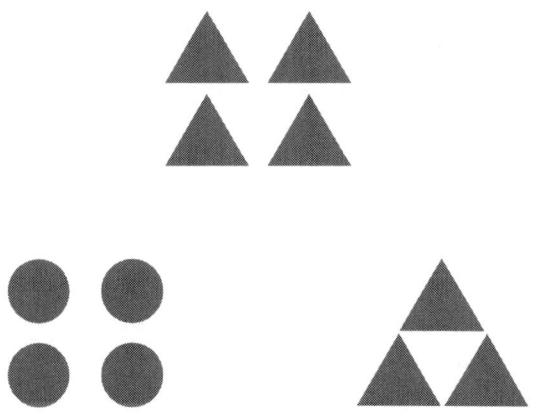

Auflösung: Wenn Sie die Dreiecke gewählt haben, dann sind Sie tendenziell optimistisch, offen für neue Ideen und haben eine gute Vorstellungskraft. Sie sind innovativ und haben gute Laune und auch viel Energie, um Dinge anzugehen oder umzusetzen.

Wenn Sie die Kreise im Quadrat gewählt haben, dann sind Sie ein logischer Denker, und bei Ihnen stehen die Zahlen im Vordergrund. Sie sind überlegter im Handeln und berücksichtigen auch die Erfahrungen aus der Vergangenheit. Es kann sein, dass Sie von weniger guten Erfahrungen stärker geprägt sind und diese Ihre Entscheidungen beeinflussen. Menschen, die sich auf die weniger guten Erfahrungen konzentrieren, sind blockiert und benötigen in ihrer Entscheidungsfindung mehr Zeit.

Wenn Entscheidungen getroffen werden sollen, entscheiden sich optimistische Menschen tendenziell für etwas Positives und sind lösungsorientierter. Wie entscheiden Sie sich jetzt – zu welchen wollen Sie gehören?

I. Die sieben Bausteine Ihres Mentalcodes

Manche Menschen stellen sich diese Fragen: »Warum hat es manch einer leichter als andere?« »Weshalb hat der eine Mensch Glück in der Familie und im Beruf und ein anderer nicht?« »Weshalb passiert immer nur mir ein solches Missgeschick?«

Sie entscheiden, was Sie daraus machen und worauf Sie sich fokussieren. In den sieben Bausteinen Ihres mentalen Codes erkennen Sie, welche Hebel Sie in Bewegung setzen sollten, damit Sie Ihr Leben in eine positivere Richtung lenken.

Erkenntnistest
Kreuzen Sie jeweils a) oder b) an:
1. Ihre Überzeugungen:
    a. Sie glauben, dass ein Mensch, der aus weniger guten familiären Verhältnissen kommt, zu den Superreichen gehören kann.
    b. Sie glauben nicht, dass ein Mensch, der aus weniger guten familiären Verhältnissen kommt, zu den Superreichen gehören kann.
2. Ihre Wahrnehmung/Ihr Denken: Ihnen nimmt ein Fahrzeug die Vorfahrt. Sie können noch bremsen und fahren weiter. Was denken Sie sofort?
    a. »Glück gehabt!«
    b. »So ein Idiot!«
3. Sie stehen an einer Kassenschlange: Was geht Ihnen durch den Kopf?
    a. »Ich habe Glück, gleich macht eine neue Kasse auf.«
    b. »Bei mir ist immer die langsamste Kassiererin.«
4. Ihre Vorstellungskraft:
    a. Sie können sich sehr gut vorstellen, was Sie in fünf Jahren machen werden.
    b. Sie können sich Dinge nicht gut vorstellen. Es passiert, und Sie müssen sich mit den Dingen abfinden.

5. Selbstverantwortung: Welche Einstellung haben Sie?
   a. »Ich kann an meinem Leben alles ändern.«
   b. »Ich muss mich mit der Situation abfinden, ich habe keinen Einfluss.«
6. Ihre Persönlichkeit: Was halten Sie von sich selbst?
   a. »Ich bin etwas Besonderes.«
   b. »Ich bin einer von vielen.«
7. Ihre Glaubenssätze: Welcher Aussage stimmen Sie zu?
   a. »Ich habe immer Glück.«
   b. »Ohne Fleiß kein Preis.«
8. Ihr Energiemanagement:
   a. Sie haben immer viel Energie.
   b. Sie fühlen sich in letzter Zeit müde.

Auflösung: Die Fragen, bei denen Sie b) angekreuzt haben, zeigen Ihnen Ihren Handlungsbedarf auf. Freuen Sie sich über die Chance, jetzt die richtigen Weichen zu stellen.

1. Überzeugungen sind eine feste Meinung und der Glaube, dass es so ist

Aus Ihren Erfahrungen definieren Sie Ihre Überzeugungen. Diese Überzeugungen halten Sie für wahr, daher suchen Sie immer wieder nach Bestätigungen Ihrer Überzeugungen. Wovon sind Sie überzeugt? Welche Auswirkung haben diese Überzeugungen auf Ihr momentanes Leben? Was verändern Sie?

Denken Sie an die Biografien erfolgreicher Persönlichkeiten. Eines steht fest: Wären diese Persönlichkeiten nicht überzeugt gewesen von dem, was sie tun, dann wären sie nicht derart erfolgreich geworden. Oprah Winfrey, Steve Jobs, Carl Benz, die Gebrüder Wright, Albert Einstein und viele andere. Sie alle hatten mit Rückschlägen und Hindernissen in ihrer Karrierelaufbahn zu kämpfen, doch haben sie den Glauben an ihre Visionen und Träume niemals verloren. Und sie haben diese erreicht!

Carl Benz, selbst aus keineswegs privilegierten Familienverhältnissen stammend, war auf seinem Weg zum Pionier der Automobilindustrie zeitweise auf die finanzielle Unterstützung seiner Verlobten angewiesen.

Oprah Winfrey dagegen hatte eine denkbar traumatische Kindheit. Sie wurde nach eigenen Aussagen als Kind sexuell missbraucht. Mit 14 war sie schwanger und verlor das Kind kurz nach der Geburt. Heute gilt sie als die erste Afroamerikanerin, die es zur Milliardärin geschafft hat. In ihrer Talkshow, die weltweit Anklang findet, macht sie sich ihre Erfahrungen zunutze und spricht besondere Themen öffentlich an.

So wird offensichtlich, dass weder Traumata aus der frühen Kindheit noch finanzielle Engpässe Sie an Ihren Träumen hindern. Definieren Sie Ihre Ziele und glauben Sie an sich, dann werden Sie erreichen, was Sie sich vorgenommen haben!

2. Ihr Denken entscheidet über die Richtung in Ihrem Leben.

Denken ist biologisch gesehen das Aktivieren von miteinander verknüpften Neuronen im Gehirn. Wird ein Gedanke häufig gedacht, so verknüpfen sich die Neuronen auf diesem Denkweg immer besser, es entsteht ein Trampelpfad. Im Laufe Ihres Lebens bilden sich dadurch sogenannte Denkautobahnen. Wenn Sie häufig in Angst oder Selbstmitleid verfallen, dann werden sich diese Gefühle vertiefen. Ihre momentane Situation ist somit das Ergebnis dessen, was Sie die ganze Zeit gedacht haben.

Zum Beispiel die Begrenzung durch eine Glasscheibe: Ein Löwe lebte im Freigehege, welches durch ein Glas abgetrennt war. Der Löwe ging immer bis an das Glas heran. Nach ein paar Wochen wurde das Glas entfernt. Der Löwe ging nie weiter als bis zu der Stelle, an der früher das Glas stand.

Sie haben Ihr Denken in der Hand und entscheiden, was Sie denken. Sie haben die Möglichkeit, dank der Formbarkeit des Gehirns auch gut ausgebaute Denkautobahnen abzubauen und neue Trampelpfade für ein besseres Denken anzulegen.

Wir sind das, was wir denken. Wir denken, was wir schon immer gedacht haben, und es ist möglich, aus diesem Denken auszusteigen.

Impulsgeschichte: Ein Junge wollte Kung Fu lernen. Da er nur mit einem Arm zur Welt gekommen war, waren seine Eltern nicht begeistert und wollten ihm abraten. Es war ihm jedoch so wichtig, dass sie ihn schließlich doch zu einem Kung-Fu-Meister schickten. Dieser lehrte ihn die Kampfkunst und trainierte mit ihm eine ganz bestimmte Technik. Die Aufgabe des Jungen bestand darin, nur diese Technik zu trainieren und sich darauf zu konzentrieren. Kurze Zeit später meldete der Meister den Jungen zu einer Meisterschaft an. Der Junge kämpfte und bezwang seinen Gegner, obwohl dieser als bester Kung-Fu-Schüler einen exzellenten Ruf hatte. Nach diesem Kampf wollte er aufgeben, da er sehr müde war.

Der Meister ermutigte ihn: »Auch diesen Gegner wirst du schlagen. Du hast den Besten bezwungen, der Zweitbeste hat jetzt Angst vor dir und wird sehr viele Fehler machen, somit wirst du auch gewinnen.« »Warum glaubst du das?«, fragte der Junge zurück. »Weil dein zweiter Gegner deinen Kampf beobachtet hat. Er hatte nicht daran geglaubt, dass du siegen würdest. Nun hat er große Angst vor dir. Das ist dein Vorteil.« Und so kam es: Der Junge gewann auch den zweiten Kampf. Da wurde dem Jungen klar, dass seine größte Schwäche auch seine größte Stärke war.

Überlegen Sie sich eine Situation oder Aufgabe, von der Sie gedacht haben, dass diese sehr schwierig ist. Konzentrieren Sie sich nun auf das Ziel oder die Lösung. Wichtig ist, dass Sie sich jetzt immer nur das Ziel vorstellen. Wie wollen Sie sich fühlen, wenn Sie das Ziel erreicht haben?

3. Ihre Vorstellungskraft ist das Fundament Ihres Lebens

Schon Walt Disney sagte: »Alles was du dir erträumen kannst, kannst du machen.« Wie stellen Sie sich Ihr Leben vor? Was wollen Sie haben und was wollen Sie in zehn Jahren über Ihre Lebenssituation sagen?

Impulsgeschichte: Die beiden Informatikstudenten Larry Page und Sergey Brin trafen 1995 in Stanford aufeinander. Drei Jahre später gründeten sie gemeinsam Google. Innerhalb von zehn Jahren machten sie Google zu einem der wertvollsten Unternehmen der Welt. Bereits 2000 wurde die magische Grenze von einer Milliarde Webseiten im Suchindex durchbrochen. Durch den Börsengang 2014 wurden die beiden Gründer schließlich zu Milliardären. Die beiden glaubten von Anfang an an das enorme Potenzial ihrer Suchmaschine, deren Idee im Rahmen einer Studienarbeit entwickelt wurde.

Übung: Was wollen Sie in diesem Jahr noch erreichen? Welches Ziel ist Ihnen besonders wichtig? Wie fühlen Sie sich, wenn Sie dieses Ziel erreicht haben? Notieren Sie sich Ihr Ziel und konzentrieren Sie sich täglich auf dieses Ziel.

4. Ihre Selbstverantwortung ist die Grundlage für Ihre Lebensplanung und Lebensgestaltung

Selbstverantwortung bedeutet, dass Sie die Fähigkeit haben, für die eigenen Aussagen und das eigene Handeln Verantwortung zu tragen.

Impulsgeschichte: Ein kleiner Junge, der im Kindergarten einen sehr hohen Turm aufbaute, warf diesen um und weinte dann. Die Erzieherin fragte, wer denn daran schuld sei: Der Kleine meinte »selber schuld«, lächelte und baute ihn wieder auf.

Ein Kind ist erlebnisorientiert, Erwachsene hingegen ergebnisorientiert. Trainieren Sie wieder Ihre Erlebnisorientierung, dann ist es viel leichter, auch die Verantwortung für einen Rückschlag zu übernehmen und wieder von vorne zu beginnen.

Erfolgstipp: Drei Schritte zu mehr Selbstverantwortung:
1. Nehmen Sie die Situation an.
2. Überlegen Sie sich, wie Sie diese Situation / Aufgabe verbessern wollen.
3. Verbessern Sie die Situation und freuen Sie sich über die Umsetzung.

5. Ihre Persönlichkeit entscheidet über Ihr Verhaltensmuster

Unser Persönlichkeitsprofil entscheidet, wie wir an Situationen oder Aufgaben herangehen.

Impulsgeschichte: Ein junger Verkäufer glaubte, dass er erst nach zwei Besuchen bei einem Kunden einen Auftrag erhalten kann. Auf die Frage warum, meinte er, dass es einfach dauert, bis ein Kunde zu einem jungen Verkäufer Vertrauen aufbaut. Als wir bei einem Kunden waren, der sofort einen Auftrag erteilen wollte, meinte der junge Verkäufer, überlegen Sie ruhig nochmals, besser ist es, wenn wir uns ein zweites Mal treffen, damit Sie sich sicherer sind. Nachdem er reflektierte, war es ihm bewusst, dass er, wenn er anders reagiert hätte, sofort einen Auftrag erhalten hätte. Ab dem Moment nutzte er die Chance und änderte sein Verhalten. Er sagte sich, dass er schon beim ersten Kundenbesuch verkaufen kann. Spätestens jedoch beim zweiten Termin.

Übung: Denken Sie an ein weniger positives Erlebnis. Wie haben Sie reagiert? Was denken Sie heute noch über dieses Erlebnis? Was muss passieren, damit Sie diese Situation als Chance für Ihre persönliche Weiterentwicklung sehen?

6. Ihre Glaubenssätze sind sich selbst erfüllende Prophezeiungen

Glaubenssätze sind unsere »Wahrheiten«, die aus unseren Prägungen oder Erfahrungen entstanden sind. Diese beeinflussen unser Denken, Fühlen und Handeln. Beachten Sie dabei: Glaubenssätze sind immer nur eine Sicht der Dinge und niemals die ganze Wahrheit. Ein typisches Beispiel ist die Parkplatzsuche: Es gibt Menschen, die haben ein unbewusstes Programm, das es ihnen ermöglicht, stets ganz vorne einen Parkplatz zu finden. Es gibt andere, die probieren es nicht einmal aus.

Eine Kundin aus Frankfurt meinte: »Das klappt nie!« Diese Kundin lud mich in ihr Büro nach Frankfurt in die Innenstadt ein und sagte: »Ich glaube es erst, wenn Sie vor meinem Büro einen Parkplatz bekommen.« Selbstverständlich bekomme ich immer einen Parkplatz vor den Bürogebäuden meiner Kunden. So war es auch jenes Mal. Meine Kundin war total geschockt, da sie bis 8.30 Uhr gesehen hatte, dass alle Plätze belegt waren. Als ich in die Straße einbog, fuhr in diesem Moment ein Fahrzeug direkt vor ihrem Gebäude weg.

Übung: Sobald Sie losfahren, programmieren Sie sich den gewünschten Parkplatz zum Beispiel vor einem Kaufhaus oder an einer bestimmten Straße. Stellen Sie sich kurz vor, wie Sie sich freuen, diesen Parkplatz zu haben, und genießen Sie den Moment. Dann fahren Sie los.

7. Ihr Energielevel entscheidet über Ihre Konzentrationskraft und über Ihr Durchhaltevermögen

Ihr Energielevel ist gut, wenn Sie in Balance sind. Entscheidend ist, dass Sie sich bewusst machen, bei welchen Aufgaben oder Personen Sie Energie verlieren und bei welchen Aufgaben Sie Energie gewinnen. Betrachten Sie Ihr Lebensumfeld und üben Sie sich in der Achtsamkeit Ihrer körperlichen Signale wie z.B. Müdigkeit, Kopfschmerzen oder Leistungssteigerung. Sie werden sehr schnell erkennen, bei welchen Aufgaben bestimmte Symptome auftreten.

Impulsgeschichte: Ein Projektleiter erzählte, dass er bestimmte Aufgaben, die er nicht gerne macht, vor sich herschiebt, jedoch merkt, dass diese ihn immer mehr belasten und er dadurch nicht mehr so viel Energie für seine anderen Aufgaben hat. Spaß macht ihm der Umgang mit Menschen, und negativ ist das lästige Projektprotokoll. Doch er weiß, dass er ohne Protokoll keine Aufgaben prüfen kann. Er suchte eine Lösung. Er gab die Aufgabe an einen Mitarbeiter ab, der perfekte Protokolle schreiben konnte und diese Aufgabe auch noch gerne machte. Somit hat er mehr Zeit, das Projekt gezielter zu lenken und die Kommunikation mit den Schnittstellen zu optimieren.

Übung: Notieren Sie alle Aufgaben, die Ihnen Energie geben. Schreiben Sie danach alle Aufgaben auf, die Ihnen Energie rauben. Welche Lösungsmöglichkeiten gibt es für die Aufgaben, die Sie weniger gerne machen?

II. Geistige Gesetze und ihre Auswirkungen

1. Das Gesetz von Ursache und Wirkung

Alles, was Sie im Leben haben, ist das, was Sie wirklich wollten. Oder: Alles, was Sie im Leben haben, ist das, an das Sie ständig gedacht haben. Es besagt, dass alles, was in diesem Universum geschieht, auch eine Ursache hat. Das wiederum bedeutet nichts anderes als: Es gibt für *alles* einen Grund. Oder noch klarer ausgedrückt: Es gibt keinen Zufall.

Eine Frau erzählte mir, dass sie ihr Haus verkaufen müsse, da ihr Mann sie betrogen habe. Auf die Frage, was sie von einer Ehe halte, antwortete sie: »Männer sind Betrüger, das hat mir meine Mutter schon gesagt. Meine Eltern sind auch geschieden, mein Vater war kein guter Mensch. Auch ich wusste, dass ich früher oder später meinen Mann beim Fremdgehen erwische.«

Den Mann lernte ich kurz darauf kennen und fragte ihn, weshalb all dies so gekommen wäre. Er meinte: »Ich hatte immer das Gefühl, dass meine Frau mir unterstellt, dass ich fremdgehe. Wir hatten auch einige Eifersuchtsszenen. Ich beteuerte ihr meine Treue. Irgendwann zehn Jahre nach unserer Hochzeit traf ich dann eine Frau, mit der ich fremdging.«

Was sagt Ihnen diese Geschichte? Alles in Ihrem Leben entsteht aus Ihren Gedanken. Alles was Sie haben, ist das, was Sie verursacht haben. Sie treffen die Entscheidung, was Sie denken und wie Sie mit Situationen umgehen.

Übung: Was denken Sie über Ihre Ehe, Familie, Kinder, Beruf, Gesundheit, Freunde, Hobbys, Geld und über den Sinn Ihres Lebens? Sollte hier ein negativer Gedanke auftreten, dann programmieren Sie diesen um.

Alte Gedanken	Neue Gedanken
Ich habe es nicht leicht, muss viel ertragen.	Ich wachse mit meinen Aufgaben und es wird immer leichter.
Meine Kinder sind schwierig.	Meine Kinder entwickeln ihre Stärken.
Mein Beruf ist langweilig.	Ich kann meine Talente entfalten.

Sie haben jederzeit die Möglichkeit, Ihre Gedanken und Vorstellungen neu zu definieren. Voraussetzung ist, dass Sie sich über Ihre alten Gedankenmuster bewusst werden.

2. Das Gesetz der Resonanz oder das Gesetz der Anziehung

Das Gesetz der Resonanz geht davon aus, dass alle Gedanken und Gefühle gewisse Schwingungen erzeugen. Es besagt somit, dass Sie mit Ihren Gefühlen und Gedanken Menschen und Situationen mit ähnlichen Schwingungen in Ihr Leben ziehen, denn: »Gleich und Gleich gesellt sich gern.«

Stellen Sie sich vor, wie sich Ihr Leben verändert, wenn Sie sich mit positiv denkenden Menschen umgeben.

Impulsgeschichte: Der japanische Naturarzt Dr. Masaru Emoto hat in seinem bahnbrechenden Versuch Anfang der 1990er-Jahre herausgefunden, dass Wasser eine Art Gedächtnis haben muss. Er spielte verschiedenen Wasserproben Musik vor – der einen Heavy Metal, der anderen klassische Musik. Das Wasser wurde schockgefroren und die entstehenden Eiskristalle analysiert. Die Sensation: Die Strukturen der Eiskristalle wurden erheblich von der Musik beeinflusst. Während die Wasserprobe, die mit Musik von Bach und Beethoven bespielt worden war, eine harmonische Struktur einnahm, war jene mit Heavy-Metal-Musik verzerrt.

Der menschliche Körper besteht zu über 70 Prozent aus Wasser, jetzt können Sie sich vorstellen, welche Auswirkungen ein positives Umfeld auf Sie hat.

3. Erkennen Sie das Wesen Ihrer Gedanken und den Nutzen der Gedankenhygiene

Sie entscheiden, was Sie denken und welche Gedanken Sie ab heute haben werden. Wissen Sie noch, wie viele unbewusste Gedanken jeder Mensch hat? Ja, es sind ca. 60 000. Davon sind 3 Prozent aufbauende, hilfreiche, 25 Prozent destruktive und 72 Prozent flüchtige Gedanken. Es liegt an Ihnen, ab jetzt Ihre Gedanken in eine positivere Richtung zu lenken oder zumindest das Bewusstsein zu haben, was Sie gerade denken. Damit Sie motiviert sind, auf Ihre Gedanken zu achten, machen Sie sich bewusst, dass jeder negative Gedanke siebenmal stärker als ein positiver wirkt. Wenn eine Aufgabe für Sie schwer wird, sollten Sie sich siebenmal sagen, die Aufgabe wird leicht; erst dann sind Sie wieder im neutralen Bereich und haben mehr Energie für diese Aufgabe.

4. Gedankenbewusstsein und -transformation

Nur, wenn Sie sich über Ihre Gedanken bewusst sind, haben Sie die Chance, sie zu ändern und zu steuern. Sollten Sie einen negativen Gedanken oder Impuls wahrnehmen, sagen Sie »STOP!« und korrigieren Sie diesen siebenmal. Ziel ist es, »Ich kann das nicht!« in ein »Ich kann das!« zu verwandeln.

1. Steigern Sie Ihre Wahrnehmung und machen Sie sich Ihre Gedanken bewusst. Achten Sie darauf, was Sie über andere Menschen und deren Verhaltensweisen denken und wie Sie sich dabei fühlen.
2. Überprüfen Sie Ihre Gedanken. Wollen Sie so wirklich denken? Welche Gefühle haben Sie?
3. Seien Sie froh darüber, dass Sie Ihre Gedanken erkennen und somit auch ändern können. Programmieren Sie sich neu! Seien Sie also geduldig mit sich selbst und üben Sie fleißig, denn »Übung macht den Meister!«.

5. Die verschiedenen Denkebenen oder Denkmuster

Sie haben die Möglichkeit, sich zwischen drei Denkebenen zu entscheiden. Es gibt die erschaffenden oder visionären, die erhaltenden und die zerstörenden oder korrosiven Denkmuster. Analysieren Sie mithilfe folgender Situationen Ihre Denkmuster:

1. Sie erhalten nicht die erhoffte Gehaltserhöhung von Ihrem Chef. Welcher Gedanke kommt sofort auf? Kreuzen Sie an.
    a. Ich nehme das für den Moment an und denke, es wird sich wieder eine neue Gelegenheit ergeben.
    b. Ich akzeptiere es, ich benötige meine Arbeitsstelle und kann nichts dagegen tun.
    c. Ich verstehe das nicht, andere bekommen immer mehr als ich. Ich finde es ungerecht.
2. Ihr Partner/Ihre Partnerin sagt, dass er/sie Abstand braucht. Welcher Gedanke kommt bei Ihnen auf?
    a. Sie finden es gut, dass er/sie es anspricht. Sie sehen eine gute Chance für die Beziehung.
    b. Sie sind entsetzt. Sie verstehen das nicht.
    c. Sie finden es unglaublich, dass er/sie nur an sich denkt. Kein Wunder, dass Ihre Beziehung so schlecht ist.

Auswertung:

Überwiegend a): Sie sehen Ihre Ziele ganz klar vor sich. Sie gehören zu den Lebensgestaltern und übernehmen Verantwortung. Dieses Denken verschafft Ihnen viel Energie. Sie ziehen positive Menschen und Situationen in Ihr Leben.

Überwiegend b): Sie haben eine Neigung, Dinge zu bewahren und zu erhalten. Frei nach dem Motto: »Es kann ja noch schlimmer kommen!« Teilweise vermeiden Sie notwendige Veränderungen. Oft sind hierfür unbegründete Ängste oder auch Erfahrungen verantwortlich. Durch dieses Denken verlieren Sie viel Energie. Betrachten Sie Ihre Situation ganz genau. Definieren Sie, was Ihnen wichtig ist und üben Sie sich in Ihrer Gedankenkontrolle.

Überwiegend c): Sie sind sehr misstrauisch. Hinter den meisten Dingen vermuten Sie das weniger Gute, frei nach dem Motto »Lieber nicht zu viel erwarten, dann werde ich auch nicht enttäuscht«. Durch dieses Verhalten ziehen Sie natürlich Menschen und Situationen in Ihr Leben, die Ihnen genau das spiegeln.

Schauen Sie sich Ihr momentanes Leben an. Sie können jederzeit neu starten. Machen Sie sich bewusst, was Sie wollen. Übrigens: Wenn Sie fünf Minuten lang negativ denken, dann sind Sie viele Stunden weniger effektiv und effizient. Jetzt wissen Sie, weshalb Menschen mit einer weniger positiven Einstellung auch weniger effektiv und effizient arbeiten.

Motivationstipp: Sie dürfen 16 Sekunden an etwas weniger Schönes denken, länger nicht, da sich sonst Ihr Gedanke einprägt und Sie beeinflusst. Probieren Sie es beim nächsten Stau auf der Autobahn aus oder bei einer Aufgabe, die Sie weniger gut finden.

 Erfolgstipp: Hören Sie genau zu, was und wie jemand Ihnen etwas erzählt. Sie werden sehr schnell erkennen, auf welcher Ebene er sich befindet.

6. Die Bewusstseinsstufen

Damit Sie Ihren Mentalcode nutzen, ist es wichtig, sich Ihres Bewusstseins gewahr zu werden. In den Naturwissenschaften und der Psychologie wird häufig von sieben Bewusstseinsstufen gesprochen. Diese werden teilweise unterschiedlich definiert und dargestellt. Für den Mentalcode benötigen Sie nur vier Bewusstseinsebenen, die im Folgenden geschildert werden:

Die erste Bewusstseinsebene: das Ist-Bewusstsein

Wir reden hier von vorwärts gerichteten Gedanken, die wir aktuell durchdenken, sprachlich erfassen und Dritten gegenüber artikulieren oder schriftlich nach außen preisgeben – überlegt oder eben nicht. Das Ist-Bewusstsein ist die aktuelle Gesamtschau unserer gelebten Persönlichkeit mit allen Gedanken, Wünschen, Erfahrungen und dem persönlichen Wissen im Hintergrund. Wir wissen, wie es uns aktuell geht, und können manipulativ etwas preisgeben oder dieses unterlassen. Das Ist-Bewusstsein wird aktuell zum Tagesbewusstsein und wird von uns in der einen oder anderen Weise gelebt. Ab morgen gehört das Ist-Bewusstsein schon wieder zur Vergangenheit.

Die zweite Bewusstseinsebene: das Unterbewusstsein

Das Unterbewusstsein ist die »Grande Dame« Ihres Geistes. Hier wurden und werden alle Erlebnisse von der Zeugung bis zu Ihrem jetzigen Lebenstag abgespeichert. Teilweise wird im Unbewussten ein System gesehen, dass vor allem aus verdrängten oder abgewehrten Bewusstseinsinhalten besteht (siehe Kapitel »Prägungscode«), doch dies ist nur ein Teil des Unterbewussten.

Ihr Unterbewusstsein ist der Spiegel zu Ihrer Seele. Es zeigt Sie ohne Make-up und Attitüden. Es ist insofern pur, was wir von anderen Geisteszuständen, die wir manipulieren können (zum Beispiel dem Ist-Bewusstsein), nicht zu behaupten wagen. Natürlich ist unser Unterbewusstsein nicht beliebig abrufbar, denn darin liegt der Reiz unseres Geheimnisses. Wir müssen uns das Unterbewusste erschließen im Bewusstsein, dass die Selbsttäuschung im Unterbewussten nicht funktioniert.

Die Wissenschaft geht davon aus, dass ca. 90 Prozent unserer geistigen Kräfte niemals bewusst genutzt werden. Sie können Ihr Unterbewusstsein mithilfe Ihrer Vorstellungkraft und Suggestionen beeinflussen.

Die dritte Bewusstseinsebene: das Unbewusstsein

Hierüber weiß die Wissenschaft relativ wenig. Es ist die psychische Grundkonstitution des Menschen, die eine Art kollektives Unbewusstsein bildet. Dieses ist wie ein lebendiges Archiv des Erfahrungswissens der Menschheit. Der Mensch hat sich in seiner Entwicklung als Überlebenskünstler erwiesen, der alle evolutionsbedingten Erfahrungen innerlich in sich trägt. Diese Erfahrungen und Fähigkeiten sind omnipräsent und gleichzeitig zivilisationsbedingt degeneriert. Bis heute ist es der Wissenschaft noch nicht gelungen, den menschlichen Körper mit seinen 140 Billionen Zellen vollständig zu erfassen.

Die vierte Bewusstseinsebene: das Überbewusstsein
Das Überbewusstsein ist eine Art Wächter. Es ist die Quelle des Lebens, des Sinnes und des Ausdrucks eines jeden einzelnen Menschen. Es stellt eine Fülle von Ideen, Wissen und Energie bereit, um den Menschen zu unterstützen. Doch es sagt dem Menschen nicht direkt, was er zu tun hat. Denn dies muss das Bewusstsein entscheiden. Das höhere Selbst arbeitet oft durch die Inspiration. Dies geschieht durch eine spontane Eingebung. Sie wissen plötzlich etwas, oder Sie sind von einem tiefen Gefühl des Friedens oder einer stillen Erregung erfüllt (siehe Kapitel »Intuitionscode«).

Weshalb sind dem Tsunami in Thailand im Jahre 2004 keine wild lebenden Tiere zum Opfer gefallen? Die Tiere sind schon frühzeitig geflohen und haben sich in Sicherheit gebracht. Was hat sie gewarnt? War es der siebte Sinn – wo auch immer dieser sein mag? Gerade wild lebende Tiere verfügen über die evolutionsbedingte Fähigkeit, Gefahren zu spüren, weil sie besondere Schwingungen wahrnehmen, die wir Menschen zwar auch empfangen, doch nicht mehr aktiv in der Wahrnehmung zulassen.

Impulsgeschichte: Ein gestandener Vertriebsmitarbeiter, mit dem ich unterwegs war, hatte einen Talisman aus Thailand in seinem Auto. Als ich ihn darauf ansprach, ob er an diesen Glücksbringer glaube, veränderte sich seine Ausstrahlung. Er fuhr an die Straßenseite und sagte mir: »Ja, das tue ich, und zum Glück glaube ich daran.« Er begann zu erzählen. Jedes Jahr, immer zur gleichen Zeit, gehe er nach Thailand. Im Jahr 2003 sei er in ein Kloster gegangen und habe einen Mönch getroffen. Dieser Mönch habe ihm den Glücksbringer geschenkt mit den Worten: »Wenn Du gesund bleiben willst, dann komm im Jahr 2004 zu einem anderen Zeitpunkt.« Als der Mönch ihm das sagte, hatte er ein merkwürdiges und beklemmendes Gefühl in der Magengegend und buchte deshalb den Flug zu einem späteren Zeitpunkt. Zu dem Zeitpunkt, an dem er normalerweise nach Thailand flog, ereignete sich der Tsunami. Er hatte Glück gehabt, dass er auf den Mönch und seinen Bauch gehört hatte. Sehr beeindruckend ist, dass der Mönch diese Vorahnung hatte.

III. Aktivieren Sie Ihr Gehirn: Steuern Sie Ihren Erfolg durch Visualisierungskraft

Visualisierung heißt Vergegenwärtigung. Es handelt sich um ein aktives gedankliches Vorstellungsbild, die bildhafte Vorstellung eines bereits erreichten Zieles oder Zustands. Vorstellungen sind Gedanken in Bildern.

Das menschliche Großhirn setzt sich aus zwei zueinander symmetrischen Hälften zusammen. Beide sind durch einen Balken miteinander verbunden – eine Nervenverbindung, die aus 200 Millionen Gehirnzellen besteht. Über diese können die Gehirnhälften miteinander kommunizieren. Die linke ist hauptsächlich für das rationale, logische Denken verantwortlich, während die rechte die Intuition, Kreativität, Symbolik und Gefühle steuert.

Schematisch gesehen stellen sich die Funktionen der Gehirnhälften wie folgt dar:

Linke Gehirnhälfte	Rechte Gehirnhälfte
verbale Tätigkeiten	nonverbale Tätigkeiten
Sprache	Fantasie und Vorstellungskraft
Lesen und Schreiben	Rückgriff auf Gesichter, Bauwerke und Formen
mathematisch	intuitiv
ordnend und analytisch	eher verspielt, musisch oder begabungsorientiert, risikobereit
kontrolliert	emotional
detailliert und logisch	erfasst das Ganze
vermeidet Risiko und verarbeitet Information linear	bildhaft und verarbeitet Information zirkulär

Bis zu unserem sechsten Lebensjahr nutzen wir tendenziell die rechte Gehirnhälfte für unsere Wünsche, Träume und Emotionen. In der Schule wurden wir auf logisches Denken und Struktur trainiert. Exzellente und kreative Denkleistungen können jedoch nur dann entstehen, wenn beide Hemisphären des Großhirns gut zusammenarbeiten und sich ergänzen. Deshalb ist es so wichtig, auch die rechte Gehirnhälfte in Denk- und Lernprozessen zu fordern.

IV. Wie sieht es mit Ihrer Visualisierungs- oder Vorstellungskraft aus?

Gehören Sie auch zu den Menschen, die sofort ein Bild vor ihrem geistigen Auge sehen, sobald sie etwas erzählt bekommen?

Übung: Denken Sie nicht an einen rosaroten Elefanten! Bestimmt ist sofort ein rosaroter Elefant aufgetaucht, da das Wort »nicht« nicht wahrgenommen wird. Außer Sie sind ein extrem linkshirniger Mensch, der schon gleich das entstehende Bild unterbricht, weil Sie denken, dass es keinen rosaroten Elefanten gibt. Entweder sehen Sie jetzt einen rosaroten Elefanten, dann haben Sie eine aktive rechte Gehirnhälfte, oder Sie denken, den gibt es nicht, dann ist Ihre linke Gehirnhälfte sehr aktiv und Sie sehen kein Bild.

Ihre inneren Bilder von sich, den Menschen und der Welt entscheiden über Ihr Denken, Fühlen und Handeln. Die Art und Weise, wie Sie denken, ist ausschlaggebend, welche Nervenzellenverschaltungen in Ihrem Gehirn stabilisiert und ausgebaut werden. Sie haben also die Möglichkeit, Ihre einmal geprägten negativen Bilder in positive Bilder zu verändern.

Erfolgstipp: Egal, zu welchem Typ Sie gehören, die mentale Technik funktioniert bei jedem. Die Grundvoraussetzung ist nur, dass Sie das, was Sie programmieren, auch wirklich selbst wollen und es sich vorstellen können.

V. Nutzen Sie das mentale Training als Erfolgsbeschleuniger

Mentales Training ist eine Methode, um das Denken systematisch auf eine bevorstehende Aufgabe hin zu programmieren. Ein »starker Kopf« ist nicht nur Talent – er kann trainiert werden. Mittels systematischer Methoden kann jeder erlernen, seine Konzentration und Aufmerksamkeit zu steuern. Visualisierung der eigenen Ziele gehört ebenso dazu wie Übungen, um mit Anspannungen und Leistungsdruck umzugehen.

Grundlage dafür sind eine Entspannung im Alpha-Zustand und eine Visualisierungstechnik. Nachdem die Wissenschaft erforscht hat, wie kraftvoll und entscheidend gezielte Gedanken und Vorstellungen sind, wird das Mentaltraining in verschiedenen Bereichen eingesetzt. Beispielsweise wird es im Sport genutzt, im

Umgang mit Ängsten, in der Suchtentwöhnung, in Therapien, im Selbstbewusstseinstraining und für jeden Bereich, den ein Mensch verändern will. Mit Mentaltraining lernen Sie, wie Sie bestimmte Wünsche, Ziele und Vorstellungen mit Ihren fünf Sinnen so visualisieren und sich bildhaft einprägen, dass Sie das Ziel erreichen.

 Erfolgstipp: Überlegen Sie nie, wie Sie etwas bekommen, konzentrieren Sie sich auf das, was Sie wollen! Es zählt nur Ihr Ziel!

1. Voraussetzung für die Programmierung ist der Bewusstseinszustand

Im Wesentlichen gibt es vier unterschiedliche Bewusstseinszustände, in denen sich Menschen befinden können. Unser Wachbewusstsein nennt sich Beta-Zustand: Hier denken, fühlen und handeln wir. Sind wir kurz vor dem Einschlafen, beim Aufwachen oder in der Meditation, befinden wir uns im Alpha-Zustand. Hierbei erhalten wir Kraft und Energie. Auch außergewöhnliche Fähigkeiten wie zum Beispiel das Löffelbiegen sind hier möglich. In tiefen Traum- und Tiefschlafphasen sind wir im Theta-Zustand. Wir sind tief entspannt. Dazwischen gibt es noch den Trancezustand, der Delta-Zustand genannt wird. In diesem Bereich können mit sehr tiefer Hypnose stundenlange Operationen durchgeführt werden.

2. Entspannungstechniken, um in den Alpha-Zustand zu kommen

Meditation: Es gibt viele Arten von Meditation, einige werden seit vielen Jahrtausenden ausgeübt. Damit die Meditation gut für einen Menschen ist, muss diese ein heilvolles und positives Ziel haben. Eine Mediation ist die Einkehr in die Stille.

Entspannungsatmung: Die richtige Atmung ist die Voraussetzung für einen guten Entspannungszustand. Beim Einatmen denken Sie an etwas Schönes, beim Ausatmen lassen Sie alles weniger Schöne los.

3. Die 7S-Formel zur mentalen Zieleprogrammierung

Um Ihre Ziele zu erreichen, können Sie sich programmieren. Beachten Sie die folgenden sieben Punkte, die sogenannte 7S-Formel, um Ihren Zielen näher zu kommen. Notieren Sie sich die Antworten zu den nachfolgenden Punkten.

Selbsterkenntnis: Erinnern Sie sich an die Übung, bei der Sie Ihr bisheriges Leben in 7-Jahres-Abschnitte gegliedert haben? Konzentrieren Sie sich nun auf Ihren aktuellen 7-Jahres-Zyklus. Sie haben Ihren 7-Jahres-Zyklus definiert und wissen, was Sie am Ende des Zyklus sagen wollen.

Selbstverantwortung: Was war heute Ihre größte Herausforderung? Wie haben Sie es gemacht, dass Sie weniger positive Gedanken bewusst in positive umgewandelt haben?

Selbstverzeihung: Wer hat Ihnen heute ein weniger gutes Feedback gegeben? Wie haben Sie darauf reagiert? Was haben Sie getan, damit Sie es sachlich verarbeiten konnten?

Selbstmotivation: Wie konnten Sie sich heute schon beim Aufstehen motivieren? Welche kleinen Freuden hatten Sie im Arbeitsalltag? Wie häufig sprechen Sie Ihre Suggestivformel (z.B. Ich bin fitter, gesünder und erfolgreicher)?

Selbstliebe: Was haben Sie sich heute schon Positives gesagt? Welche schönen Dinge haben Sie heute erlebt? Mit welchen positiven Gedanken lassen Sie Ihren Tag Revue passieren?

Selbstbewusstsein: Wie selbstbewusst sind Sie heute aufgetreten? Wie präsent waren Sie im Beruf- und im Privatleben? Was tun Sie, damit Sie die Präsenz weiterhin haben?

Selbsterfüllung: Was haben Sie heute für Ihr Lebensziel getan? Wie haben Sie es sich visualisiert? Welche Gefühle hatten Sie dabei?

Sie haben erkannt, wie wichtig es ist, eine positive Grundhaltung zu sich selber und zu jedem Menschen zu haben, denn alles bildet eine Einheit. Sie kennen Ihr Ziel und gestalten Ihr Leben. Sie sind jetzt schon auf einem sehr guten Weg. Gehen Sie diesen weiter!

Erfolgstipp: Zur eigenen Sicherheit: Sobald Sie sich ein Ziel nicht vorstellen können, sollten Sie nochmals hinterfragen, weshalb Sie es erreichen wollen. Wenn Sie nicht genügend gute Gründe dafür haben, dann wählen Sie ein Ziel aus, welches Sie noch mehr motiviert. Sobald Sie sich dieses vorstellen können, ist die Wahrscheinlichkeit groß, es zu erreichen. Zur Verstärkung reflektieren Sie täglich Ihre 7S-Formel, indem Sie sich zu jedem Bereich positive und wohlwollende Gedanken machen.

4. Kohärenz – das Geheimnis Ihrer Kraft

Kohärenz bezeichnet die Gewissheit, dass man mit allen Anforderungen seines Lebens umzugehen weiß. Ich lade Sie dazu ein, Vertrauen zu Ihrem Leben und Ihren Fähigkeiten zu haben.

Die Ebenen Ihrer Kraft bestehen aus Ihrem mentalen Fokus, Ihrer inneren Gelassenheit, Ihrem höheren Selbst, Ihrer Absicht und Ihrem Willen. Bei den höheren Kampfkünsten haben Wissenschaftler herausgefunden, dass die Energie in den Muskeln unter der Kontrolle des verfeinerten Denkens zum Fließen gebracht, weitergeleitet und übertragen werden kann.

Impulsgeschichte: Eine Forschergruppe um Guang Yue von der Cleveland Clinic Foundation in Ohio hat gezeigt, dass durch Mentaltraining auch Armmuskeln zum Wachsen gebracht werden können, berichtet das Fachmagazin »New Scientist« in seiner Online-Ausgabe. Muskeln bewegen sich, wenn sie ein entsprechendes Signal von den sogenannten motorischen Nervenzellen erhalten. Das Feuern dieser Neuronen hängt wiederum von der Stärke der vom Gehirn gesandten elektrischen Impulse ab. »Das legt nahe, dass man die Muskelstärke auch erhöhen kann, indem man bloß vom Gehirn ein stärkeres Signal an die motorischen Neuronen übermittelt«, spekuliert Guang Yue.

Zusammen mit seinen Kollegen hatte der Forscher bereits herausgefunden, dass allein die Gedanken an ein entsprechendes Training einen Muskel im kleinen Finger aufbauen. Nun erprobte das Team den Effekt an einer Gruppe von zehn Freiwilligen im Alter von 20 bis 35 Jahren, die im Geiste einen ihrer Bizepse spielen ließen. Die Probanden sollten sich die Anspannung des Armmuskels mit größtmöglicher Konzentration vorstellen. Nach zwei Wochen waren die Muskeln um 13,5 Prozent gewachsen.

5. Die mentale Zieleprogrammierung

Voraussetzungen für die Zieleprogrammierung:
1. Setzen Sie sich ein Ziel.
2. Ihr Ziel darf niemandem schaden.
3. Das Ziel muss vorstellbar sein.
4. Sie sollen das Ziel im Geist als klares Zielbild sehen, zum Beispiel: Sie sehen sich auf Ihrer geistigen Leinwand bereits so, wie Sie sein möchten. Sie spüren und erleben im Geist, wie Ihr Umfeld begeistert ist und Ihnen gratuliert.

5. Behalten Sie Ihr Ziel für sich, damit keine negativen Kommentare von Ihrem Umfeld in Ihr Denken eingeprägt werden.

Ablauf der Zieleprogrammierung:
1. Sie ziehen sich an einen ruhigen Ort zurück.
2. Sie begeben sich in den Alpha-Zustand und nutzen die Atemtechniken.
3. Sie programmieren Ihr Ziel mit der Visualisierungstechnik.
4. Sie sehen das Ziel so, als ob Sie es schon erreicht hätten.
5. Sie freuen sich, dieses Ziel erreicht zu haben, und üben sich in der Dankbarkeit.

Sie wissen jetzt, wie Ihre Gedanken wirken und was Sie tun können, um Ihr Leben positiv zu gestalten. Der einzige Mensch, der über Ihr Denken entscheidet, sind SIE. Nutzen Sie Ihre Chance.

Die 7 Schlüssel zum Mentalcode

1. Überprüfen Sie die 7 Bausteine Ihres Mentalcodes. Setzen Sie Prioritäten, mit welchem Baustein Sie beginnen wollen. Beginnen Sie mit einem ganz kleinen Thema, welches Sie ändern wollen. Dadurch werden Sie immer sicherer, und durch die Sicherheit gewinnen Sie mehr Vertrauen in die Technik und in Ihre Erfolgsprogrammierung.
2. Machen Sie sich täglich die geistigen Gesetze und die Wirkungsweise bewusst.
3. Lenken Sie Ihre Gedanken immer auf das von Ihnen visualisierte Ziel.
4. Sprechen Sie maximal 16 Sekunden lang negativ. Arbeiten Sie an einer positiven Formulierung.
5. Bleiben Sie im Hier und Jetzt.
6. Meditieren Sie täglich und reflektieren Sie die 7S-Formel. Bündeln Sie Ihre Energie. Geben Sie Ihrem Ziel Bedeutung, indem Sie sich schon emotional hineinversetzen und sich das Ziel vorstellen.
7. Vertrauen Sie den Gesetzmäßigkeiten des Lebens und freuen Sie sich über Ihre Tageserfolge.

Wirkungscode

Unsere Wirkung auf andere ist der Spiegel, wie diese uns einschätzen und sich uns gegenüber verhalten. Unsere Mimik, Gestik und unsere gesamte Körpersprache verraten, in welchem emotionalen Zustand wir uns befinden, ob wir Aufgaben gewachsen sind oder ob wir gerade lügen. Anhand unserer Psycho- und Physiognomik können klare Rückschlüsse auf unser Naturell und unsere Talente geschlossen werden. Gleichzeitig komplettiert unser Image die Wirkung im Außenverhältnis.

Somit besteht der Wirkungscode aus den drei Bestandteilen »Körpersprache«, »Image« und »Psycho-Physiognomik«, die alle drei eng miteinander verwandt sind. Dennoch weisen sie sehr spezifische Eigenschaften auf, die sie voneinander unterscheiden.

I. Körpersprachecode

Der Körper lügt nie

Wie oft stehen Sie auch heute vor der Herausforderung zu entscheiden, ob ein Mensch für eine Führungsposition geeignet ist oder ob ein neuer Mitarbeiter wirklich die Qualifikation hat, die er vorgibt. Auch im privaten Leben stellt sich der eine oder andere die Frage, ob er seinen Partner heiraten soll. In all diesen Situationen wollen Sie wissen, ob Sie jemandem vertrauen können oder ob er Ihnen gerade das »Blaue vom Himmel« herunter lügt.

Im Körpersprachecode erkennen Sie, wie Sie Ihre Wahrnehmung gegenüber sich selbst und anderen optimieren, wie Sie durch gezieltes Beobachten Ihre eigenen körpersprachlichen Aussagen besser wahrnehmen und die von anderen gezielter interpretieren. Sie erkennen, ob Sie gerade selbst in einer überzeugenden Haltung sind und ob Ihr Gegenüber die Wahrheit sagt oder einen Hang zum Flunkern hat.

1. Die Kunst, etwas nicht zu sagen

Stellen Sie sich vor, Sie spielen mit Freunden ein Spiel, bei dem Sie ein Wort verbal oder nonverbal umschreiben sollen. Sie haben nun die Aufgabe, den Diplomaten darzustellen. Sie wählen, ob Sie diesen Beruf nonverbal darstellen oder lieber umschreiben. Das Einzige, was Sie nicht tun dürfen, ist, diesen Begriff zu nennen, ansonsten sind Sie in Ihrem Verhalten frei. Wie agieren Sie?

a. Sind Sie derjenige, der sofort aufsteht und handelt und alles extrem überzeichnet?
b. Oder sind Sie jemand, der den Begriff über Synonyme erklärt?

Wenn Sie zu jenen Menschen gehören, die gleichzeitig gestikulieren und sprechen (a), dann sind Sie nicht nur multitaskingfähig, sondern auch noch extrovertiert und haben allem Anschein nach auch noch einen Anteil vom Bewegungsnaturell (siehe »Physiognomikcode«, S. 116 ff.).

Sollten Sie eher klug umschreiben und dabei auch noch ruhig dasitzen (b), dann sind Sie wohl eher introvertiert und haben die Ruhe eines Ernährungsnaturells.

Sie erkennen: Nicht alles, was für den einen richtig ist, passt zum anderen. Deshalb gilt es auch, die eigene Körpersprache und die des anderen zunächst genau zu beobachten, um sein Normalverhalten zu analysieren. Das bedeutet zu wissen, wie Sie und Ihr Gegenüber sich unter »normalen« Umständen verhalten. Nur durch exaktes Beobachten über einen definierten Zeitraum und eine absolute Neutralität erkennen Sie Veränderungen und nehmen auch eine Befindlichkeit wahr. Die besten Körpersprache-Codeknacker sind jene, die neutral und analytisch vorgehen.

Stellen Sie sich vor, Sie leiten eine Besprechung und eine Person lehnt sich nach hinten und sitzt mit verschränkten Armen da. Was denken Sie? Wie interpretieren Sie diese Haltung? Die meisten sagen, diese Gestik signalisiert Zurückhaltung oder sogar Ablehnung. Manche reagieren sogar aggressiv. Beobachten Sie diesen Menschen. Analysieren Sie, wann er in diese Position kommt. Häufig handelt es sich sogar um eine Wohlfühlposition und stellt dessen Normalverhalten dar. Um sicherzugehen, ob Sie recht haben, stellen Sie eine Frage und beobachten erneut. Kommt der andere interessiert nach vorne und redet, dann ist dem so. Sitzt er andernfalls weiterhin mit verschränkten Armen da und bleibt hinten, dann überlegen Sie sich den nächsten Schritt, zum Beispiel wie Sie die Person besser mit einbeziehen.

2. Prägungen des »Normalverhaltens«

Gehen Sie gedanklich in Ihre Schulzeit zurück. Stellen Sie sich vor, Sie sitzen in der Schule, Ihr Lieblingslehrer betritt das Klassenzimmer, und Sie freuen sich schon sehr auf den Unterricht. Wie sind Ihre Haltung und Ihre Mimik?

Ganz sicher sitzen Sie aufrecht und haben ein Lächeln auf den Lippen oder zumindest einen konzentrierten Blick. Das motiviert Ihren Lehrer zur Höchstleistung. Nun stellen Sie sich auch die gegensätzliche Situation vor. Ihre Körpersprache und Mimik spiegelt eine Null-Bock-Haltung! Über die Reaktion des Lehrers und die wahrscheinlichen Auswirkungen auf die Noten reden wir hier besser nicht.

Machen Sie sich bewusst, dass Sie Ihre Körperhaltung und Ihre Mimik jahrelang trainiert haben. Sie nehmen diese oftmals gar nicht mehr wahr, da diese Sie seit frühester Kindheit begleiten. Bedenken Sie, dass solche Bewegungsmuster noch heute Ihre Wirkung auf Ihr Gegenüber beeinflussen.

3. Wahrnehmung Ihres Normalverhaltens

Beobachten Sie sich einmal einen ganzen Tag lang. Wie sitzen Sie und was drückt Ihre Mimik aus? Bitte bewerten Sie nicht, sondern notieren Sie einfach Ihre verschiedenen Positionen.

 Erfolgstipp: Viele Menschen beschäftigen sich mehr mit den anderen als mit sich selbst. Die Kunst ist, sich zunächst seiner selbst bewusster zu werden und sich zu kennen, bevor man sich an anderen Menschen auszuprobieren beginnt.

4. Das Feintuning für Ihre Körpersprache

Sie überlegen, wie Sie wirken wollen. Zum Beispiel: Wollen Sie motivierter oder gelangweilter wirken? Stellen Sie sich einen hochmotivierten Menschen vor. Wie sitzt dieser Mensch? Er hat eine aufrechte Haltung und ein Lächeln im Gesicht. Er strahlt eine Präsenz aus. Wie ist die Haltung eines weniger motivierten Menschen? Er hat eine gebückte Haltung, die Mundwinkel hängen nach unten, und er wirkt nicht präsent. Jetzt entscheiden Sie. Worauf werden Sie sich in den nächsten Wochen konzentrieren, damit Sie eine positivere Körpersprache haben?

5. Scannen Sie Ihr Gegenüber

Sie blicken aus dem Fenster in Ihrem Büro und sehen einen Mann mit seinem Handy telefonieren. Er steht aufrecht, lächelt und spricht laut. Er legt auf und ruft eine andere Person an. Seine Haltung verändert sich, er steht gebückt da, seine Stimme ist gedämpft, und er streicht sich durch seine Haare.

Die Analyse: Im ersten Telefonat wirkt er überzeugend und sicher. Im zweiten ist die Wirkung weniger selbstbewusst. Um herauszufinden, warum das so ist oder mit wem er telefonierte, ist ein persönliches Gespräch nötig.

 Erfolgstipp: Trainieren Sie Ihre Beobachtungsgabe und bleiben Sie neutral. Gehen Sie analytisch vor. Vermeiden Sie jede Art von Interpretation.

Für den ersten Eindruck gibt es keine zweite Chance

Schauen Sie sich diese Person an. Wie ist deren Wirkung auf Sie?

Täglich schätzen wir Menschen ein. Sei es bewusst oder unbewusst. Auch wenn wir uns dagegen sträuben, so zählt der optische Eindruck mehr, als es uns recht ist.

1. Wie schnell bildet sich ein erster Eindruck?

Innerhalb von 167 Millisekunden (das sind weniger als ein Sechstel einer Sekunde) bilden wir uns einen ersten Eindruck. In diesem kurzen Moment urteilen wir über die Vertrauenswürdigkeit einer Person. Das wirkt sich ganz besonders bei

Bewerbungsgesprächen aus. Auch Personalleiter sind Menschen, und auch ihnen fällt es nicht leicht, sich der Macht des ersten Eindrucks zu entziehen.

Nun prüfen Sie nochmals Ihren ersten Eindruck. Was denken Sie jetzt über diese Person?

2. Wie der erste Eindruck Entscheidungen auslöst

Stellen Sie sich vor, Sie sind der Personalchef und erwarten einen Bewerber für den Außendienst von technischen, hochwertigen Produkten. Er kommt zur Tür herein: ein aufgeknöpftes weißes Hemd, braungebrannt, längere gegelte Haare, ein Armband und eine große auffällige Uhr, Krokodillederschuhe. Er sagt: »Hallo, mein Name ist Michael M., ich bewerbe mich als Außendienstmitarbeiter.« Innerhalb von Sekunden bildet sich hier jeder eine Meinung. Zur Überraschung aller punktet der Mann bei der Beantwortung von fachlichen Fragen mit hochqualifizierten und sehr kompetenten Antworten. Das verwirrt, da es nicht zum äußeren Bild des Mannes passt.

Der andere Bewerber, Klaus K., gepflegte Jeans, weißes gebügeltes Hemd, ein Knopf geöffnet, dunkles Jackett, kurze Haare, dezente Uhr. Er begrüßt Sie höflich: »Guten Tag, mein Name ist Klaus K., danke dass Sie mich zum Vorstellungsgespräch eingeladen haben.« Auf die fachlichen Fragen reagiert er kompetent. Die Entscheidung ist getroffen. Klaus K. erhält den Job, da er schon beim ersten Eindruck überzeugt hat und auch die fachliche Qualifikation mitbringt.

3. Was wird beim ersten Eindruck gescannt?

Wenn andere Sie zum ersten Mal sehen, schauen diese auf Ihre Körpersprache, Bewegungen, Gesten, Blicke, Sprache, Tonfall und Mimik. Sorgen Sie durch positive Gedanken für eine positive Ausstrahlung!

Bei der Sendung »Die große Show der Naturwunder« waren Kinder in der Lage, anhand von Bildern der Kandidaten den Ausgang von politischen Wahlen vorherzusagen! Die Kinder sahen Fotos von Kontrahenten tatsächlicher Wahlen aus verschiedenen Ländern und mussten sich dann jeweils für einen der beiden Kandidaten entscheiden. Vor die Wahl gestellt, lagen die Kinder tatsächlich in 79 Prozent der Fälle richtig und entschieden sich für den jeweiligen politischen Sieger.

Analysieren Sie Ihren Körpersprachecode

Was verraten Ihre Körpersprache, Mimik und Stimme über Sie? Testen Sie sich selbst: Sie treffen sich mit Freunden in einem Restaurant. Wie ist Ihr Verhalten?
a. Sie gehen schnell und entschlossen auf Ihre Freunde zu.
b. Sie gehen schnell und offen auf Ihre Freunde zu und machen sich schon von Weitem bemerkbar.
c. Sie gehen freundlich auf Ihre Freunde zu und wollen nicht zu viel Wirbel machen.
d. Sie gehen ruhig auf den Tisch mit Ihren Freunden zu und begrüßen diese leise.

Sie sind in einer Besprechung. Ihre Kollegen erzählen über ein Projekt, welches Ihnen nicht passt. Wie reagieren Sie?
a. Sie zeigen Ihre Einstellung nonverbal. Sie lehnen sich zurück oder sprechen sofort.
b. Sie lenken ab oder unterhalten sich mit Ihrem Gesprächspartner.
c. Sie beschäftigen sich mit anderen Dingen, signalisieren jedoch durch Augenrollen oder tiefes Atmen Ihre Abneigung.
d. Sie denken über ein anderes Projekt nach. Da man Ihnen selten Gefühle ansieht, sehen Sie aus wie immer.

Sie präsentieren Ihre Ausarbeitung und sind selbst absolut überzeugt. Wie erkennt dies Ihr Gegenüber?

a. Sie sprechen laut und klar. Sie verwenden kurze und prägnante Sätze.
b. Sie sprechen begeistert und motiviert. Sie bevorzugen Beispiele oder Geschichten.
c. Sie nehmen sich eher etwas zurück und wollen die anderen entscheiden lassen.
d. Sie gehen sehr strukturiert und sachlich vor. Sie wollen, dass die anderen die logischen Zusammenhänge verstehen.

Sie haben die Aufgabe, einen sehr kritischen Kollegen, Mitarbeiter oder Freund von etwas zu überzeugen. Wie ist Ihre innere Haltung?
a. Sie können jeden Menschen überzeugen. Es kommt auf die richtige Strategie und die richtigen Worte an.
b. Jeder Mensch hat einen bestimmten Motivationsknopf, und den werden Sie finden.
c. Jeder Mensch ist anders. Es ist bestimmt nicht leicht, einen Menschen, der viele schlechte Dinge erlebt hat, zu überzeugen.
d. Jeder Mensch hat seine Gründe. Sie überlegen sich, ob sich der Energieaufwand lohnt und ob es Ihre Aufgabe ist, diesen Menschen zu überzeugen.

Sie stehen ziemlich unter Stress und sollen gleich einen Vortrag oder eine Präsentation vor Kunden halten. Wie ist Ihre Stimme und Sprechweise?
a. Sie starten sehr laut und energisch.
b. Sie sprechen etwas schneller als sonst.
c. Sie reden teilweise etwas leiser, und es fällt Ihnen nicht leicht, Ihren Atemrhythmus beizubehalten.
d. Sie sprechen ruhig und sachlich, teilweise etwas leiser.

Sie legen großen Wert auf den Tonfall der Stimme Ihres Gegenübers, da er sehr viel über dessen Gefühlswelt aussagt. Stimmt das?
a. Nein, Ihnen ist die Schnelligkeit und Klarheit einer Aussage wichtig.
b. Ja, da Sie daran die Einstellung Ihres Gegenübers erkennen.
c. Ja, da Sie so erkennen, wie es dem Menschen geht und Sie ihn unterstützen können.
d. Nein, da Sie auf Fakten konzentriert sind.

Ihnen fallen sofort optische Veränderungen an Ihrem Gegenüber auf. Stimmt das?
a. Ja, Ihnen ist ein gepflegtes Äußeres in Verbindung mit einer hohen Zielorientierung wichtig.
b. Klar, Sie sehen sofort, was sich geändert hat.
c. Ja, da Sie Veränderungen und Befindlichkeiten von Menschen sehr gut wahrnehmen können.
d. Nein, außer Sie werden durch Ihr Umfeld darauf hingewiesen.

Auswertung

Überwiegend Antwort a): Sie sind ein Mensch, der einen schnellen Gang besitzt. Sie gehen klar und zielorientiert durch Ihr Leben. Sie gehören tendenziell zu den extrovertierteren Menschen. An Ihrer nonverbalen Ausdrucksweise erkennt Ihr Gegenüber sofort, ob Sie ihm wohlgesonnen oder abschätzend gegenüberstehen. Ihre Meinung sagen Sie sehr klar und teilweise auch provokativ. An Ihrer Stimme erkennt Ihr Umfeld sofort Ihre Einstellung zu einem Thema oder Menschen. Sie haben grundsätzlich eine positive Haltung gegenüber Menschen, die zielorientiert sind. Menschen, die viel reden und dabei doch nichts sagen, meiden Sie. Lügner meinen Sie schnell zu erkennen. In Stresssituationen können Sie sehr laut und fordernd werden. Sie legen die Betonung mehr auf das Ziel, weniger auf die Menschen.

Erfolgstipp: Trainieren Sie Ihre Menschenkenntnis. Wenn Sie Ihr Umfeld und Ihre Mitmenschen gezielter erkennen, werden Sie noch schneller mehr bewegen.

Überwiegend Antwort b): Sie sind ein Mensch, der durch seine Begeisterung und Ausstrahlung auffällt. Sie gehen motiviert und menschenorientiert durch das Leben. Fremde Menschen anzusprechen fällt Ihnen leicht, da Sie tendenziell extrovertiert sind. Wenn Sie erzählen, dann benötigen Sie viel Raum. Ihr Tonfall ist positiv und motivierend. Teilweise erzählen Sie auch gerne Geschichten. Sie mögen es, vor Publikum zu sprechen und genießen den Applaus. Ihre innere Haltung zu anderen ist grundsätzlich positiv. Achten Sie auf kleine Signale Ihres Gegenübers, da manche Menschen dieses Grundvertrauen teilweise ausnutzen können. In Stresssituationen reagieren Sie hektisch. Ihr Einfühlungsvermögen ist sehr gut, zuweilen wird es von Ihrer positiven Haltung überstrahlt.

Erfolgstipp: Trainieren Sie Ihre Wahrnehmung, indem Sie sich stärker konzentrieren. Behalten Sie Ihre positive Grundhaltung bei und trainieren Sie sich in einem systematischen Menschenerkennungssystem. Sie werden sehen, dass Sie es dadurch noch leichter haben werden.

Überwiegend Antwort c): Sie sind ein Mensch, der ein gutes Gespür für die Gefühle anderer Menschen hat. Sie treten vorsichtiger auf und passen sich lieber an. Sie können sich gut zurücknehmen. Sie sind eher introvertiert und öffnen sich schneller in einer Umgebung, in der Sie sich wohlfühlen. Sie reagieren stark nonverbal. An Ihrer Körpersprache erkennt der andere deutlich, ob Sie ihn mögen oder nicht. Ihr emotionaler Zustand spiegelt sich deutlich in Ihrem Tonfall wider. In Stresssituationen ziehen Sie sich zurück und »schleppen« berufliche Probleme mit in Ihr Privatleben. Sie sind eher vorsichtig. Sie achten sehr auf eine gute Chemie. Dies kann jedoch auch dazu führen, dass Sie Vorbehalte gegen Menschen mit anderen Persönlichkeitsprofilen haben.

 Erfolgstipp: Trainieren Sie Ihren Umgang mit sachlichen Persönlichkeiten. So werden Sie es leichter haben, Ihr Gegenüber zu überzeugen.

Überwiegend Antwort d): Sie sind ein sehr klar strukturierter Mensch. In Ihrem Auftreten sind Sie eher zurückhaltend und introvertiert. Sie wollen durch Ihr Fachwissen und nicht durch einen schillernden Auftritt überzeugen. An Ihrer nonverbalen Ausdrucksweise erkennt Ihr Gegenüber nichts. Jedoch wirken Sie durch Ihr »Pokerface« auf manche arrogant und abweisend. Ihr Tonfall ist sachlich, ruhig, zurückhaltend und ohne viel Modulation. Sie zeichnen sich durch eine innere Neutralität und Unvoreingenommenheit aus. Auf Stress reagieren Sie mit ruhiger Sachlichkeit. Im Umgang mit Menschen geht Ihnen Sachlichkeit vor Harmonie.

 Erfolgstipp: Trainieren Sie Ihre emotionale Intelligenz. Dadurch werden Sie noch besser auf Ihr Gegenüber eingehen und somit auch schwierigere Sachverhalte effizienter kommunizieren.

Die Elemente der Körpersprache

Die Körperhaltung

Mit Ihrer Körperhaltung signalisieren Sie Ihre wahren Gefühle und Absichten. Eine selbstbewusste Körperhaltung erkennen Sie daran, dass der Rücken und Kopf gerade, die Schultern zurückgebogen, das Gesäß angespannt ist. Ein von sich überzeugter Mensch steht sicher und bequem, das Gewicht ist gleichmäßig auf beiden Füßen verteilt. Beim Sitzen stehen die Beine bequem nebeneinander. Zur Verdeutlichung des Standpunktes wird mit den Händen und Armen gestikuliert.

Beispiel: Nachdem High-School-Absolventen über ihre Examensnoten in Kenntnis gesetzt wurden, veränderten diejenigen mit den besten Noten ihre Haltung, diese wurde aufrechter. Diejenigen mit den schlechten Noten nahmen eine gebeugte Haltung ein. Diejenigen mit den Noten im mittleren Bereich zeigten keine Veränderung ihrer Körperhaltung.

Übung: Denken Sie jetzt an Ihre beste Freundin oder Ihren besten Freund. Was passiert sofort mit Ihrer Haltung? Sie sitzen aufrechter. Denken Sie an eine schwierige Situation in Ihrem Leben. Wie reagiert Ihr Körper? Häufig fallen die Schultern nach unten.

Wie Sie durch Body-Feedback Ihren Körper in eine positive Stimmung versetzen

Body-Feedback ist die Rückmeldung des Körpers an das Gehirn. Diese beeinflusst Ihre Stimmung. Body-Feedback kann aufgrund der wechselseitigen Beeinflussungsmöglichkeiten, die zwischen Körpergeschehen und dem Gehirn bestehen, eine starke positive oder weniger positive Wirkung entfalten.

Sie nicken Ihrem Gegenüber zu oder Sie schütteln den Kopf, weil Ihnen ein Geschäftspartner eine negative Geschichte erzählt. Durch das Kopfschütteln verstärken Sie die Inhalte Ihres Gegenübers und beeinflussen die Gesprächssituation und das Verhalten.

Die Signale Ihres Körpers werden nicht nur von anderen Menschen interpretiert, sondern auch von Ihrem eigenen Gehirn. Jede Körperhaltung aktiviert ein neues Nervennetzwerk. Sie haben die Möglichkeit, mit der Unterstützung des Body-Feedbacks sich selbst gezielt zu verändern und erfolgreicher zu machen.

Erfolgstipp: Prüfen Sie Ihre Einstellung zu sich und zu Ihrem Gegenüber. Denken Sie über sich und den anderen wertschätzend, dann reagiert auch Ihre Haltung entsprechend positiv.

Wie Ihre Körperhaltung Ihre Arbeitseffizienz steigert

Die US-amerikanischen Psychologen Riskind und Gotay untersuchten die Auswirkungen der Körperhaltung auf die Arbeitsleistung. Einer Gruppe wurden zwei Arten von Körperhaltungen vorgegeben. Die eine Gruppe saß acht Minuten gekrümmt, die andere aufrecht. Danach wurden die Gruppen auf ihr räumliches Denken getestet; vertwendet wurden dafür unlösbare geometrische Puzzleteile. Gemessen wurde, wie viele Puzzleteilchen die Personen vom Stapel nahmen, bis sie frustriert waren und die Arbeit an einem Stapel beendeten und zum nächsten Puzzle übergingen. Das Ergebnis war eindeutig: Die gekrümmte Gruppe bearbeitete 10,78 Teilchen, die aufrechte Gruppe 17,11.

Übung: Setzen Sie sich bewusst aufrecht hin und bearbeiten Sie dann Ihre Aufgaben.

 Erfolgstipps: Wie Sie eine professionelle und positive Körperhaltung einnehmen.
1. Arbeiten Sie an Ihrer Haltung. Sobald Sie Ihren Körper aufrichten, sorgt dieser für eine bessere Wärmeverteilung auf der Haut. Diese Reaktion signalisiert dem Gehirn Frische, Tatendrang und steigert Ihre Effizienz.
2. Umgeben Sie sich mit erfolgreichen Menschen. Ein erfolgreicher Freund hat eine motivierte Haltung und überträgt diese auf Sie. Dadurch steigert sich die Produktion von Glückshormonen enorm.
3. Formulieren Sie Ihr Ziel immer positiv. Ihr Körper nimmt die entsprechende Haltung ein. Wollen Sie zum Beispiel einen Überblick haben, dann stellen Sie sich vor, dass Sie ganz oben auf einem Berg stehen. Wenn Sie so souverän sein wollen wie eine berühmte Persönlichkeit, dann aktivieren Sie Ihr Wunschbild, und Ihr Körper steuert Sie in diese Richtung.

Lüften Sie das Geheimnis der Körpersprache

Ihre Körpersprache unterstreicht immer das gesprochene Wort. Ihre Körpersprache ist situationsbedingt. Sie können an Ihrer Körpersprache aktiv arbeiten und diese auch verändern – im Gegensatz zu den physiognomischen Merkmalen, denn diese sind fest und sichtbar. Selbstverständlich nimmt auch Ihr Charakter Einfluss auf Ihre Körpersprache. Ein Extrovertierter (*gelb* und *rot*) hat eine eher aktive Körpersprache, mit der er andere auch etwas überrollen kann, während ein Introvertierter (*grün* und *blau*) in der Körpersprache etwas spärlicher ist, sodass diese gar nicht mehr als solche wahrgenommen wird.

Ihre Körpersprache ist eine Kombination aus Bewegungen, Blickkontakt, Mimik, Körperhaltung, Gestik, Gang, räumlicher Distanz, Tonfall, Stimme, Distanzverhalten und dem gesamten äußeren Erscheinungsbild. Ihre Körpersprache begleitet Ihre verbale Kommunikation.

Die verständlichste Körpersprache: Ihr Lächeln
Blicken Sie in den Spiegel und beurteilen Sie, ob Sie hängende oder nach oben gehende Mundwinkel haben. Sollten Sie älter als 30 Jahre alt sein, können Sie beruhigt sein, ein hängender Mundwinkel ist hier in der Regel physisch bedingt, jedoch auch veränderbar. Starten Sie mit der »Übung zum Lächeln«:

Übung: Lächeln Sie bewusst 21 Tage lang jeden Tag siebenmal eine Minute lang. Jeder Muskel muss trainiert werden, so auch dieser.

Die zwei Körperseiten und Ihre Emotionen
Klatschen Sie spontan in Ihre Hände! Welche Hand liegt dabei oben, die linke oder die rechte? Probieren Sie es einmal anders herum. Wie fühlt sich das an?

Falls Sie senkrecht klatschen: Legen Sie Ihre beiden Handrücken auf Ihre Oberschenkel. Klatschen Sie nun spontan mit einer Hand in die andere (die auf dem Oberschenkel liegen bleibt). Mit welcher Hand haben Sie die Bewegung ausgeführt?

Ein weiterer Test: Stellen Sie sich spontan auf ein Bein! Welches Bein wählen Sie hierbei aus? Jeder Mensch bevorzugt eine Körperseite (rechts oder links), die Aufschluss über seinen Umgang mit den Emotionen gibt.

Sind Sie ein rationeller oder ein emotionaler Typ? Dominiert beim Klatschen Ihre rechte Hand? Stehen Sie häufiger auf Ihrem linken Bein? Unsere linke Seite steht für den emotionalen (gefühlsbetonten) Bereich und unsere rechte Körperseite für den rationellen (sachlichen) Bereich.

Erkennen Sie die gröbsten Fehler in der Körpersprache
Gesprächshaltung: positiv und weniger positiv

Hände unter dem Tisch oder in der Hosentasche sagen: »Ich habe etwas zu verbergen.« Entscheidend ist, welche Hand Sie in Ihre Hosentasche stecken.
Übung: Haben diese Personen sachlich oder emotional etwas zu verbergen?

Auflösung: Jeweils die linke Seite ist betroffen. Das bedeutet, die beiden wollen etwas Emotionales verbergen.

Händedruck: Ihr Händedruck sagt viel über Ihre Persönlichkeit aus. Ein kräftiger und kurzer Händedruck ist angebracht. Eine schwache oder zu weit vorne greifende Hand wird als unangenehm empfunden.

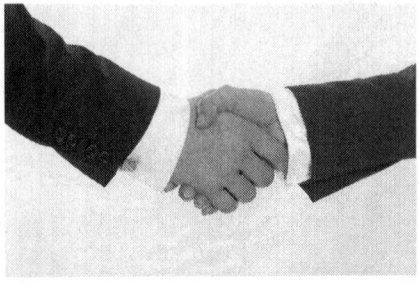 

Optimaler Händedruck mit richtiger Distanz

Ein wenig professioneller Händedruck

Frauen, die sich in die Haare fassen: Hier senden Sie Flirtsignale aus! Vorsicht: im Business ein No-Go!

Finger oder Stift heben: Diese Haltung ist belehrend. *Betende Hände oder Zeigefinger:* Der Zeigefinger oder der Stift signalisieren: »Ich schieß Dich ab.«

So punkten Sie beim Gegenüber
- Achten Sie auf einen festen Händedruck.
- Sehen Sie Ihrem Gegenüber ins Gesicht.
- Setzen Sie sich aufrecht auf den Stuhl und zeigen Sie Ihre Hände.
- Lächeln Sie auch mit Ihren Augen.
- Kontrollieren Sie Ihre Körperhaltung und Ihre Einstellung.
- Blicken Sie Ihr Gegenüber an und beugen Sie sich in seine Richtung.
- Halten Sie einen Abstand von ca. 50 cm bei der Begrüßung ein.
- Neigen Sie Ihren Kopf leicht zur Seite, das signalisiert Vertrauen.
- Achten Sie auf ein sauberes und gepflegtes Erscheinungsbild (Hygiene, Nägel, Haare, Kleidung etc.).
- Verwenden Sie positive Gesten, diese gehen von unten nach oben und signalisieren Offenheit. Gleichzeitig ist es eine Aufforderung für den anderen.

Wie Sie durch den richtigen Einsatz Ihrer Körpersprache schlank bleiben
Stellen Sie sich vor, Sie sitzen an Ihrem Esszimmertisch, und das Essen steht vor Ihnen. Legen Sie nun eine Handfläche auf den Tisch und drücken nach unten, bis Sie eine leichte Spannung im Arm spüren. Diese unangenehme Armbewegung erzeugt eine Abwehr: »Geh weg!« Sie merken, dass Sie sich beim Essen zurückhalten werden.

Dieses Handflächenexperiment wurde von Jens Förster an der Universität Würzburg durchgeführt mit einer Gruppe, welche die Handfläche nach unten drückte (»Geh weg!«), und einer anderen Gruppe, die von unten die Hand gegen den Tisch drückte (»Komm her!«). Den Teilnehmern wurden Kekse auf den Tisch gestellt. Die Teilnehmer mit der »Komm her!«-Bewegung verspeisten im Schnitt 2,6 Kekse. Die Personen aus der Gruppe »Geh weg!« nahmen im selben Zeitraum nur 0,9 Kekse zu sich.

Mit einer positiven Haltung zu einer überzeugenden Körpersprache
Wenn Sie positiv wahrgenommen werden wollen, dann gibt es eine Grundvoraussetzung: Konzentrieren Sie sich auf Ihre Wirkung und leben Sie eine positive Grundhaltung, indem Sie sich selbst und auch andere wertschätzen. Wenn Sie Ihre Körpersprache ändern wollen, dann beginnen Sie mit einer Videoanalyse. Schauen Sie, was Ihnen gefällt und was Sie weniger mögen. Dann überlegen Sie sich, wie Sie wirken wollen.

Sie werden feststellen, dass Ihre Körpersprache bei der Selbstanalyse eher zurückhaltend und Ihr Kopf nach unten gerichtet war. Bei Ihrer Überlegung, wie Sie wirken wollen, richteten Sie Ihren Kopf garantiert nach oben. Das ist bereits der erste Schritt für mehr Überzeugungskraft. Stellen Sie sich vor, wie Sie mit einer aufrechten Haltung, einem geraden Kopf und mit einem Lächeln im Gesicht vor einer Gruppe stehen. Wenn dies immer noch nicht funktioniert, dann nehmen Sie einen Stift 60 Sekunden zwischen die Zähne, nun werden Sie lächeln. Im Anschluss wiederholen Sie bitte nochmals die Übung. Sie werden erkennen, dass Sie immer überzeugender werden und dabei auch noch Spaß haben.

Signale, die positiv beim anderen ankommen
- Der Blickkontakt hält länger als zwei bis drei Sekunden und die Pupillen weiten sich.
- Wenden Sie Ihren Blick von links nach rechts und lassen Sie ihn dabei über das Gesicht Ihres Gegenübers gleiten. Dann schauen Sie von rechts nach links und lassen wieder den Blick über das andere Gesicht gleiten (Kreuzblick). Dies geschieht, ohne dass Ihr Blick auf dem Gesicht ruhen bleibt.
- Je mehr sich zwei Personen in der Mimik und Gestik gleichen, desto mehr wertschätzen sie sich.
- Lächeln Sie ehrlich. Dies erfasst das ganze Gesicht, besonders die Augen, hier entstehen kleine Lachfalten.

Der Mannheimer Psychologe Fritz Strack wies in einer Untersuchung nach, dass das Spiel der Gesichtsmuskulatur die Gefühlslage steuert. Die Versuchspersonen bekamen Cartoons gezeigt. Dabei hatte eine Gruppe der Versuchspersonen einen Bleistift zwischen den Lippen. Die andere Gruppe hielt einen Bleistift mit den Zähnen fest. Ergebnis: Nur die Mitglieder der zweiten Gruppe, die den Bleistift mit den Zähnen hielten, fanden die Cartoons zum Lachen.

Menschen, die mit freundlicher Miene durch den Tag gehen, erzeugen bei sich selbst gute Laune und euphorische Gefühle.

II. Die Bedeutung Ihrer Stimme und Ihrer Sprachmuster

1. Der Einflussfaktor Stimme

Stellen Sie sich vor, Ihnen begegnet ein Mann, sehr gut gekleidet, saubere Schuhe, ein fester Händedruck, und jetzt sagt er mit einer sehr hohen und monotonen Stimme: »Guten Tag.« Was passiert sofort in Ihrem Kopf? Ein anderes Beispiel: Sie kommen ins Büro, Ihr Chef sitzt angespannt an seinem Schreibtisch und sagt Ihnen direkt und sehr laut, was er heute von Ihnen erwartet. Oder Sie kommen nach Hause, Ihr Partner empfängt Sie mit einem Lächeln, nimmt Sie in die Arme und flüstert mit einer erotischen Stimme etwas in Ihr Ohr. Dem Einflussfaktor Stimme kann sich keiner entziehen. Es gibt viele Menschen, die ihre Stimme bewusst einsetzen, um ein bestimmtes Ziel zu erreichen. Nicht jeder Mensch ist mit einer angenehmen und sympathischen Stimme gesegnet.

Impulsgeschichte: Vor Kurzem war ich mit einem Geschäftspartner in einem Restaurant mit exzellenter Küche essen. Der Besitzer war sehr gut gekleidet und fragte mit einer barschen Stimme, was wir bestellen wollen. Mein Geschäftspartner schaut entsetzt und sagt mir, nachdem er die Bestellung aufgegeben hatte: »Dieser Mensch ist ja gänzlich unsympathisch.« Als am Nachbartisch ein Gast höflich fragte, ob er mit Kreditkarte bezahlen könne, antwortete der Restaurantbesitzer sehr laut und brummig: »Nein, bei uns wird nur bar bezahlt, dann hab ich auch gleich mein Geld.«

Stellen Sie sich vor, wenn dieser Mensch ans Telefon geht, wird er mit dieser Stimme garantiert nicht punkten. Denn die Stimme trägt im direkten Kontakt zu 38 Prozent und am Telefon zu 88 Prozent zum ersten Eindruck bei. An der Stimme eines Menschen erkennen Sie dessen Gemütszustand. Unsere Stimme passt sich der Emotion, wie zum Beispiel Freude oder Ärger, an. Gut trainierte Rhetoriker können die Emotionen mit der Körpersprache »verstecken«, doch die Stimme bringt es ans Licht. Auch gestresste Menschen sprechen teilweise schneller und atmen flacher. Depressive Menschen reden monoton.

Auch im Berufs- oder Privatleben werden Sie überrascht sein: Wenn Sie einem Menschen richtig zuhören, erkennen Sie an seiner Sprache wirklich alles, was Sie wissen müssen. Das Sprachmuster spiegelt das Denken, die Lebenseinstellung, die Vertrauenswürdigkeit, die Treue, das Selbstwertgefühl und die Risikobereitschaft wider. Hören Sie genau zu, wie ein Mensch über andere spricht! Macht er andere Menschen andauernd schlecht? Spricht er positiv über sein Leben? Oder sieht er sich als Opfer? Was und wie Ihnen Menschen etwas erzählen, spricht Bände über ihre Persönlichkeit.

Damit Sie wissen, wie Sie sprachlich wirken, ein kleiner Selbsttest: Ihr Chef sagt zu Ihnen: »Ich brauche diese Unterlagen bis Anfang nächster Woche.« Sie wollten allerdings in Urlaub fahren und geraten nun in Zeitnot. Was antworten Sie?
a. »Das wird schwierig. Das werde ich nicht schaffen.«
b. »Das bekomme ich hin. Ich mache mir einen Plan und finde eine Lösung.«

Auswertung: Die zweite Antwort ist natürlich die bessere. Sie zeugt von Effizienz und Planung. Durch die positive Art wird auch Ihr Gehirn aktiv und Sie finden schneller eine Lösung. Antwort a) lässt Sie hingegen wie ein Jammerer wirken und macht einen weniger guten Eindruck.

Sechs Tipps zur Entwicklung von positiven und professionellen Sprachmustern
- Denken und sprechen Sie in Lösungen.
- Formulieren Sie zielorientiert! »Ich gehe…«, »Sie haben die Möglichkeit«, »Das und das ist zu tun«.
- Definieren Sie im Vorfeld Ihr Ziel, damit Sie wissen, was Sie wollen.
- Sagen Sie, was Sie haben wollen, und nicht, was Sie nicht wollen.
- Verwenden Sie vertrauensvolle Formulierungen! Etwa: »Ich gebe Ihnen die Sicherheit…«, »Selbstverständlich werden wir Ihre Wünsche erfüllen« oder »Wichtig ist uns, Ihre Bedürfnisse zu erfüllen«.
- Begegnen Sie sich und Ihrem Gegenüber mit Respekt und Wertschätzung!

2. Ausnahmen bestätigen die Regel

Die Beziehungskiste
Häufig werde ich auf das unterschiedliche Gesprächsverhalten von Mann und Frau angesprochen. Vor Kurzem erzählte mir ein Mann: Als er nach Hause kam, sagte ihm seine Frau, dass sie Ruhe haben wolle und er doch noch etwas in seinem Büro aufarbeiten solle. Als der Mann dies tat und nach einer Stunde zurückkehrte, war die Frau sehr wütend.

Fazit: Hören Sie nicht nur auf das, *was* eine Frau sagt, sondern auch darauf, *wie* Sie es sagt. Dann werden Sie eine glücklichere Beziehung haben.

Von Frau zu Frau: Sagen Sie Ihrem Mann, was Sie haben wollen, selbstverständlich diplomatisch und bitte klar. Sie vermeiden Enttäuschungen und erhalten mehr Verständnis.

Die Kraft des Wortes
Bevor Sie etwas sagen, sollten Sie immer die Konsequenzen bedenken. Eine Drohung auszusprechen, ohne vorher zu überlegen, welche Wirkung diese haben könnte, ist nicht besonders klug. Beispielsweise wenn Sie Ihrem Mann drohen, dass Sie ihn verlassen, wenn er sich nicht ändert. Wenn Sie es wirklich ernst meinen, sollten Sie ihm durch Ihr Kofferpacken signalisieren, dass Sie jetzt wirklich gehen. Wenn er Sie nicht daran hindert, dann wissen Sie spätestens jetzt, woran Sie sind. Ansonsten sehen Sie, dass er Sie tatsächlich liebt.

3. Ihre Stimme zeigt Ihre Stimmung an
Ihre Stimme ist Ihr Instrument, mit dem Sie Ihr Innerstes, Ihre Gefühle und Ihre Gedanken zum Ausdruck bringen. Ihre Stimme ist mit jenem Bereich des Gehirns verbunden, der mit dem Empfinden verknüpft ist. Eine einmal gehörte Stimme prägt sich sofort in unser Gehirn ein.

Sie erkennen an der Stimme Ihres Gesprächspartners Veränderungen. Gerade bei Nahestehenden reagieren die meisten Menschen sofort, wenn sich die Stimme und der Tonfall ändern. Sie erkennen die Abweichung von seinem Normalverhalten anhand der Stimme. Sobald Sie ihn darauf ansprechen, ist Ihr Gegenüber häufig überrascht, wie gut Sie ihn doch kennen. Ihr Stimmmuskel ist unter Druck angespannt. Deshalb schwankt auch die Stimmhöhe. Aufgrund dieser Situation können Sie die Stimmung Ihres Gegenübers mit einer bis zu 65-prozentigen Genauigkeit bestimmen.

4. Übung macht den Meister: Trainieren Sie Ihre Stimme
Atmen Sie sich frei. Bevor Sie die nächste Übung durchführen, atmen Sie bitte tief ein und aus. Summen und singen Sie folgenden Text im »la-la«-Rhythmus: »I am what I am! I did it my way! The winner!«

Überprüfen Sie sich: Wie sitzen Sie jetzt? Was fühlen Sie? Wie fühlen Sie sich?

Ihre Stimmung können Sie mit positiven Emotionen beeinflussen und sich in eine glücklichere Stimmung versetzen. Probieren Sie es einfach aus!

5. Die Stimmsignale der Überzeugungskraft

Wenn Sie mit Ihrer Stimme am Ende eines Satzes nach unten gehen, dann verleihen Sie Ihrer Aussage Nachdruck. Passen Sie die Lautstärke Ihrem Gesprächspartner und der Situation an. Durch eine gute Bauchatmung verschaffen Sie Ihrer Stimme das nötige Volumen.

Je symmetrischer ein Gesicht ist, umso harmonischer wirkt auch seine Stimme. Das sehen Sie beispielsweise an Thomas Gottschalk, der ein sehr symmetrisches Gesicht hat.

6. Wie steigern Sie Ihre Überzeugungskraft?

Ihre Botschaft muss einfach und klar sein. Ihre Botschaft muss das Eigeninteresse der Zuhörer treffen. Strahlen Sie Empathie und Selbstvertrauen aus.

Beispiel 1: »Ich bin Michael Klug und unterstütze Sie mit Strategie bei allen Ihren Vermögensanlagen, damit Sie noch mehr Sicherheit haben und Ihre Zeit für die Dinge einsetzen, die Ihnen Spaß machen. Wenn Sie vor der Überlegung stehen, wie Sie Ihr Geld am besten anlegen, um mit Sicherheit Gewinn zu erzielen, dann bin ich der Richtige für Sie.«

Beispiel 2: »Ich bin Michaela Klug und halte Ihnen den Rücken frei, damit Sie sich auf die Unternehmensführung und die Strategieentwicklung konzentrieren. Wenn Sie eine Assistentin suchen, die strukturiert ist und erkennt, was wirklich wichtig ist, Sie in allen Bereichen unterstützt und weiß, wie sie Termine setzt, dann bin ich die Richtige für Sie.«

Übung: Definieren Sie in kurzen Sätzen, wer Sie sind, was Sie tun, welchen Nutzen Sie Ihrem Gegenüber bringen. Nehmen Sie diese Sätze auf und hören Sie diese ab. Wie überzeugend waren Sie?

Stimme der Überzeugungskraft

Was sind die drei Worte, die jeder Mensch gerne hört? »Ich liebe dich!«, oder? Bitte sprechen Sie diesen Satz jetzt aus. Wenn Sie schon lange verheiratet sind, kann dies sehr monoton klingen, was jedoch absolut nicht sein muss!

Nächster Versuch. Denken Sie an Ihre erste Begegnung mit Ihrem Partner und probieren Sie es nochmals! Schon besser, oder? Haben Sie gemerkt, wie Sie die gleichen drei Wörter völlig anders ausgesprochen haben und so diesen drei Wörtern eine ganz andere Bedeutung gegeben haben? Übrigens, dies funktioniert auch mit Ihrem Beruf oder mit einer Aufgabe. Je häufiger Sie sagen, dass Sie Ihren Beruf oder die Aufgabe lieben, desto effektiver und effizienter arbeiten Sie auch.

7. Wie man einen Menschen anhand seiner Stimme analysiert

Bevor Sie einen Menschen analysieren, sollten Sie auch hier seine normale Stimme in einer gewöhnlichen Alltagssituation wahrgenommen haben. Wie nehmen Sie die Stimme wahr?

a. Ist die Stimme leise oder laut?
b. Ist die Stimme zittrig?
c. Spricht Ihr Gegenüber zu schnell oder zu langsam?
d. Spricht Ihr Gegenüber mit einer tiefen oder hohen Stimme?
e. Klingt die Stimme gepresst?
f. Klingt die Stimme aggressiv oder unterwürfig?

Auswertung

a. Eine leise Stimme weist auf ein introvertiertes Verhalten, eine zu laute Stimme auf ein extrovertiertes Verhalten hin. Auch kann eine leise Stimme auf ein unterwürfiges Verhalten oder auf eine Unsicherheit hinweisen.
b. Eine zittrige Stimme weist auf Nervosität hin oder zeigt an, dass jemand verliebt ist.
c. Unter Stress reden die meisten Menschen schneller. Allerdings muss man berücksichtigen, dass Extrovertierte tendenziell schneller reden und Introvertierte langsamer.
d. Eine tiefe Stimme kann von Vorteil sein: Männer mit sonorer Stimme gelten als besonders männlich, also attraktiv. Frauen haben in der Regel eine höhere Stimme. Unter Stress reagiert diese noch mehr und wird höher. Das zeigt Unsicherheit und kommt weniger gut an.
e. Eine gepresste Stimme kann durch Stress entstehen.
f. Eine aggressive oder unterwürfige Stimme hängt mit der Einstellung eines Menschen zusammen.

III. Mimik: Werden Sie zum Lügenerkenner

Bei Pinocchio, der bekannten Kinderbuchfigur, sieht man an der wachsenden Nasenspitze, dass er die Unwahrheit sagt. Anhand der Mimik Ihres Gegenübers können Sie erkennen, dass dieser lügt. Dies erfordert jedoch einige Übung. Laut Paul Ekman liegt die Trefferquote bei etwa 50 Prozent. Wichtig ist, dass Sie immer mehrere Aussagen »clustern« und auch das Umfeld in Betracht ziehen. Sie sollten das Normalverhalten kennen, damit Sie einen Lügner auch wirklich entlarven können.

1. Grundlagen der Lüge

Um erfolgreich zu lügen, benötigen Sie ein sehr gutes Gedächtnis und gleichzeitig die Fähigkeit, die Erwartungen des Kommunikationspartners zu registrieren. Auch Ihre körpersprachliche Kontrolle Ihres Gesichtsausdrucks ist entscheidend. Es werden zwei Arten unterschieden:
a. die Unwahrheit sagen
b. die direkte Lüge

Sie treffen Ihre frühere Kollegin in einem Restaurant und sehen schon von Weitem, dass sie massiv zugenommen hat. Sie begrüßen sie und sagen: »Schön, dich zu sehen, du siehst gut aus.« Sie fragt, ob Sie nicht fänden, dass sie sehr zugenommen habe? Ihre Antwort: »Nein, das ist mir nicht aufgefallen, du siehst super aus.«
    Die erste Aussage ist die Unwahrheit. Manchmal gibt es Momente, da ist es sogar sinnvoll, so zu reagieren. Die zweite Aussage ist eine direkte Lüge, die man eher vermeiden sollte. Jeder Mensch lügt. Egal ob Mann oder Frau. Schon alleine in dem morgendlichen »Guten Morgen, mein Schatz!« Ihres Partners können sich zwei Lügen verstecken. Wenn er sich beispielsweise zuvor über Sie geärgert hat, kann ein »Guten Morgen!« die erste und »mein Schatz« die zweite Lüge sein.

2. Motive für Lügen

Studien zufolge gibt es ganz unterschiedliche Gründe, weshalb Menschen lügen. 41 % lügen, um sich Ärger zu ersparen, 14 %, um sich das Leben leichter zu machen, 8,5 %, um geliebt zu werden ,und 6 % aus Faulheit.

Die Alternativen-Lüge: Sie werden zum Abendessen von Ihrem Kollegen eingeladen und Sie sagen, dass Sie an diesem Tag schon etwas anderes vorhätten.

Die Diplomaten-Lüge: Sie erhalten eine Visitenkarte mit dem Foto des Überreichenden. Er fragt Sie, wie Sie es fänden. Sie sagen, dass das Bild gut getroffen sei.

Die »Keine andere Wahl«-Lüge: Ihr Chef teilt Ihnen mit, dass Sie in eine andere Abteilung versetzt werden und fragt Sie nach Ihrer Meinung. Sie sagen, dass Sie sich freuen (weil Sie den Job benötigen und aus diesem Grund nicht etwas anderes sagen wollen).

Die Optimisten-Lüge: Sie treffen einen Kollegen in einem sehr günstigen Restaurant, obwohl Sie erzählt hatten, an diesem Abend in ein 5-Sterne-Restaurant zu gehen. Sie sagen, dass Sie auf Empfehlung in dieses Restaurant gekommen seien und es nicht Ihren Ansprüchen genüge.

Die Bumerang-Lüge: Sie wurden von einer Person enttäuscht und möchten sich an dieser rächen.

Die Beeinflussungslüge: Sie sind in einer Verhandlungssituation und nutzen Ihre Lüge (Liefertermin, Qualität), um den anderen für sich zu gewinnen.

3. Wie ist Ihr Lügenprofil?

Haben Sie einmal eine der folgenden Lügen verwendet?

- Ihre Kollegin trägt ein Kleid, das Ihnen nicht gefällt, und Sie sagen ihr, dass es toll aussehe.
- Sie belügen Ihren Chef, dass Sie extrem viel zu tun haben.
- Sie sagen, dass es unterwegs einen Stau gegeben habe, obwohl Sie zu spät losgefahren sind.
- Sie kopieren und verbrauchen das letzte Papier. Der Kollegin sagen Sie, dass schon vorher alles leer war.
- Sie sagen, dass Sie ganz wenig essen, obwohl Sie dick sind.
- Sie geben vor, ausschließlich Markenkleidung zu tragen, obwohl Sie ab und zu in günstigeren Ketten einkaufen.
- Sie sagen Ihrem Partner oder Ihrer Partnerin, dass Sie ihm/ihr verziehen haben, sind jedoch innerlich immer noch stinksauer.
- »Mir geht es gut« – und in Ihrem Inneren sieht es völlig anders aus.
- Sie sagen »Schön, dich zu sehen!«, obwohl Sie kurz zuvor noch am liebsten die Straßenseite gewechselt hätten.

- Sie erzählen Ihrem Freund oder Ihrer Freundin von einer sich anbahnenden Liebschaft: »Wir sind nur Freunde!«
- Sie unterschlagen einige Makel Ihres Autos, das Sie verkaufen wollen, um es schnellstmöglich für einen attraktiven Preis loszuwerden.

Bestimmt haben Sie sich in der einen oder anderen Situation wiedergefunden, in der Sie auf Lügen zurückgreifen. Im besten Fall konnten Sie sogar herausfinden, in welchen Momenten Sie vermehrt dazu neigen: Lügen Sie vor allem, um Ihrem Gegenüber nicht auf die Füße zu treten, um jemandes Sympathie aufzubauen oder um Streit zu vermeiden? Oder sind Sie gewillt, Ihr Image zu wahren, Ihrem Gesprächspartner eins auszuwischen oder ihn gezielt zu beeinflussen?

4. Woran merkt man, ob jemand lügt?

Hatten Sie auch schon häufiger das Gefühl »Diese Aussage stimmt nicht!« oder »Jetzt lügt mein Gegenüber!«? Beachten Sie die Augenbewegung. An dieser können Sie erkennen, ob sich Ihr Gegenüber an etwas erinnert oder etwas erfindet. Wenn er sich erinnert, bewegen sich die Augen eines rechtshändigen Menschen nach links. Wenn er etwas erfindet, nach rechts. Für Linkshänder gilt das Gegenteil. Beachten Sie jedoch, dass es immer mehrere Kriterien zu berücksichtigen gilt, damit man keine vorschnellen Urteile fällt.

Viele Menschen haben schon früh gelernt, ihre wahren Gefühle zu verbergen, indem sie diese – zumindest nach außen hin – unterdrücken. Deshalb ist es wichtig, das Gesicht immer im Zusammenspiel mit anderen nonverbalen Verhaltensformen zu betrachten. Wenn zum Beispiel die Beine etwas anderes ausdrücken als die Worte und die Mimik, dann sollten Sie aufpassen. Denn unbewusste limbische Reaktionen laufen fast immer schneller ab als die verbale Äußerung und bewusste Kontrollmaßnahmen.

Beachten Sie jedoch, dass jede körpersprachliche Reaktion auch mit einem bestimmten Lebensereignis zusammenhängen kann. Es kann sich eine kleine »Macke« entwickelt haben. Je häufiger Sie etwas tun, desto wahrscheinlicher ist es, dass sich dieses Verhalten »einschleift«. Deshalb beobachten Sie sich und Ihr Gegenüber genau über einen längeren Zeitraum.

5. Wie entlarve ich einen Lügner?

1. *Gegenfragen:*
Menschen, die Sätze mit »Ehrlich gesagt« beginnen, machen häufig in dem Moment genau das Gegenteil. Ebenso sind Distanz schaffende Gegenfragen wie »Was soll ich dazu sagen?« oder »Was hab ich damit zu tun?« Indikatoren für eine Falschaussage.
2. *Blickkontakt:*
Ihr Gesprächspartner vermeidet entweder direkten Blickkontakt oder schaut Ihnen ganz direkt in die Augen. Auch hier gilt zu prüfen, ob er es immer macht und es seinem Charakter entspricht (siehe »Charaktercode«).
3. *Wenige Gesten, sehr beherrschte Körpersprache:*
Eine einzelne Geste hat keine Bedeutung. Deshalb ist es wichtig, dass Sie verschiedene Gesten und Gesichtsausdrücke »clustern«. Erst die Kombination aus mehreren Gesten entlarvt Lügner.
4. *Fummeln:*
Ein Zeichen, dass jemand lügt, ist, dass er herumfummelt, entweder am eigenen Körper oder an Dingen in der Nähe. Fummeln entsteht aus nervöser Energie, die aus der Angst stammt, ertappt zu werden.
5. *Die Atmung:*
Ein Lügner neigt dazu, schneller zu atmen, und zeigt eine Reihe kurzer Atemzüge gefolgt von einem tiefen Atemzug. Dies geschieht, weil der Körper unter Stress steht, wodurch das Herz schneller schlägt und die Lunge mehr Luft einatmen will.
6. *Die Stimme:*
Die Stimme kann ein guter Lügenindikator sein. Die Person beginnt auf einmal, langsamer oder schneller zu sprechen als normal, oder die Spannung führt zu einer höheren oder quietschenden Stimme. Stottern oder Stammeln kann auch auf Lügen hinweisen.
7. *Übertriebene Details:*
Achten Sie darauf, ob die Person offenbar zu viel erzählt. Ein Beispiel kann sein: »Mein Vater lebt in Italien. Ist es nicht schön da? Warst du schon einmal auf dem schiefen Turm von Pisa? Es ist so schön dort.« Zu viele Details sollen Sie davon ablenken, dass die Person verzweifelt versucht, Sie glauben zu machen, was sie sagt.

Entscheidend ist, dass Sie in der Lage sind, Ihre Stimmung, Körpersprache und Sprache zu beherrschen, und aufpassen, dass Ihnen die Gesichtszüge nicht in jeder unangenehmen Situation entgleisen. Selbstverständlich sollten Sie immer authentisch sein und wissen, was Sie wollen und wie Sie wirken wollen.

Persönliche Empfehlungen
- Je besser Sie jemanden kennenlernen, desto besser werden Sie darin, zu erkennen, wie er denkt, und desto besser wissen Sie, wann er von der Wahrheit abweicht.
- Manche Leute lügen bekanntermaßen. Beachten Sie dies, lassen Sie sich jedoch nicht davon leiten.
- Trainieren Sie Ihre Fähigkeiten zum Aufdecken von Lügen, indem Sie Gerichts-Fernsehshows schauen. Vertrauen Sie Ihren Instinkten und sehen Sie genau hin, ob Sie ein paar Lügenanzeichen bei demjenigen entdecken, dem Sie am wenigsten trauen (auch wenn manchmal beide Parteien lügen). Wenn Sie dem Urteil des Richters zustimmen, dann haben Sie wahrscheinlich die gleichen Zeichen entdeckt wie er.
- Sie sollten immer sicher sein, dass jemand lügt, bevor Sie es ihm vorwerfen. Andernfalls ruinieren Sie gegebenenfalls eine Freundschaft grundlos.
- Je besser Sie in Ihrer Menschenkenntnis und in der Analyse von verschiedenen Merkmalen sind, umso sicherer werden Sie auch in Ihrer Aussage sein.

IV. Imagecode

Das Image ist der Spagat zwischen Schein und Sein, ohne die eigene Authentizität zu verlieren. Jeder Mensch strebt in seinem ganzen Tun danach, als Persönlichkeit wahrgenommen zu werden, die anerkannt und auch geliebt wird. Für ein gesundes Image ist es daher wichtig, die Selbstpräsentation zu entwickeln.

Nicht jeder von uns ist eine Lady Gaga (Sängerin) oder ein Harald Glööckler (Designer), die uns vor allem eine optische Selbstinszenierung der Extraklasse vortanzen. Mit unserer Bundeskanzlerin, die gerne auch als »Mutter der Nation« bezeichnet wird, verbinden wir automatisch Seriosität und Kontinuität. Der leider verstorbene Steve Jobs (Apple-Gründer) hat mit seiner Begeisterung für Innovationstechnologie ganze Generationen verändert, und dem gerne auch als

»sexiest man alive« titulierten George Clooney (Schaupieler) glaubt man seine Natürlichkeit; sein Charisma und sein Präsenz begeistern.

Alles nur Show? Mit Sicherheit nicht! Das Geheimnis des Images heißt Ausstrahlung. In dieser Bezeichnung verbirgt sich das Wort »strahlen«. Die Strahlkraft oder das Charisma kommen von innen. Die Ausstrahlung projiziert Gefühle und Gedanken nach außen, die sich unter anderem in der Körpersprache und der persönlichen Anziehungskraft zeigen.

Das Image bezeichnet insoweit den Gesamteindruck, den sich die Mehrzahl der Menschen aus dem Umfeld über einen Menschen bildet. Es ist die Gesamtschau aus Optik, Körpersprache, Verhaltensweisen und Auftreten. Die Wirkungsweise des Images wird dabei unterstrichen durch die entsprechende Ausstrahlung.

Unser Image ist also unser »Aushängeschild«, und die Gestaltung übernehmen Sie selbst. Nutzen Sie Ihre Möglichkeiten und beginnen Sie, sich selbst zu kreieren und innerlich zu strahlen.

1. Imagebewusstsein

Der erste Schritt hierzu ist das Imagebewusstsein. Haben Sie schon einmal darüber nachgedacht, welches Image Sie haben? Wie sieht dieses denn aus? Ist dieses im privaten und beruflichen Bereich identisch oder bestehen Unterschiede?

Testen Sie Ihr Image und Ihre Ausstrahlung. Welche Aussage passt bezüglich Ihres Images zu Ihnen? Sie denken, dass …

- es ihnen egal ist, was die Leute denken.
- ein Image nicht wichtig ist, da nur die Arbeitsleistung zählt.
- Sie immer authentisch sind.
- Souveränität zu Ihren Stärken gehört.
- ein gutes Styling alles entscheidet.

Auswertung: Unabhängig davon, welche Antworten Sie geben, ist dieser Punkt nur dazu da, dass Sie sich bewusst werden, überhaupt ein Image zu haben. Dies ist unabhängig davon, ob Sie das persönlich so empfinden, denn Ihre Umwelt übernimmt dies für Sie. Ob Sie strahlend und erfolgreich glänzen oder als zuverlässiger und farbloser »Schaffer« dastehen, bestimmt Ihr Umfeld, denn dieses spiegelt Ihre Persönlichkeit in der Außenwirkung und in der Ausstrahlung wider.

2. Imagetyp

Bei Ihrer Selbstinszenierung ist zu beachten, dass Sie Ihre Stärken in den Vordergrund stellen und nicht etwas adaptieren, was nicht passt. Verinnerlichen Sie die folgenden Fragen und handeln Sie.

- Welches Image hätten Sie denn gerne?
- Weshalb ist Ihnen dieses Image wichtig?
- Was wollen Sie über sich sagen?
- Was sollen andere über Sie sagen?
- Welches Image verkörpern Sie gerade?
- Wie wirkt dieses Image auf Ihr Umfeld?

Denken Sie bewusster über Ihre Rolle, Ihre Identität, Ihr Image und Ihre Ausstrahlung nach. Beginnen Sie »step by step«.

Gewinnen Sie Klarheit über Ihr Image aufgrund Ihrer Werte, Motive und Ziele

Im Folgenden finden Sie eine Liste mit ethischen Werten. Wählen Sie fünf Werte aus der Liste aus, die Ihnen besonders wichtig sind, und notieren Sie diese.

Ehrlichkeit	Disziplin	Toleranz
Selbstständigkeit	Gerechtigkeit	Pflichterfüllung
Verlässlichkeit	Vertrauen	Liebe
Hilfsbereitschaft	Kontaktfähigkeit	Treue
Spaß	Durchsetzungsvermögen	Fleiß
Freundlichkeit	Kritikfähigkeit	

Leben Sie Ihre Werte in Ihrem Berufs- und Privatleben? Was tun Sie, damit Sie diese noch stärker zum Ausdruck bringen?

Überprüfen Sie Ihre Werte und die Werte von Ihren Mitarbeitern, Ihrem Partner, Ihrer Familie. Sie werden feststellen, dass Sie bei gleichen Werten eine gute Zusammenarbeit haben. Bei unterschiedlichen Werten wird diese schon schwieriger werden.

Ihr Identitätsaufbau: Image – Ausstrahlung – Authentizität
Sie können jederzeit mit Ihrem Identitätsaufbau beginnen, das heißt, sich kontrolliert ein Ihnen genehmes Image zu erschaffen. Überlegen Sie sich allerdings gut, was Sie erreichen wollen. Ein überzeugendes Image muss gelebt werden.

Bei der Bildung eines neuen Images gilt es zuerst folgende Dinge zu beachten:
- Was ist Ihr Markenzeichen?
- Was zeichnet Sie aus?
- Welche Geschichten wollen Sie über sich preisgeben?
- Wie soll Ihre Sprache, Wortwahl und Körperhaltung sein?
- Mit welchen Menschen umgeben Sie sich?
- Welche Menschen sind für Sie Vorbilder? Wie nutzen Sie diese?
- Welchen Kleidungsstil haben Sie?
- Wie (gut) sind Ihre Umgangsformen?
- Wie (gut) ist Ihr Smalltalk?
- Wie verkörpern Sie Ihr Ziel?
- Wie präsent sind Sie?
- Was tragen Sie täglich zu Ihrem Identitätsaufbau bei?
- Wie verkörpern Sie in Ihrem Beruf Ihr positives Image und eine überzeugende Ausstrahlung?

3. Kreieren Sie Ihr Image anhand von fünf Königsdisziplinen

Ein Image zu erschaffen bedeutet viel Arbeit, klare Ziele im Hinblick auf die Wirkung, eine sehr gute Selbstreflexion und die Disziplin, immer das zu geben, was Sie mit Ihrem Image bewirken wollen. So setzen Sie sich ins rechte Licht.

Markenzeichen Persönlichkeit: Konstanz in der Selbstdarstellung
Mit Ihrem persönlichen *Markenzeichen* werden Sie schneller wiedererkannt und unterstreichen Ihre Individualität. Das Kernmerkmal eines Markenzeichens ist, dass jemand, der Sie sieht, Sie anhand bestimmter charakterlicher oder stilistischer Mittel sofort wiedererkennt. Dies gelingt Ihnen, wenn Sie Ihre Selbstdarstellung konstant halten. Überlegen Sie, was Ihre typischen Charakteristika und stilistischen Markenzeichen sind.

Ein gutes Beispiel für ein persönliches Markenzeichen ist zum Beispiel das Tragen von ungewöhnlich großen und erlesenen Broschen auf klassischen Kostümen. Mit einem solchen Stilmittel wirken Sie individuell, professionell und stilsicher. Bei Männern kann es ein klassisches weißes Einstecktuch sein oder Manschettenknöpfe, womit Sie sich unterscheiden.

Die innere Formel: Ihre Authentizität und Überzeugung
Ihre Körpersprache, Wortwahl und Stimmlage passt zu Ihnen und zu dem, was Sie sagen, und genau das macht Sie glaubwürdig. Welche Geschichten erzählen Sie über sich? Wie stellen Sie charmant kleine Schwächen dar, mit denen Sie gleichzeitig punkten? Hierzu gehört auch die Erkenntnis, ob Sie tendenziell extrovertiert oder introvertiert sind. Denn ein introvertierter Mensch wird tendenziell weniger Persönliches erzählen als ein extrovertierter, der seine »Macken« bewusster präsentiert. Des Weiteren entscheidet Ihre Wortwahl über Ihre Überzeugungskraft. Achten Sie darauf, dass Sie lösungsorientiert kommunizieren. Bedenken Sie immer die Wirkung Ihrer Aussagen. Ein paar Anregungen, wie Sie sich Ihres Images bewusst werden:
- Reflektieren Sie, wie Ihr Auftreten zu Ihrer inneren Haltung passt.
- Überlegen Sie sich »Geschichten«, die das Leben über Sie erzählt. Bedenken Sie dabei, dass diese Sie so darstellen, dass Sie auch etwas menschlich erscheinen. Denn ein zu perfektes Image kommt nicht immer an.
- Stellen Sie sich jeden Abend die Authentizitätsfrage: »Entsprach das, was ich heute getan und gesagt habe, meinen Überzeugungen? War ich authentisch?«

Ihr Äußeres: Stil, Kleidung und Umgangsformen
Ein guter Stil bedeutet, dass Ihre Kleidung und Ihre Umgangsformen zu Ihnen als Persönlichkeit und dem Anlass passen. Grundregeln für einen guten Stil:
- Er schmeichelt Ihnen und betont so, dass Sie vorteilhaft dargestellt sind.
- Die Farben, Muster und Formen präsentieren Sie auf besonders vorteilhafte Weise.
- Die Mode so nutzen, dass Sie Ihren Stil unterstreichen und Sie sich in ein positives Licht setzen.
- Legen Sie Wert auf saubere und gute Kleidung.
- Beim Blick in den Spiegel sollten Sie sich wohlfühlen.

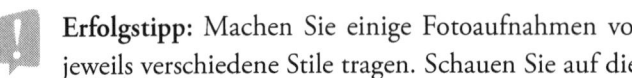 **Erfolgstipp:** Machen Sie einige Fotoaufnahmen von sich, auf denen Sie jeweils verschiedene Stile tragen. Schauen Sie auf die oben genannten Kri-

terien und seien Sie ganz ehrlich zu sich. Dann entscheiden Sie, was Sie in Zukunft tragen werden.

Die Macht der Vorbilder: Ich sage Dir, was du wirst
Ein Vorbild ist ein Bild, das Sie von einem Menschen haben, den Sie verehren. Diesem Vorbild eifern wir gerne nach. Erfolgreiche Menschen kennen die Kraft der Vorbilder und nutzen diese, indem sie ihre Vorbilder genau analysieren. Die Vorbilder sind die heimlichen Talente, die Sie in sich haben. Nutzen Sie Ihre Chance, indem Sie zunächst folgende Übung durchführen:
- Notieren Sie alle Namen und Eigenschaften Ihrer Vorbilder.
- Überlegen Sie, welche Eigenschaften Ihnen ganz besonders wichtig sind, und setzen Sie Prioritäten.
- Schauen Sie sich Ihre Vorbilder an und analysieren Sie, woran Sie deren Eigenschaften festmachen.
- Analysieren und trainieren Sie die Umsetzungstechniken der Eigenschaften Ihrer Vorbilder (ein Beispiel hinsichtlich der Körpersprache: Wenn Ihr Vorbild sein Selbstbewusstsein durch einen aufrechten Gang ausdrückt, dann tun Sie dies ebenfalls).

Interessanterweise ist es häufig so, dass Sie die Eigenschaften Ihrer Vorbilder schon in sich tragen und diese Ihnen bewusst werden. Sollten Sie ganz unterschiedliche Charaktere als Vorbilder haben, so erstellen Sie eine Liste über deren Eigenschaften. Jetzt entscheiden Sie, welche Sie persönlich als gut empfinden, und an diesen orientieren Sie sich.

Steigerung der Ausstrahlung und Präsenz: Ich bin!
Gutes Aussehen und eine gewisse Ausstrahlung erhöhen nicht nur die Chancen beim anderen Geschlecht. Bei einer Studie der Leuphana Universität Lüneburg hat sich herausgestellt, dass schöne Menschen auch im Berufsleben klar im Vorteil sind. Demnach sind beispielsweise attraktive Frauen und Männer deutlich seltener arbeitslos und verdienen signifikant mehr als weniger schöne Menschen. Eine positive Wirkung und ein attraktives Äußeres tragen also nicht unerheblich zu Ihrem beruflichen und privaten Erfolg bei.

Übung zur Aktivierung Ihrer Ausstrahlung

Sagen Sie zum Tagesbeginn etwas Schönes zu sich selbst.
- Schauen Sie sich an und achten Sie auf das, was Sie besonders schön finden (z. B. Ihr Lächeln). Schauen Sie sich dieses Merkmal mindestens eine Minute an. Sie werden sehen, dass Sie sich bereits besser und schöner fühlen. So können Sie Ihren persönlichen Sexappeal aktivieren.
- Betonen Sie das, was Sie an sich toll und ansprechend finden. Dadurch verstärken Sie Ihre Wirkung.
- Schreiben Sie jeden Tag Ihre positiven Erlebnisse, Ihre magischen Momente auf. Nutzen Sie einfache Möglichkeiten wie z. B. ein Lächeln, um anderen Menschen eine Freude zu machen.
- Lachen Sie viel, auch über sich selbst. Beschäftigen Sie sich mit amüsanten Dingen wie z. B. Komödien. Erfreuen Sie sich an Ihrem Leben! Man lebt nur einmal.
- Genießen Sie die einfachen und kostenfreien Dinge im Leben wie etwa Waldspaziergänge oder Sonnenaufgänge. Diese geben Ihnen sehr viel Kraft. Treffen Sie sich mit Menschen, die Sie mögen.
- Seien Sie im Hier und Jetzt präsent und nehmen Sie die Umgebung achtsam wahr. Die Balance, die Sie in diesem Zustand erreichen, werden Sie auch ausstrahlen.
- Freuen Sie sich auf Begegnungen mit anderen Menschen und konzentrieren Sie sich gezielt auf Ihr Gegenüber. Ihre Gesprächspartner werden dies positiv wahrnehmen.

Eine hohe Präsenz erreichen Sie, indem Sie ...
- im Augenblick leben.
- Ihrem Gegenüber positiv begegnen.
- eine klare und positive Absicht haben.
- Gelassenheit zeigen.

 Erfolgstipp: »Lerne zu werden, der du bist, und sei danach« notierte bereits der antike Dichter Pindar. Sie haben viel über Ihre Wirkung und dem damit verbundenen Image gelernt. Sie haben jetzt jederzeit die Chance, etwas an Ihrem Image zu verändern. Sie erkennen auch das Image Ihres Gegenübers und wissen, wie Sie damit umzugehen haben. Auch Kleinigkeiten helfen Ihnen dabei. Oft sind es gerade die kleinen Dinge im Leben, die eine unglaubliche Wirkung erzeugen.

V. Psycho- und Physiognomikcode

Stellen Sie sich vor, Sie treten bei einem Gesellschaftsspiel an, bei dem Sie Grundstücke erwerben und Häuser bauen. Welche Spielweise trifft auf Sie zu? Sind Sie ein Mensch, der …

a. Luxuswohnungen kauft, um die höchsten Mieteinnahmen zu kassieren, und andere Möglichkeiten eher meidet?
b. sich auf Verkehrsknotenpunkte spezialisiert?
c. nach Gefühl entscheidet? Was es gerade zu kaufen gibt, kaufen Sie.

Auflösung:
a. Sie verfolgen klare und konkrete Ziele und geben dafür Ihr Bestes. Sie haben Anteile des Bewegungsnaturells (siehe S. 117 ff.).
b. Sie haben Anteile des Ernährungsnaturells. Sie konzentrieren sich darauf, einige spezielle und durchaus lukrative Ziele zu erreichen. Sie verfolgen Ihre Ziele mit viel Ausdauer.
c. Sie gehören zu den Empfindungsnaturellen. Für Sie gibt es keine Zufälle. Wenn Sie Chancen erhalten, dann hören Sie auf Ihr Gefühl. Fühlt sich das Ziel gut an, so werden Sie dieses verfolgen.

Und nun ein kleiner Test: Wie gut ist Ihre Menschenkenntnis? Werfen Sie einen kurzen Blick auf das Bild. Wie ist der erste Eindruck?

Bitte schätzen Sie die Person intuitiv ein und kreuzen Sie in jeder Zeile der folgenden Auflistung die Information an, die Sie für richtig halten:

☐	zwischen 30 und 40 (b)	☐	zwischen 50 und 60 (a)
☐	schüchtern (b)	☐	selbstbewusst (a)
☐	erfolgreich (a)	☐	Mitläufer (b)
☐	passiv (b)	☐	aktiv (a)
☐	Sachbearbeiter (b)	☐	Unternehmer (a)
☐	sportlich (a)	☐	unsportlich (b)
☐	wenig belastbar (b)	☐	belastbar (a)
☐	gutes Gespür für Menschen (a)	☐	weniger gutes Gespür für Menschen (b)

Sie haben voraussichtlich maßgeblich (a) angekreuzt und liegen damit goldrichtig: Die Person auf dem Foto ist ein Mann Ende vierzig und er ist Europäer. Es handelt sich um einen sportlichen, dynamischen und belastbaren Unternehmer, der die Geschicke seiner Firma mit gutem Gespür lenkt.

Wir sind in der Lage, allein aufgrund eines Fotos, sozusagen auf den allerersten Blick und in Bruchteilen von Sekunden uns ein Bild von einem Menschen zu machen. Dies basiert sowohl auf der Kenntnis der allgemeinen Merkmale wie Geschlecht, Einschätzung des Alters und der kulturellen Zugehörigkeit als auch auf der Erfahrung, gewisse charakterliche Eigenschaften von Persönlichkeiten zu erkennen. Hinzu kommen noch weitere Aspekte wie die Haltung, die Kleidung, die Mimik und der Hintergrund des Fotos, die wir bei der Beurteilung des Gesamtbildes in Zusammenhang setzen.

Werfen Sie nun bitte einen zweiten Blick auf das Foto, und Sie werden erkennen, dass Sie vieles über diesen Mann noch nicht wissen. Ist es ein erfolgreicher Mann? Glauben Sie, der Mann hatte zum Zeitpunkt der Aufnahme Stress, oder ist er eher gelassen? Hatte er Zukunftsängste, oder ist er eher ein Visionär?

Ihre Antwort auf diese Fragen wird nicht ganz einfach sein. Wenn Sie zur positiven Richtung tendieren, dann liegen Sie richtig. Denn die Aufnahme deutet ausschließlich auf positive Befindlichkeiten eines selbstbewussten, wirtschaftlich gut situierten Mannes hin.

Glauben Sie, dass der Mann auf dem Foto in jeder Situation freundlich und hilfsbereit ist oder eher egoistisch und nutzenorientiert? Ist er pünktlich oder eher schlampig mit beruflichen oder persönlichen Terminen? Interessiert er sich eher für Mode oder für Fußball? Hätten Sie Lust, mit diesem Mann eine kontroverse Diskussion zu führen oder privat in Urlaub zu fahren? Sind Sie gut beraten, von diesem Mann ein Auto zu kaufen oder ihm Ihre Kinder anzuvertrauen? Was wäre, wenn Sie diesen Mann in einer Schlüsselposition einstellen und ihm alle Geschäftsgeheimnisse anvertrauten? Wird dieser Mann dann in Kürze zur Konkurrenz wechseln?

Sie merken, hier wird es schon schwieriger. Selbstverständlich werden Sie wahrscheinlich alle diese Fragen für sich beantworten können, da Sie sich eine eigene Meinung bilden. Doch ist diese Meinung zuverlässig und Ihre Einschätzung richtig? Allein auf Ihre Kenntnisse des Charactercodes können Sie sich hier nicht verlassen, denn diese Einschätzung ist zwar wichtig, jedoch nicht abschließend. Zudem lassen sich an dem vorliegenden Beispiel in Form eines Fotos charakterliche Eigenschaften nur parziell erkennen. Zur verlässlichen Beurteilung einer Persönlichkeit müssen Sie daher weiter in die Tiefe gehen. Dazu steht Ihnen für eine zutreffende eigene Urteilsbildung noch eine absolute Geheimwaffe als Informationsquelle zur Verfügung: der Psycho- und Physiognomikcode.

Der Psycho- und Physiognomikcode dient als optimale Ergänzung zum Charactercode, um das Persönlichkeitsprofil eines Menschen zu erkennen. Er basiert auf den Grundsätzen der Physiognomik. Dieser liegen – ähnlich wie der Charakterkunde – uralte Wurzeln zugrunde. Bereits im Altertum lassen sich etwa bei Aristoteles, Cicero, Seneca und Galenus Quellen zur Physiognomik finden.

Als Physiognomik (von gr. *phýsis*, Gestalt, und *gnōmē*, Erkenntnis) bezeichnet man die Kunst, aus dem physiologischen Äußeren des Körpers, insbesondere aus dem Gesicht, auf die seelischen Eigenschaften eines Menschen zu schließen.

Ursprünglich handelte es sich um ein Geheimwissen der Gesundheitslehre, das dann im Zeitalter der Aufklärung zu einer populärwissenschaftlichen Blüte kam. Ganze Fernsehserien wie »Lie to me« machen sich heute die Grundzüge der Psycho- und Physiognomik zu eigen.

Ein Vorreiter in unserer heutigen Lehre der Physiognomik ist Carl Huter (1861–1912), der die Psycho-Physiognomik begründete. Die Psycho-Physiognomik ist eine Methode, die es ermöglicht, detaillierte Kenntnisse über sich selbst und sein Gegenüber zu erwerben. Dabei werden ganzheitlich der Körperbau, die Gesichtszüge und auch der Ausdruck und die Mimik eines Menschen analysiert, welche die Talente und die Fähigkeiten eines Menschen erkennen lassen.

Erlernen Sie den Psycho- und Physiognomikcode zur ganzheitlichen Persönlichkeitsanalyse!

Die Naturelle des Menschen

Kennen Sie das »Déjà-vu-Gefühl«, wenn Sie in einem Gesicht oder Körper am Bahnhof, auf einer Party oder während eines Bewerbungsgesprächs einen Bekannten zu erkennen meinen? Dies liegt häufig daran, dass diese Menschen sehr deutlich einem gewissen Grundnaturell entsprechen, das für uns neben ganz spezifischen eigenen körperlichen Merkmalen einen hohen Wiedererkennungswert hat.

Es gibt bei Menschen drei Grundnaturelle, die sich in optischer Hinsicht erheblich voneinander unterscheiden. Die drei Naturelle haben jeweils unterschiedliche Ausstrahlungen, Wünsche und Bedürfnisse, die sich zum Beispiel auf eine bevorzugte Umgebung, ein Umfeld, gelebte Überzeugungsstrategien, faktische Aufgabenverteilung, die Berufswahl, das Privatleben auf den Umgang mit anderen Menschen beziehen. Je stärker ein spezifisches Naturell bei einem Menschen ausgeprägt ist, desto höher ist der Wiedererkennungswert eines Menschen, der Rückschluss auf typische Eigenschaften dieses Menschen gewährt.

Sind Sie neugierig geworden? Wenn ja, dann benötigen Sie jetzt einen Spiegel. Finden Sie heraus, welchem Naturell Sie am nächsten stehen und was Ihr Gesicht und Ihr Körperbau über Sie aussagen. Betrachten Sie bitte ganz detailliert Ihr Gesicht im Spiegel. Es ist entscheidend, dass Sie Ihre Proportionen wahrnehmen. Der Orientierungspunkt für das Gesicht ist dabei der Augendurchmesser.

Machen Sie bitte eine kurze Selbstanalyse und kreuzen Sie in der nachstehenden Tabelle in jeder Zeile das auf Sie am besten zutreffende Merkmal an.

Merkmal	Ernährungsnaturell	Bewegungsnaturell	Empfindungsnaturell
Hauptmasse des Gesichts	liegt unterhalb des Augendurchmessers	liegt unterhalb des Augendurchmessers	liegt oberhalb des Augendurchmessers
Kopfform und Stirn	Kurzschädel	Langschädel	Hochschädel
Stirn	Unterstirn dominant und breit, Oberstirn schmäler	Oberstirn fliehend, Unterstirn besonders markant	Unterstirn fein ausgeformt, Oberstirn meist dominant
Augen	mittelgroß, ruhig blickend, realistischer Ausdruck, sachlich	schmälere Lidspalten, scharf beobachtender Ausdruck	oft groß, idealistischer Ausdruck
Nase	mittellang, weicher Nasenrücken, volle Nasenspitze	groß und meist lang, knochiger Nasenrücken	schmaler Nasenrücken, feine Ausformung, Nasenspitze zart
Mund	füllige Lippenform	schmale Lippenform, energischer Mundausdruck	klein, fein ausgeformt
Wangen	füllig und breitfleischig	mager, straffes Hautgewebe	zart, fein, belebtes Hautgewebe
Ohren (Lage)	Ohrläppchen groß, eventuell tief	länglich, kräftige Struktur	fein moduliert, Ohrläppchen dünn
Kinn	gerundet, häufig Doppelkinn	stark ausgeformt, eckig, hervortretend	klein, fein gerundet, oft zurückdrehend
Hals	kurz und breit	lang und muskulös	feine Linienform, oft »Schwanenhals«
Hände	Finger kurz und füllig, breite Handfläche	groß, lang gestreckt, knochig	klein, feingliedrig, Finger zart und schmal
Körperbau	Leibesmitte herrscht vor, dicker Bauch	breite Schultern, großer Brustumfang	feingliedriger Körperbau, zierlich

Je nach Ihrer Eingabe, die sich nach der Anzahl der Kreuze richtet, sind Sie maßgeblich ein:
- Bewegungsnaturell
- Empfindungsnaturell
- Ernährungsnaturell

Bevor hier verraten wird, was sich hinter den einzelnen Naturellen verbirgt, richten Sie bitte Ihr Augenmerk auch auf das Naturell, welches bei Ihnen in zweiter Häufigkeit vorkommt. Ähnlich wie beim Charaktercode sind wir häufig Mischformen aus zwei Naturellen, in denen zwar ein Naturell überwiegt und ein zweites präsent ist.

1. Das Ernährungsnaturell: »der Fels in der Brandung«
Wenn Sie ein Ernährungsnaturell sind, ist Ihre körperliche Gestalt mittelgroß und Sie haben immer mal wieder mit Gewichtsproblemen zu kämpfen. Ihre Bewegungen sind ruhig und kontrolliert, Ihr Kopf ist etwas runder und das Gesicht fülliger. Oft ist auch der Mund etwas fülliger und die Nasenspitze betont. Als Ernährungsnaturell strahlen Sie Ruhe und Sicherheit aus.

Sowohl in Ihrem beruflichen als auch privaten Umfeld schätzen Sie eine angenehme Wohlfühlatmosphäre, damit Sie Ihre Kraft und Energie gezielt einsetzen. Beispielsweise sind ein ruhiges, geräumiges Büro und eine große Küche gern gesehen. Tendenziell sind Sie mit diesem Naturell sesshaft, ökonomisch und fürsorglich. Sie haben eine ruhige, strukturierte Arbeitsweise. In Verhandlungen zeichnen Sie sich durch Ihre Ausdauer aus.

Dieses Naturell ist ein lebenspraktisches Naturell, das die ökonomische Seite einer Tätigkeit in Betracht zieht. Deshalb sind Sie wirtschaftlich auch meist erfolgreich. Wagemut und Risikobereitschaft sind dagegen nicht stark ausgeprägt.

Um in Balance zu bleiben, ist es für das Ernährungsnaturell entscheidend, Sportarten zu wählen, bei denen die Beine aktiv betätigt werden (z. B. Wandern). Ein Ernährungstyp benötigt Ruhe, gutes Essen und Trinken – bei mäßiger körperlicher und geistiger Arbeit.

Die Talente und Neigungen des Ernährungsnaturells sind:
- Bodenständigkeit
- Rationalität
- praktische Einstellung
- Wirtschaftlichkeit
- Sicherheitsbewusstsein

 Erfolgstipp: Wenn Sie mit einem Ernährungsnaturell verhandeln oder es überzeugen wollen, dann sollten Sie Folgendes beachten:
- gut vorbereitet sein
- zielorientiert kommunizieren
- über Detailwissen verfügen
- sich Zeit nehmen
- Kalkulation beachten
- ruhig und sachlich sprechen
- ökonomischen Nutzen definieren

Typische Beispiele von Ernährungsnaturellen sind für mich: Helmut Kohl (hauptsächlich Ernährungsnaturell, ehemaliger Bundeskanzler), Elisabeth II. (Britische Königin), Carlos Slim Helú (Telekommunikationsunternehmer), Angela Merkel (Bundeskanzlerin), Alfred Biolek (Fernsehproduzent).

2. Das Bewegungsnaturell: immer in Bewegung und hält jeden auf Trab
Wenn Sie ein Bewegungsnaturell sind, sind Sie von der körperlichen Gestalt eher groß, knochig und muskulös. Ihre Bewegungen sind energisch, Ihr Kopf hat eine klare Kontur und ist meist kantig. Ihr Gesicht ist straff und fest. Ihre Nase ist meist dominant und der Mund schmal.

Sie sind dem Typ nach aktiv und gestalten Ihr Leben dynamisch und abwechslungsreich. In Ihrem beruflichen und privaten Umfeld schätzen Sie daher Spontanität und Innovation. Freiräume benötigen Sie, um kreativ zu sein und um Ihre Ideen zu verwirklichen. Sie benötigen ein abwechslungsreiches Umfeld, damit Sie Ihre dynamischen Kräfte nutzbringend einsetzen. Sie schätzen es, wenn Sie etwas neu gestalten dürfen, egal ob im privaten oder beruflichen Umfeld. Stillstand ist für Sie gleichbedeutend mit Rückschritt. Tendenziell sind Sie weniger ökonomisch, jedoch immer für Neuerungen zu haben. Durch Ihre Ausdauer und Ihren Ideenreichtum setzen Sie Konzepte um und verwirklichen Ideen, die andere nicht einmal haben.

Mit dem Bewegungsnaturell haben Sie eine kraftvolle Natur mit einem ausgeprägten Selbsterhaltungstrieb. Sie haben eine magische Anziehungskraft auf andere Menschen. Bei langwierigen Verhandlungen oder uninteressanten Gesprächspartnern sind Sie eher ungeduldig und kein guter Zuhörer.

Das Bewegungsnaturell ist sehr lebendig, benötigt Abwechslung und betreibt teilweise auch Extremsportarten. Es wird kaum Ruhe benötigt, beim Essen und Trinken wird Wert auf Abwechslung und sehr gute Unterhaltung gelegt.

Die Talente und Neigungen des Bewegungsnaturells sind:
- Impulse geben
- Dynamik
- Disziplin
- Willensstärke
- Aktivität

Erfolgstipp: Wenn Sie mit einem Bewegungsnaturell verhandeln oder es überzeugen wollen, dann sollten Sie Folgendes beachten:
- eine Agenda mit Schwerpunkten präsentieren
- setzen Sie Prioritäten und fassen Sie sich kurz
- begeistert, zielorientiert und abwechslungsreich kommunizieren
- Nutzen und Innovationen hervorheben
- Flexibilität bei Terminen

Typische Beispiele von Bewegunsnaturellen sind für mich: Madonna (Pop-Ikone), Gerhard Schröder (ehemaliger Bundeskanzler), Oliver Kahn (ehemaliger Fußballtorhüter), Mark Zuckerberg (Facebook-Erfinder), Sabine Christiansen (Fernsehmoderatorin).

3. Das Empfindungsnaturell: mit Intuition und Gespür zum Ziel

Wenn Sie zum Empfindungsnaturell gehören, ist Ihr Körper meist mittelgroß und feingliedrig. Ihre Bewegungen sind flink und behutsam. Ihre Oberstirn und die Augen sind proportional betrachtet groß, wohingegen Ihr Gesicht feine und eher zarte Züge hat. Ihr Mund ist schön geschwungen, und die Nase ist meistens schmal.

Sie zeichnen sich in Ihrem Typus dahingehend aus, dass Sie eine gewinnende Ausstrahlung besitzen und charismatisch wirken. In Ihrem beruflichen und privaten Umfeld schätzen Sie daher, über das Leben zu philosophieren und sich Gedanken über den Sinn des Lebens zu machen. Sie benötigen Freiräume, um Ihre Ideale zu verwirklichen und geistig tätig zu sein. Ihre Kräfte bringen Sie in einem geistig fördernden Umfeld ein. Sie schätzen es, wenn Sie sich immer wieder neue Anregungen aus Gesprächen holen. Routinearbeiten oder extreme körperliche Arbeiten sind nicht gut für Ihr Naturell. Sie sind tendenziell zwar durchaus ökonomisch, aber in erster Linie wollen Sie Ideen und Ideale verwirklichen.

Mit dem Empfindungsnaturell haben Sie eine zarte Natur und motivieren andere durch psychologische Überzeugungsarbeit. Dies wirkt sehr wohltuend auf Ihr Umfeld. Sie lieben eine ausgewählte, anregende Gesellschaft, in der Sie sich über seelische und geistige Themen unterhalten. In Verhandlungen und bei Ihren Gesprächspartnern achten Sie als Empfindungstyp auf die Gefühle und Empfindungen und reagieren sehr einfühlsam.

Dieses Naturell stellt sich auf seine Geschäftspartner sehr gut ein. Es entscheidet dabei weniger nach ökonomischen Prinzipien, sondern nach Werten.

Für die Balance wählt es neben durchaus aktiven Sportarten wie beispielsweise Tennis und Joggen auch kulturelle, soziale oder künstlerische Aktivitäten. Die Abwechslung zwischen Ruhe und geistiger Nahrung ist jedoch auch von großer Bedeutung.

Die Talente und Neigungen des Empfindungsnaturells sind:
- Empathie und das Verstehen von Menschen
- ausgeprägter Gerechtigkeitssinn
- ethisch-moralische Denkweise
- Sozialkompetenz
- visionäres Denken

Erfolgstipp: Wenn Sie mit einem Empfindungsnaturell verhandeln oder es überzeugen wollen, dann sollten Sie Folgendes beachten:

- eine angenehme Atmosphäre schaffen
- einfühlsame Kommunikation
- Wertesystem beachten
- Nutzen für die Allgemeinheit definieren
- über das Leben philosophieren

Typische Beispiele von Empfindungsnaturellen sind für mich Keanu Reeves (Hollywood-Schauspieler) und Immanuel Kant (Philosoph der Aufklärung).

Sie haben vermutlich Ihr eigenes Grundnaturell erkannt und wissen nun, welche Eigenschaften in Ihren genetischen Anlagen schlummern.

Unser Körperbau beeinflusst unser Leben, und aus den Naturellen des Menschen werden gerade in Verbindung mit dem Wissen aus dem Charakter- und Prägungscode konkrete Rückschlüsse gezogen, die den Menschen zuverlässig in der Ganzheit seiner Persönlichkeit erkennen lassen. Klingt gut, allerdings bedarf es hierzu einiger Übung:

Übung 1
Welches Bild ist welchem Naturell zuzuordnen?

Dies erscheint auf den ersten Blick recht einfach, da die Bilder die oben definierten Unterschiede klar nach den Naturellen einander gegenüberstellen.

Lösung: von links nach rechts: Ernährungsnaturell, Bewegungsnaturell, Empfindungsnaturell

Übung 2
Um welches Naturell handelt es sich in folgender Beschreibung?
Stellen Sie sich vor, Sie kommen zu einem Bewerbungsgespräch und hinter dem Schreibtisch sitzt ein mittelgroßer Mann mit leichtem Bauchansatz, der mit seiner ruhigen Art auf Sie zukommt.
Sie merken schon: Ohne konkrete Gegenüberstellung mit anderen Naturellen wird die Einschätzung etwas schwieriger.
Lösung: Ernährungsnaturell (leichter Bauchansatz, ruhige Art)

Übung 3
Wie gehen Sie mit dem Menschen aus der Übung 2 im Gespräch beziehungsweise in Verhandlungen um?
a. Sie warten ab, welche Fragen er Ihnen stellt.
b. Sie reden begeistert und abwechslungsreich.
c. Sie philosophieren mit ihm über seine Vorstellungen.

Hier geht es um die Umsetzung, wie Sie sich gegenüber einem von Ihnen identifizierten Naturell verhalten. Zur Hilfestellung nutzen Sie bei Bedarf noch einmal die Tabelle mit den Beschreibungen der Naturelle.
Lösung: a

Probieren Sie Ihr Wissen weiterhin an anonymen Personen aus: in einem Café, an Passanten in der Fußgängerzone oder in der U-Bahn.

Wie die Betrachtung ein Bild verändert
Sie werden feststellen, dass Sie durch die Analyse anfangen, die Menschen mit anderen Augen zu sehen, da Ihnen auf einmal typbedingte und charakterliche Neigungen gewahr werden. Sie kommen zu dem Schluss, dass die Empfindlichkeit, die Rücksichtslosigkeit oder auch die Bequemlichkeit dieser Menschen nicht einfach nur einer Laune entspringen, sondern durch den Charakter und das Naturell geprägt sind. Diese Erkenntnis führt nicht nur zu einem besseren Verständnis der Persönlichkeit des anderen. Es wird Ihnen die Möglichkeit eröffnet, je

nach Ihrem persönlichen Wollen mit diesem Wissen zu spielen, indem Sie auf die Bedürfnisse des anderen eingehen, um ein bestimmtes Ergebnis zu erzielen.

Entschlüsselung der Gesichtsmerkmale
Die Reise in die Persönlichkeit des Menschen geht noch weiter, denn es gibt insgesamt 330 Körpermerkmale, die Aufschluss über den Zusammenhang zwischen Naturell und Charakter geben. Gerade bei der Gesichtserkennung werden die charakteristischen Merkmale verwendet, um Personen zu identifizieren und charakterlich zu verifizieren.

Diese Erkenntnisse werden nicht nur in äußerst erfolgreichen US-Serien wie »The Mentalist« oder »Criminal Minds« in Verbindung mit Mimik und Körpersprache angewandt, um Lügner oder Straftäter zu entlarven und die Wahrheit herauszufinden. Sie werden auch in automatisierten Gesichtserkennungsverfahren der Strafverfolgungsbehörden zur Gefahrenabwehr und Ermittlung von Straftätern eingesetzt.

Keine Sorge, Sie müssen weder zum Kriminalisten werden, noch all diese Merkmale entschlüsseln. Sie sollen lediglich anhand des nachfolgenden Überblicks für die wichtigsten Merkmale sensibilisiert werden, damit Sie lernen, Ihre Wahrnehmung zu schärfen und Ihre Erkenntnisse zu erweitern, um eine gezielte Persönlichkeitsanalyse vorzunehmen.

Stark vereinfacht kann man sagen, dass das Gesicht einer gewissen physiognomischen Dreiteilung unterliegt.

Das Gesicht wird entsprechend den Lehren von Carl Huter von oben nach unten in die Bereiche Geist, Emotion und Handlung unterteilt.

Das obere Gesicht von der Stirn bis hin zur Nasenwurzel wird interpretativ den Bereichen Auffassung, Verstand, Urteilsvermögen, Ethik zugeordnet. Die

Stirn wird als stellvertretend für die Logik unseres gesamten Geistes und unseres Wertegefühls betrachtet.

Das Mittelgesicht, also die Nase von der Wurzel bis zum Mund und die Wangen repräsentieren ein zentrales Element, das Rückschlüsse auf die Seele, die Psyche und die generelle Gefühlslage sowie die Umsetzung der Emotionen gibt.

Das untere Gesicht beginnt beim Mund und endet bei der Kinnspitze. Dieser Bereich wird der Durchsetzung, der Verwirklichung und unserem aktiven Handeln zugeordnet.

Im Rahmen dieser Dreiteilung lassen insbesondere gewisse Gesichtsmerkmale auf bestimmte Fähigkeiten schließen. Wichtig ist, welcher Bereich des Gesichtes dominiert. Besteht zwischen den drei Gesichtspartien ein Gleichgewicht, haben wir das Gefühl von Harmonie, und wir gehen von einem ausgeglichenen Wesen aus. Allerderdings sind die Gesichtspartien selten harmonisch gestaltet, denn meistens dominiert eine Gesichtspartie. Hierbei gilt in der Psycho- und Physiognomik die Grundregel, dass je größer ein Sinnesorgan ausgeprägt ist, desto ausgeprägter auch die diesem Sinnesorgan zugeordneten Fähigkeiten sind.

Obergesicht: Stirn – Indizien für Ihr Denken

In der Stirn spiegelt sich das Potenzial unseres Denkvermögens. Aus ihr lesen wir unsere Auffassungsfähigkeit, Vorstellungskraft, praktisches Denken bis hin zu unserer Weisheit und unserem ethischen Denken ab.

Die Stirn ist analytisch hoch komplex. Es gibt Indizien, die auf Denkform und das Handeln hinweisen. Insoweit werden Sie anhand einer Kurzanalyse sehr schnell feststellen, wie Menschen Informationen aufnehmen und verarbeiten.

Indikatoren sind die kurze Stirn, die hohe Stirn, die fliehende Stirn.

Hinter einer hohen Stirn verbergen sich eine ethische Grundhaltung und das Streben nach Weisheit. Das Verhalten ist feinfühlig und empathisch, das Handeln ist geprägt von einem hohen Gerechtigkeitssinn. Die »Hochstirner« sind Menschen des Fair Play.

Bei der kurzen Stirn ist der logische, sachliche Bereich insbesondere im Hinblick auf die Auffassungsgabe stark ausgeprägt. Das Verhalten ist logisch und verbunden mit einer sachlichen Handlungsweise. Die »Kurzstirner« sind die Hardliner unter den Menschen.

Bei der fliehenden Stirn herrscht unkontrollierte Emotionalität, die zu unberechenbarem Verhalten sowohl im positiven als auch im weniger positiven Sinne führt. Die »Fliehstirner« sind handelnde Grenzgänger.

Mittelgesicht: Augen und Ohren – Indizien für unser Empfinden
Das Mittelgesicht ist der prägende Bestandteil unseres Gesichts, in dem sich die Sinnesorgane vereinen. Diese haben für sich gesehen eine eigene Aussagekraft, sind jedoch immer in der Gesamtschau zu sehen. Eine komplexe Gesamtschau ist aufgrund der Komplexität und der vielfältigen Kombinationen nur durch kontinuierliches Training möglich. Grundsätzlich ist es wichtig, dass Sie alle Merkmale kombinieren. Jede Eigenschaft kann durch ein weiteres Merkmal verstärkt oder abgeschwächt werden.

Es gibt ein paar Kriterien, auf die Sie achten sollten:

Ohren: Sind Sie ein guter Zuhörer?
Die Ohren sind ein vielfältiger Informationsträger. Das Ohr geht weit über seine anatomisch bedingte Zuhörereigenschaft hinaus. Von Bedeutung sind Größe, Sitz und Anlehnung des Ohres.

Je größer die Ohren sind, umso stärker ist die Bereitschaft und Fähigkeit des Zuhörens ausgeprägt. Gleichzeitig sind diejenigen mit auffallend großen Ohren durchsetzungsstarke und mutige Persönlichkeiten und haben eine starke Ausdauer.

Die kleinen Ohren sind zwar äußerst hübsch, doch beim Zuhören kommen sie schnell an ihre Grenzen. Menschen mit auffallend kleinen Ohren sind auch etwas zurückhaltender, leichter zu beeindrucken und vorsichtiger bei Entscheidungen.

Die mittelgroßen Ohren entscheiden selbst, ob sie zuhören wollen oder nicht. Als Faustregel für die Ermittlung der Größe der Ohren gilt:

Länge des Gesichts: Länge des Ohres = Größe des Ohres
(groß: bis 3; mittel: 4 bis 5; klein: ab 5)

Der Sitz des Ohres
Es ist zwischen mittig, tief und hoch sitzenden Ohren zu unterscheiden:

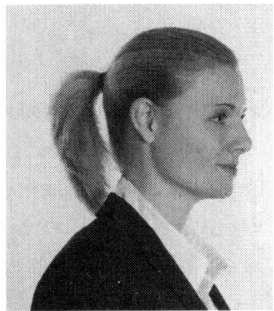  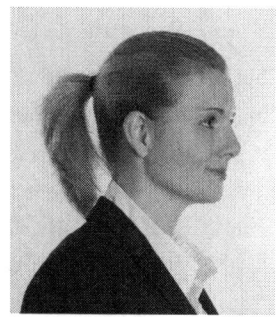

Das hoch sitzende Ohr trägt der Idealist. Er ist spontan und teilweise weniger ökonomisch veranlagt. Entscheidungen werden gerne aus dem Bauch heraus getroffen. Das motorische Geschick ist eher schwach ausgeprägt.

Der tiefohrige Mensch ist Materialist. Er ist realistischer und erkennt gut eigene geschäftliche Vorteile.

Der Mittelohrmensch ist in Balance. Er ist mutig, unternehmenslustig und sorgt mit seinem gefestigten Seelenleben dafür, dass es nicht zu Überreaktionen kommt.

Anlehnung des Ohres
Stark anliegende Ohren lassen darauf schließen, dass Konflikte vermieden werden und eine hohe Anpassungsfähigkeit vorliegt.

Die stark abstehenden Ohren zeugen von einem unbändigen Drang zur Veränderung und Erlebnishunger. Diese Menschen zeichnen sich durch ihre Direktheit aus.

Hinzu kommt, dass die Ohren einem unterschiedlichen Härtegrad unterliegen. Prinzipiell gilt, dass weichere Ohren eher von Nachgiebigkeit zeugen und härtere Ohren im Gegenzug von Härte und Konfrontationsbereitschaft.

Das linke Ohr steht für die Gefühlsenergie und das rechte Ohr für die Willensenergie. Testen Sie selbst, indem Sie zunächst Ihr linkes Ohr von der Außenseite abfühlen und anschließend diesen Vorgang an Ihrem rechten Ohr wiederholen. Sie werden feststellen, dass sich das rechte Ohr härter anfühlt. Steht das rechte Ohr mehr ab als das linke Ohr, sind der Wille und die Durchsetzungsfähigkeit stärker aktiviert und überragen die Gefühlsebene. Im umgekehrten Fall stehen die Emotionen im Vordergrund.

Die Nase und das Ziel

Die Nase ist das Aushängeschild unseres Gesichts und gleichzeitig das wohl am wenigsten gemochte Körpermerkmal. Statistisch gesehen werden die meisten nicht altersbedingten schönheitschirurgischen Eingriffe an der Nase vorgenommen. Schade, denn der uns angeborenen Nase gebührt vielfältige Wertschätzung. Die Nase steht für unseren Verwirklichungswillen. Sie lässt unsere Disziplin und Zielorientierung erkennen.

Es gibt unendlich viele Nasenkombinationen. Zur Vereinfachung werden im Folgenden vier grundsätzliche Typen dargestellt:

Bild 1: Menschen mit schmaleren Nasen sind häufig weniger belastbar als solche mit breiteren Nasen. Allerdings können Schmalnasen dies durch die Länge kompensieren. Denn eine lange Nase zeichnet sich durch sehr gute Ausdauer, Disziplin und Willenskraft aus. Dabei muss die schmale Langnase darauf achten, dass sie sich nicht überfordert. Der Verwirklichungswille dieses Nasentyps ist hoch, jedoch sollte er darauf achten, genügend Erholungsphasen einzulegen.

Bild 2: Klassischer Fall der Kurznase ist die Stupsnase. Diese Nasenträger sind durch Optimismus geprägt sowie durch Leichtfertigkeit und Sorglosigkeit. Manchmal werden die Stupsnasen von der Realität überrascht. Dieser Typ ist wenig diszipliniert und lässt sich gerne von seinen Zielen ablenken.

Bild 3: Der Nasenhöcker ist meistens bei den Schmalnasen vorzufinden. Er unterstreicht die dynamische Mentalität, den Willen und bildet den Impuls als Antrieb zur Tat. Der Nasenhöcker ist eine sichtbare Verstärkung der Zielorientierung.

Bild 4: Die Breitnase ist kraftvoll und dynamisch. Sie ist nervlich stark belastbar und kann eine Menge einstecken. Der Verwirklichungswille dieses Nasentyps ist nicht nur hoch, sondern von hoher Körperkraft geprägt.

Nehmen Sie den Spiegel in die Hand und schauen Sie sich Ihre Nase einmal ganz genau an. Sind Sie eine Lang-, Kurz-, Breit- oder Schmalnase? Eventuell haben Sie sogar einen Nasenhöcker.

Jetzt haben Sie schon ein weiteres Potenzial erkannt und können Ihre Erkenntnis gezielter einsetzen.

Die Augen: der Blick in die Seele
Die Augen eröffnen einen weitreichenden Blick in die Psyche des Gegenübers, Sie müssen nur hinschauen. In den Augen spiegelt sich die Energie, mit der wir gerade denken. Um Rückschlüsse aus den Augen zu ziehen, kommt es maßgeblich auf die Blickrichtung des Gegenübers an.

Es gibt zwölf verschiedene Blickrichtungen, von denen insbesondere drei typenbedingt von immenser Bedeutung sind. Die Blickrichtung lässt darauf schließen, ob Sie es mit einem visuellen, akustischen oder gefühlsbetonten (kinästhetischen) Menschen zu tun haben.

Übung: Stellen Sie sich Ihren letzten Urlaub vor. Welche Aussage passt hier am besten und wohin schauen Ihre Augen?
a. Es war ein wunderschöner Urlaub mit einem tollen Sandstrand.
b. Es war ein sehr erholsamer Urlaub.
c. Es war einfach nur toll. Ich konnte mich sehr gut erholen und habe mich wirklich gut gefühlt.

Auswertung:
a. Der visuelle Typ hat eine gute Vorstellungskraft, die ihm dabei hilft, Bilder und Beispiele in Sprache umzusetzen. Dieser Typus blickt im Gespräch gerne nach oben, er ruft sich dadurch die von ihm benötigten Bilder für die aktuelle Gesprächssituation ab. Er verwendet gerne Worte, die seine Vorstellungskraft aktivieren.
b. Der akustische Typ blickt tendenziell im Gespräch geradeaus auf den Gesprächspartner. Leichte Abweichungen nach rechts oder links sind möglich, damit die Konzentration aufrechterhalten werden kann. Seine bevorzugte Wortwahl ist tendenziell sachlich und kurz.

c. Der gefühlsbetonte Typ blickt eher nach unten, damit er seine Gefühle in Verbindung mit der Gesprächssituation aktivieren kann. Er neigt dazu, sehr gefühlsbetonte Formulierungen zu verwenden.

Für alle drei Typen gilt, dass der Blick unbewusst erfolgt. Der Rückgriff auf die Blickrichtung dient lediglich der eigenen Konzentration und Gefühlslage für das Gespräch. Wenn Sie mit dem jeweiligen Menschen kommunizieren, ist es gut, wenn Sie sich auf seinen Typ durch die entsprechende Wortwahl einstellen.

Der Mund: Sinnlichkeit und Leidensfähigkeit
Der Mund ist das Schmuckstück des Gesichts. Er kommuniziert weit über das verbale Sprachverständnis hinaus und erzählt uns von Selbstdarstellung und von Genussfreude oder Verzicht.

Am schönsten ist das Schmuckstück eines Gesichts, wenn es mit einem Lächeln belegt ist. Jeder Mensch lächelt unterschiedlich. Denn die Lippenformen sind zwar manchmal gleich stark ausgeprägt, häufig dominiert jedoch die Ober- oder die Unterlippe den Mund.

Gleich stark ausgeprägte Lippen signalisieren eine positive Grundhaltung, können Gefühle äußern, beherrschen und in Balance halten. Eine betonte Unterlippe deutet auf Kraftbewusstsein hin. Diese Lippen genießen gerne – in jeder Hinsicht. Die betonte Oberlippe legt Wert auf eine kultivierte Lebensart und nimmt mit allen Sinnen wahr. Diese Lippen reden gerne über alle interessanten Themen – auch über Persönliches.

Volle Lippen signalisieren Sinnlichkeit und Genussfreude. Schmale Lippen zeigen, dass ein Mensch bewusst verzichtet und sich bestimmte Freuden versagt. Diese Lippen äußern weniger Gefühle und haben ein geringes Bedürfnis nach Liebkosung.

Unteres Gesicht: Kinn – Indizien für das Handeln und die Zielorientierung
Das untere Gesicht zeigt, wie schnell ein Mensch handelt und wie gut er sich durchsetzen kann. Das Kinn dominiert das untere Gesicht. Am Kinn erkennt man, wie impulsiv oder zögerlich jemand ist. Die Grundformen des Kinns geben Aufschluss darüber, wie Entscheidungen getroffen werden.

Wenn Sie ein stark ausgeprägtes Kinn haben, sind Sie sehr zielorientiert. Sie können sich gut über die Gefühle anderer hinwegsetzen, um Ihre Ziele zu erreichen. Bei einem schwach ausgeprägten Unterkiefer oder Kinn üben Sie sich tendenziell in der Zurückhaltung und handeln weniger schnell.

Ein Mensch mit einem fliehenden Kinn geht Kompromisse ein und ist im Sinne der Gemeinschaft orientiert. Das vorstehende Kinn signalisiert Kampfgeist. Eine Person mit geraden Kinn entscheidet nach der jeweiligen Gefühlslage. Dies kann das Eingehen von Kompromissen ebenso wie die kompromisslose Durchsetzung von Zielen beinhalten.

Bei allen Kinnformen signalisiert die Kinnlänge die Risikobereitschaft. Je länger das Kinn, desto risikofreudiger. Ein kurzes Kinn neigt zu Schuldgefühlen. Die Breite des Kinns lässt darauf schließen, ob ein Mensch Unterstützung aktiv einfordert oder tendenziell zurückhaltend ist. Je breiter, umso fordernder ist der Mensch. An der Kinnspitze ist zu erkennen, wie Entscheidungen getroffen werden. Das Rundkinn trifft die Entscheidung im Interesse der Menschen, die es betrifft. Ein gerades Kinn fällt seine Entscheidungen danach, ob die Ideen ausreichend inspirativ sind. Die Orientierung des Spitzkinns ist Macht.

Fazit: Selbst wenn jedes einzelne Körpermerkmal für sich einer Deutung unterliegt, kann man aus einer solchen Einzelbetrachtung keine abschließende Aussage treffen.

Die Entschlüsselung eines Gesichts unterliegt der Deutung der Kombination der verschiedenen Merkmale. Es gibt unzählige Kombinationen und zahlreiche weitere Merkmale, die miteinander zu verbinden sind. Dieses Wissen kann man nur durch jahrelanges Training erlernen.

 Erfolgstipp: Wenn Sie die behandelten Gesichtsmerkmale verinnerlichen, werden Sie in kürzester Zeit erkennen, welcher Teil des Gesichts bei Ihrem Gesprächspartner dominiert. Diese Erkenntnis können Sie erfolgreich umsetzen, wenn Sie sie mit Ihrem erlernten Wissen über die Naturelle in Verbindung bringen. Eine effiziente Analyse erfolgt in drei Schritten:
1. Beurteilung des Naturells
2. Ermittlung des prägenden Gesichtsteils beziehungsweise Gesichtsmerkmals
3. Kombination der Informationen aus dem Naturell und den dominanten Gesichtsmerkmalen

Übung: Analysieren Sie den Menschen auf dem folgenden Foto nach den genannten Analyseschritten.

Lösung: Es handelt sich um ein klassisches Bewegungsnaturell, bei dem die Nase das Mittelgesicht dominiert. Sie zeichnet sich durch die Länge und den Nasenhöcker aus. Aus dem Bewegungsnaturell ergeben sich die Aktivität und der Drang zur Bewegung. In Kombination mit der Nase wird der Bewegungsdrang erheblich erhöht, mit der Folge, dass dieser Mann sehr schnell in seiner Auffassung und Umsetzung ist. Der Nasenhöcker lässt zudem den Rückschluss auf den starken Willen dieses Mannes zu, der auf Dritte rücksichtslos wirken kann.

Wie Sie sehen, ist die kombinierte Betrachtung von Naturell und Körpermerkmal ein guter Einstieg in die Analyse der Psycho- und Physiognomik eines Menschen. Sie sind jetzt in der Lage, typenbedingte Besonderheiten zu erkennen. Wie man diese Herausforderungen oder auch Spannungen löst, ist Gegenstand des Gesundheitscodes.

Fazit: Im Psycho- und Physiognomikcode haben Sie gelernt, wie Sie das Persönlichkeitsprofil eines Menschen noch vollkommener erfassen und ihn in seiner Individualität verstehen. Mit dem Wissen, was die äußeren Körpermerkmale über das Naturell und die Talente einer Person aussagen, eröffnen sich Ihnen ganz neue bahnbrechende Möglichkeiten.

Mit etwas praktischer Übung werden Sie dank der Kombination von Charakter-, Körpersprache-, Image- sowie Psycho- und Physiognomikcode schon bald Ihr Gegenüber erkennen und seine Codes knacken!

Die 7 Schlüssel zum Wirkungscode

1. Achten Sie auf einen positiven ersten Eindruck und überlegen Sie immer, wie Sie wirken wollen und welches Image Sie anstreben.
2. Beobachten Sie Ihr Gegenüber und achten Sie auf dessen Normalverhalten. Nur wenn Sie dieses kennen, haben Sie die Möglichkeit, aus seinen körpersprachlichen Aussagen zu lesen.
3. Überprüfen Sie, ob die körpersprachlichen Aussagen zum Naturell passen.
4. Lesen Sie noch einmal die Unterscheidungsmerkmale der drei Grundnaturelle und üben Sie das Erkennen aller drei in der Praxis! Verbinden Sie die einzelnen Merkmale, damit Sie eine ganzheitliche Aussage erhalten.
5. Ermitteln Sie das prägende Gesichtsteil bzw. Gesichtsmerkmal Ihres Gegenübers. Jede Eigenschaft kann durch ein weiteres Merkmal verstärkt oder abgeschwächt werden.
6. Trainieren Sie Ihre Wahrnehmung, so oft es geht. Erst ein geschultes Auge macht Sie sicherer. Reflektieren Sie Ihre Erkenntnisse täglich.
7. Achten Sie auf eine positive und glaubwürdige Ausstrahlung. Was haben Sie heute dafür getan, um Ihrem Image gerecht zu werden. Wie unterstreicht Ihre Körpersprache Ihren Charakter? Gut ist nicht, was wir gut machen, sondern was ankommt und uns authentisch macht.

Gesundheitscode

Der Gesundheitscode zeigt auf, wie bei anspruchsvollen beruflichen Tätigkeiten ein guter Gesundheitszustand gehalten werden kann. Denn kritische Lebenssituationen und andauernder Stress beeinflussen unseren geistigen, körperlichen und seelischen Gesundheitszustand negativ. Laut der WHO (Weltgesundheitsorganisation) hat es noch nie so viele depressive Menschen wie heute gegeben. Im Folgenden geht es nicht um medizinische Kenntnisse, sondern um die emotionalen und mentalen Auswirkungen einer fehlenden Balance.

Anhand von bewährten Techniken erhalten Sie eine Anleitung zur Stressbewältigung, Energiegewinnung und Balancefindung. Diese führt dazu, dass Sie Ihren Körper wieder aktivieren und mehr Gelassenheit erhalten. Hieraus resultiert eine Steigerung Ihres Wohlbefindens und der Leistung, deren Nebeneffekt auch für die betrieblichen Abläufe spürbar ist. Schwerpunktmäßig handelt dieser Code somit von der Rückgewinnung der eigenen Balance.

Was bedeutet ganzheitliche Gesundheit? Wie erhalten Sie unendliche Energie und Gesundheit? Stellen Sie sich vor, Sie spielen ein Stäbchenspiel. Sie sehen das Chaos der Stäbchen vor sich. Was fühlen Sie? Entscheiden Sie sich für eine Antwort:
1. Ich schaffe es sicher, die meisten Stäbchen zu bekommen!
2. Ich sehe das Chaos und fühle mich blockiert.
3. Ich bin viel zu nervös und gestresst.
4. Ich sehe keinen Sinn im Spiel.

Auflösung:
Entscheidung für Antwort 1): Sie sind ein Mensch, der durch seine positive Denkweise auch kritische Situationen lösungsorientiert angeht. Bleiben Sie auf diesem Weg. Gerade in Stresssituationen ist es entscheidend zu wissen, was Sie wollen. Fokussieren Sie Ihr Denken weiterhin auf Ihr Ziel und glauben Sie an sich.

Haben Sie sich für Antwort 2) oder 3) entschieden, dann sehen Sie tendenziell die weniger guten Dinge in Ihrem Leben. Durch diese Fokussierung ziehen Sie solche Aufgaben oder schwierige Situationen magisch an. Arbeiten Sie daran, sich bewusst auf die positiven Dinge zu konzentrieren. Notieren Sie täglich, was Sie gut gemacht haben und wie Sie sich dabei fühlten.

Wenn Sie Aussage 4) angekreuzt haben, dann sollten Sie dringend eine Übersicht über Ihre Aufgaben erstellen und im Anschluss Ihr Selbstbild und Ihre Einstellung reflektieren. Sie sind sehr engagiert und wollen, dass Ihr Umfeld mit Ihnen zufrieden ist. Durch dieses Gefühl, dass Sie eventuell Erwartungen nicht erfüllen können, setzen Sie sich massiv unter Stress.

Wir sind unserer Erbanlage nicht einfach ausgeliefert
»Das ist der größte Fehler bei der Behandlung von Krankheiten, dass es Ärzte für den Körper und Ärzte für die Seele gibt, wo beides doch nicht getrennt werden kann.« Diese Worte des griechischen Philosophen Platon stammen aus dem vierten vorchristlichen Jahrhundert und doch behalten sie ihre Aussagekraft bis heute. Was bereits in alten spirituellen und religiösen Systemen wie den indischen Veden, im Christentum und Buddhismus vermittelt wurde, und was in Gesundheitslehren wie dem Ayurveda, der Traditionellen Chinesischen Medizin (TCM), bei Heilern der Antike und den Schamanen in aller Welt als Grundvoraussetzung galt, wird inzwischen von den Wissenschaften belegt: die untrennbare Einheit von Körper, Geist und Seele. In diesem Körper-Seele-Geist-System stehen alle Ebenen in Wechselwirkungen, und das eine ist der Ausdruck des anderen. Jede emotionale Reaktion ist von körperlichen Vorgängen begleitet.

Die Grundlage für Symptome, Erkrankungen und Schmerzen wird oft schon sehr früh im Leben gelegt, manchmal schon im Mutterleib. Es ist nicht nur die genetische Veranlagung, die darüber entscheidet, welche Krankheiten wir bekommen oder nicht, sondern auch die Lebensgeschichte und wie diese erlebt wird.

Wie die Epigenetik zeigt, muss sich eine Erbanlage nicht zwingend realisieren, und wenn doch, kann dies wieder verändert werden. Die Epigenetik beschäftigt sich mit den äußeren Einflüssen, die – über eine chemische Änderung, die sogenannte Methylierung – bestimmen, welche Gene wann und wie häufig abgelesen werden. Eine genetisch bedingte Krankheit ist kein unentrinnbares Schicksal. Die Vorsilbe »epi« kommt aus dem Griechischen und bedeutet »danach«, »hinterher«, »zusätzlich«: Das heißt also, Erbinformationen können im Nachhinein an- oder abgeschaltet werden.

Wir sind, was wir denken
Unsere Vorstellungen von uns selbst und unseren Aufgaben wirken direkt auf unseren Gesundheitszustand. Dies wird anhand der Ganzheitlichkeit unseres Körpers deutlich. Ist Ihnen schon bewusst, dass fast alle Körperteile oder Organe aus drei Teilen bestehen, die dem Grundsatz von Körper, Seele und Geist entsprechen? Jeder Mensch hat einen Kopf, dieser stellt das Zentrum unseres Denkens dar und entspricht dem Geist. Der Rumpf ist dem seelischen Bereich zugeordnet (wie zum Beispiel das Herz), und die Gliedmaßen gehören auf die körperliche Ebene. Hier zeigen wir unsere Emotionen anhand unserer Körpersprache.

Das geistige Kraftzentrum ist der Kopf. Von hier bestimmen Sie bewusst oder auch unbewusst über Ihr Leben. Die Philosophie lehrt uns, dass »der Mensch ist, was er denkt« (Friedrich Hebbel). Es ist naheliegend, dass unser Denken dadurch auch ein wesentlicher Faktor für die Gesundheit ist. Sobald Sie negativ denken, schwächen Sie Ihren Körper und Ihr Immunsystem. Denken Sie nur an das Biowetter und an die damit verbundenen Kopfschmerzen. Sie bekommen diese, wenn Sie stark beeinflussbar sind. Besser ist es, diese Aussage zu ignorieren und sich zu sagen, dass es Ihnen von Minute zu Minute immer besser und besser geht.

Diese Art zu denken prägte der französische Apotheker und Psychologe Emil Coué. Ihm gelang es, die Heilkräfte der Menschen zu stärken, indem er sie bejahende Phrasen vorsagen ließ. Seine Lehre besagt, dass man durch die Macht der Autosuggestion unterbewusst anfängt, an solche Aussagen zu glauben und sie als wahr anzuerkennen. Denken Sie darüber nach, denn kein Plan und keine Handlung erfolgt ohne einen zuvor entstandenen Gedanken.

Überprüfen Sie Ihr Denken anhand Ihrer Wortwahl: Kennen Sie Aussagen wie die folgenden? Dann ersetzen Sie diese künftig:
- »Mir schlägt das auf meinen Magen.« – besser: »Mir geht es immer besser.«
- »Ich fühle mich nicht wohl.« – besser: »Ich fühle mich wohler.«
- »Ich bin stinksauer.« – »Ich bin gelassener.«
- »Mir kommt die Galle hoch.« – »Ich kann mit meinen Emotionen positiver umgehen.«

- »Mir ist eine Laus über die Leber gelaufen.« – »Ich reagiere beherrschter.«
- »Ich habe die Nase voll.« – »Ich kann wertschätzend und lösungsorientiert kommunizieren.«

Denken Sie daran, dass Ärger oft Gallensteine erzeugen kann, Verlustängste zu Nierenleiden führen können, Streit die Entzündungswerte im Blut ansteigen und Wunden langsamer heilen lässt. Außerdem führen finanzielle Sorgen häufig zu Lendenwirbelsäulenproblemen. Zwischenmenschliche Spannungen zeigen sich oft in Rückenschmerzen und häufigeren Knochenbrüchen. Stress verschlimmert Hautleiden und macht das Blut zähflüssiger.

Übung: Erstellen Sie eine Liste mit solchen Sätzen wie oben. Bedenken Sie, dass alle negativen Aussagen auf Ihre Gesundheit wirken. Durch das positive Formulieren aktivieren Sie Ihre Selbstheilungskräfte. Dies ist der erste Schritt.

I. Entschlüsseln Sie Ihren Gesundheitscode

Im Gesundheitscode entschlüsseln Sie, wie weit Ihr Denken, Ihr Körper-Seele-Geist, Ihr Schlafpensum, Ihr Rücken und Ihre Zähne ein momentanes Bild über Ihre Gesundheit und Energie ergeben. Machen Sie folgenden Selbsttest und entscheiden Sie sich spontan für eine Antwort:

Verstehbarkeit:
a. Sie verstehen die Wünsche und Bedürfnisse anderer!
b. Immer müssen Sie das Zeug anderer Leute erledigen!

Handhabbarkeit:
a. Sie schaffen das und nehmen sich eine kleine Auszeit!
b. Sie haben immer weniger Zeit!

Sinnhaftigkeit:
a. Für Sie hat alles im Leben einen Sinn!
b. In Ihren Augen ist die Welt ungerecht!

Auswertung: Wenn Sie überwiegend Antwort a) gewählt haben, dann haben Sie genügend Ressourcen, Ihr Leben zu meistern – auch in widrigen Situationen. Sollte Antwort b) bei Ihnen überwiegen, ist es wichtig für Sie zu überlegen, wie Sie Ihre Einstellung in eine positivere Richtung lenken.

Lernen Sie den Umgang mit Stress

Impulsgeschichte: Die Assistentin eines Geschäftsführers jammerte aufgrund der chaotischen Arbeitsweise ihres Chefs. Sie meinte, dass er daran schuld sei, dass sie ihre Aufgaben nicht erledigen könne. Als sie sich reflektierte, erkannte sie, dass ihr die Arbeit und die Zusammenarbeit mit diesem Vorgesetzten keinen Spaß macht (Sinnhaftigkeit), dass sie ihn nicht versteht und dadurch im Handeln beeinträchtigt wurde. Sie wechselte in einen anderen Bereich. Die Nachfolgerin fand die Aufgaben und die Kommunikation mit dem Geschäftsführer klasse, verrichtete die Tätigkeiten innerhalb der Hälfte der Zeit und nahm noch Zusatzaufgaben an.

Der eine oder andere würde sagen, das ist doch alles machbar. Jedoch ist jeder Mensch anders, und Sie erkennen an diesem Beispiel, welche Macht die Emotionen haben und wie schnell dadurch Stress entsteht.

Der ungarisch-kanadische Mediziner Hans Selye hat den Begriff des Stresses der Physik oder vielmehr der Werkstoffkunde entlehnt. Dort bedeutet er die unspezifische Reaktion des Körpers auf jegliche Anforderung (zum Beispiel Zug oder Druck). So bezeichnet Stress die Veränderung eines Materials durch äußere Krafteinwirkung, woraufhin Anspannung, Verzerrung und Verbiegung folgen.

Übertragen auf das uns bekannte psychologische Phänomen Stress, bedeutet das, dass Stress eine Reaktion auf Belastung und Anforderung ist. Er ist in erster Linie ganz natürlich und sogar förderlich, denn positiver Stress macht uns wachsam und eröffnet uns ganz neue Möglichkeiten: Das eigene Potenzial kommt in seiner Vollkommenheit zum Vorschein. Wenn negativer Stress (Distress) vorliegt, kann dieser dazu führen, dass ein Gefühl der maßlosen Überforderung einsetzt und im schlimmsten Fall der Weg hin zum Burnout geebnet wird.

So geben Sie Ihrem Leben eine positivere Richtung:
1. Überlegen Sie sich, wie Sie auf eine Gegebenheit reagieren. Was denken Sie, wie fühlen Sie und was sagen Sie?
2. Haben Sie den Eindruck, dass Sie Ihre Aufgaben bewältigen?
3. Sehen Sie in Ihren Aufgaben einen Sinn oder Nutzen? Wenn ja, welchen? Wenn nein, was sollte passieren, damit Sie einen Nutzen sehen?

Das Stressempfinden ist ein Maßstab für unsere Gesundheit
Langanhaltender Stress tut weder Körper, Seele noch Geist gut. Sowohl die Arbeit, die gesellschaftlichen Erwartungshaltungen, ungelöste Konflikte oder der Anspruch an uns selbst können Stress erzeugen. Das muss nicht sein. Die komplexen Wechselwirkungen zwischen Körper, Geist und Seele lassen sich gezielt nutzen. Denn durch neue Denk- und Verhaltensweisen können Sie Veränderungen im Gehirn hervorrufen, die ihrerseits auf den Körper einwirken. Unser emotionales Erleben verändert sich, und es fällt uns zunehmend leichter, Krisen zu verkraften. Denken Sie daran, häufig wirken Worte wie ein Medikament: entspannend und schmerzlindernd.

Analysieren Sie sich selbst: Wann geraten Sie in Stress? Wie und wodurch setzen Sie sich selbst unter Stress? Wie reagieren Sie unter Stress?

Was genau Stress für den Einzelnen bedeutet, ist bei jedem Menschen individuell verschieden. Dem Stress geht eine Stressquelle beziehungsweise Belastung voraus und wir reagieren entsprechend. Der Stressor wird innerlich bewertet und kann zu Stress führen oder auch nicht.

Testen Sie Ihr emotionales, physisches und mentales Stresslevel
Viele Menschen geraten deshalb unter Stress, weil sie sich Ziele gesetzt haben, die nicht ihrer eigenen Persönlichkeit oder ihren Wünschen entsprechen. Sie sind von ihrem Umfeld bei der Zielerreichung gesteuert. Dies führt zu Stress. Körper, Seele und Geist sind eine Einheit, und sobald diese Einheit unterbrochen wird, herrscht keine Balance mehr.

Testen Sie Ihr Stresslevel und beantworten Sie jede Frage mit »Ja« oder »Nein«.

Emotionales Stresslevel:
1. Fühlen Sie sich unter Zeit- oder Leistungsdruck?
2. Haben Sie Konzentrationsstörungen?
3. Haben Sie finanzielle Sorgen?
4. Trinken Sie täglich Alkohol?
5. Haben Sie häufig Streit innerhalb der Familie oder Partnerschaft?

Mentales/geistiges Stresslevel:
1. Gehen Sie nicht wertschätzend mit sich um?
2. Fühlen Sie sich vom Leben benachteiligt?
3. Verrichten Sie keine sinnvolle Arbeit?
4. Fühlen Sie sich von Ihrem Partner nicht verstanden?
5. Haben Sie einen Vorgesetzten, der Sie nicht motiviert?

Körperliches Stresslevel:
1. Sind Sie häufig müde?
2. Haben Sie häufig Herzrasen?
3. Können Sie häufig nicht ein- oder durchschlafen?
4. Haben Sie Verdauungsbeschwerden?
5. Treiben Sie nicht dreimal pro Woche Sport?

In dem Bereich, in dem Sie die meisten Fragen mit »Ja« beantwortet haben, erkennen Sie Ihren Handlungsbedarf. Eine Diagnose durch den Arzt kann dieser Test jedoch nicht ersetzen.

Überwiegend »Ja«-Antworten im Bereich emotionaler Stress: Für Sie ist es wichtig, sich Ihrer Emotionen bewusst zu sein. Hören Sie auf diese und hinterfragen Sie Ihre Gefühle. Reflektieren Sie eine Woche lang, welche Emotionen Sie wann haben. Welche Aufgabe, welches Umfeld, welcher Mensch erzeugt bei Ihnen eine positive und eine weniger positive Emotion? Sobald Ihnen Ihre Emotionen bewusst sind, haben Sie die Möglichkeit, gegenzusteuern und Ihren Stress dadurch zu reduzieren. Führen Sie ein Dankbarkeits- oder Glückstagebuch. Hiermit lenken Sie Ihre Aufmerksamkeit auf die positiven und schönen Dinge.

Überwiegend »Ja«-Antworten im Bereich mentaler/geistiger Stress: Auf Sie trifft das etwas abgewandelte Zitat »Stress beginnt im Kopf« zu. Für Sie es wichtig, dass Sie Ihre hohen Maßstäbe an sich überprüfen. Sehr häufig wollen Sie immer besser sein, schneller oder perfekter. Sobald Sie mit sich schimpfen, beginnt der Stress. Achten Sie darauf, dass Sie sich eine höhere Wertschätzung geben. Auch im Umgang mit anderen sollten Sie etwas fehlertoleranter sein. Setzen Sie sich ein Jahresmotto. Achten Sie täglich darauf, etwas für dieses getan zu haben. Beispiel Gelassenheit: Konnten Sie heute Dinge, die Sie nicht ändern konnten, so sein lassen, wie diese sind? Oder haben Sie noch lange darüber nachgegrübelt und gedacht, warum es so ist und weshalb es nicht zu ändern ist? Üben Sie sich in Gelassenheit den Situationen gegenüber, die einfach nicht zu ändern sind, und konzentrieren Sie sich auf die Aufgaben, die Sie verändern können.

Überwiegend »Ja!«-Antworten im Bereich körperlicher Stress: Sie haben einen guten Stressindikator, und das ist Ihr Körper. Sobald Sie unter Anspannung stehen, bekommen Sie sofort einen Spiegel vorgehalten in Form von Verspannungen, ansteigendem Blutdruck, Herzstechen oder auch von extremen Hautreizungen. Nutzen Sie diese Signale und steuern Sie frühzeitig in Richtung auf Ihren Entspannungskurs. Entspannung geschieht im Schlaf. Tun Sie etwas für Ihren Schlafrhythmus, indem Sie jeden Abend zur gleichen Uhrzeit schlafen gehen.

In welchem Bereich ist Ihr Stresslevel am höchsten? Beginnen Sie dort, wo der größte Handlungsbedarf herrscht. Sobald Sie hier auch nur eine Kleinigkeit verändern, werden Sie schon etwas mehr Gelassenheit und Balance erhalten. Ihr Einsatz lohnt sich!

Wie Sie mehr Balance in Ihr Leben bringen
Die Zeiten werden immer hektischer. Dadurch schwankt unser inneres Gleichgewicht. Aktuelle Stressstudien beweisen, dass jeder zweite Deutsche sein Leben als immer stressiger empfindet. Wenn Sie auch diesen Eindruck haben, dann wählen Sie eine der nachfolgenden Methoden aus, damit Sie wieder in Einklang kommen.

Ganzheitlich betrachtet ist das Fehlen von Gesundheit ein Zeichen dafür, dass unsere Seele nicht in der Mitte ist. Jeder, der nicht nach seinem ureigenen Lebensplan handelt, sondern sich fremdgesteuert fühlt, ist aus dem Gleichgewicht geraten. Das zeigt sich zuerst an psychischen Symptomen. Hören wir nicht darauf, dann reagiert unser Körper. Genauso ist es auch mit der Zu- und Abnahme von Gewicht oder der Erhaltung unserer Ausstrahlungskraft. Der Zustand unserer Seele spielt eine wichtige Rolle.

Erfolgstipp: Betrachten Sie Ihre Fotos der letzten fünf Jahre. Vergleichen Sie diese miteinander. Wenn Sie an Ausstrahlung und Freude gewonnen haben, dann sind Sie seelisch in Balance. Sollten Sie sich nicht nur altersbedingt verändert, sondern auch an Ausstrahlung verloren haben, dann ist es sehr wichtig, dass Sie sich Gedanken über Ihre Lebensziele machen.

Entdecken Sie die drei Kraftquellen der Gesundheit

In einer bahnbrechenden Studie an Mäusen über die Auswirkungen von nicht abgebautem Stress kommt Ray Gebauer zu folgendem Ergebnis: Wenn man Mäuse auf einen elektrisch geladenen Gitterrost setzt und ihnen leichte Stromstöße verabreicht, nehmen sie keinen Schaden, solange man ihnen genug Zeit gibt, um sich vom Stress der Stromstöße wieder zu erholen. Wenn die leichten Stromstöße jedoch zu häufig erfolgen, sind die Mäuse nicht mehr in der Lage, sich von diesem an sich unschädlichen Stress zu erholen und sterben innerhalb weniger Tage. Obwohl jeder Stromstoß für sich genommen unschädlich war, führte der Effekt häufiger Stressauslösung ohne genügend Erholungszeit dazu, dass der Körper aufgab.

Wenn Sie nicht genügend Erholungszeit zwischen den Stresserlebnissen haben, arbeitet Ihr Körper ineffizient, und Sie betreiben Raubbau an ihm. Sie werden unkonzentriert, langsam, machen mehr Fehler und Unfälle, sind anfälliger für Krankheiten und altern schneller. Machen Sie ein 3 x 7-Tage-Programm für Körper, Geist und Seele.

7-Tage-Experiment für Ihren Geist: Sag, was Du heute willst!

Ihre mentale Verfassung entscheidet über Ihre Balance. Damit Sie gelassener sind, sagen Sie sich: »Ich entscheide mich heute, glücklich zu sein!«

Selbstverständlich haben Sie die Möglichkeit, die Sätze nach diesem Prinzip noch weiter zu ergänzen. Wichtig ist, dass Ihre Ergänzungen positiv und motivierend sind. Sie haben jederzeit die Möglichkeit, Ihre Entscheidung für den nächsten Tag zu ändern. Sie werden sehen, dass dies sehr befreiend ist.

7-Tage-Experiment für den Körper: Sag, was Du heute isst!

Schreiben Sie sich auf, was Sie frühstücken und zum Mittag und zum Abend essen. Sollten Sie Zwischenmahlzeiten einnehmen, dann notieren Sie diese ebenfalls. Schreiben Sie auf, wie es Ihnen innerhalb der nächsten vier Stunden geht. Sie werden sehr schnell erkennen, welche Lebensmittel Ihnen und Ihrem Körper guttun.

Allgemein gilt: Obst und Gemüse sind gesund, weil sie einen hohen Gehalt an Vitamin- und Mineralstoffen haben und viele sekundäre Schutzstoffe enthalten. Außerdem sättigen sie gut.

7-Tage-Experiment für Ihre Seele: Erkenne, was du brauchst!

Schauen Sie aus dem Fenster. Suchen Sie sich eine Blume, ein Blatt oder einen Baum aus, welche Sie ganz aufmerksam drei Minuten lang genau beobachten. Atmen Sie nun tief ein und aus. Denken Sie beim Einatmen an Ihre Balance und lassen Sie beim Ausatmen alles Negative heraus. Bitte atmen Sie siebenmal tief ein und aus. Sie werden sehen, wie wohltuend bereits diese kurze Auszeit für Sie ist.

 Erfolgstipp: Bevor Sie mit Ihrem 3 x 7-Tage-Programm beginnen, machen Sie bitte ein Foto von sich. Jeweils nach 7 Tagen lassen Sie sich immer wieder fotografieren. Sie werden sehen, wie sich Ihre Ausstrahlung verändert hat.

II. Die Auswirkung Ihres Naturells auf Ihre Gesundheit

Die Kenntnis der Grundnaturelle (siehe Physiognomik) soll Ihnen helfen, Ihre Kräfte besser zu erkennen und Maßnahmen für die Steigerung Ihrer Gesundheit zu definieren. Nur wenn Sie in Einklang mit sich selbst sind, ist es möglich, auch Energie und Balance im Überfluss zu haben. Voraussetzung hierfür ist es, zu erkennen, welche Art von Ernährung, Bewegung, Aufgaben oder auch Regeneration für den jeweiligen Typ wichtig sind.

Testen Sie, was Ihr Naturell über Ihre Balance verrät. Antworten Sie spontan:

Woher holen Sie sich Ihre Energie?
a. Aus der Harmonie in Ihrem Umfeld.
b. Aus Ihrer aktiven und sportlichen Freizeitgestaltung.
c. Sie erhalten Energie, wenn Sie ein schönes Buch lesen.

Was sind Ihre Präferenzen bei der Ernährung?
a. Sie essen gerne und genießen die Gesellschaft.
b. Sie essen gerne schnell und würzig.
c. Sie legen keinen großen Wert auf das Essen, geistige Nahrung bevorzugen Sie.

Welche Art der Bewegung bevorzugen Sie?
a. Sie gehen gerne spazieren. Zu viel Bewegung finden Sie jedoch anstrengend.

b. Sie betätigen sich sehr gern sportlich und tun dies auch regelmäßig.
c. Sie genießen es, wenn Sie in der Natur meditieren.

Wenn Sie am häufigsten Antwort a) gewählt haben, sind Sie ein *Ernährungsnaturell.*
Ihr emotionaler Zustand ist sehr gut, wenn Sie sich Ruhe und Erholungsphasen gönnen. Sie nehmen sich die Zeit, die Sie brauchen. Ihre Energie schöpfen Sie aus einem guten Essen bei nur mäßiger körperlicher und geistiger Arbeit.

Ihr mentaler Gesundheitszustand ist, je nachdem, in welchem Umfeld Sie aufgewachsen sind, gut oder weniger gut. Reflektieren Sie Ihr Denken. Lernen Sie ‚Dinge, die Sie nicht ändern können, zu akzeptieren und machen Sie das Beste aus jeder Gegebenheit.

Ihre physische Gesundheit und Energie sind durch eine Maßlosigkeit, was das Essen angeht, belastet. Es kann sein, dass Sie Übergewicht haben oder zu Übergewicht neigen. Erstellen Sie einen Ernährungsplan und prüfen Sie, was Sie essen. Nutzen Sie professionelle Unterstützung, damit Sie lernen, welche Nahrungsmittel gut für Sie sind.

Sollten Sie meistens Antwort b) gewählt haben, sind Sie ein *Bewegungsnaturell.*
Der emotionale Zustand ist im Optimum, wenn Sie genügend Bewegung haben. Sobald Sie sich zu wenig bewegen, werden Sie gegenüber sich und anderen weniger berechenbar. Ihre Energie schöpfen Sie aus der Kommunikation und aus der Veränderung. Bewegen Sie sich täglich!

Ihr mentaler Gesundheitszustand ist – je nachdem, wie zufrieden Sie mit sich und Ihrem Beruf sind – gut. Sie haben die Kraft und die Energie, Pläne voranzutreiben und setzen Ihre Ziele energisch um. Achten Sie darauf, dass Sie sich nicht selbst überholen, indem Sie immer schneller und noch besser werden wollen. In Ihrem Denken sind Sie sehr schnell.

Ihre physische Gesundheit und Energie sind geprägt von einer starken Leistungsfähigkeit und Ausdauer. Sobald Sie jedoch unter Anspannung stehen und schnell essen, kann es sein, dass Sie zu Unverträglichkeiten neigen. Gerade unter Anspannung sollten Sie bewusst langsam essen. Kauen Sie jeden Bissen 20 Mal – Sie werden überrascht sein, wie anspruchsvoll diese Übung für Sie ist.

Falls Sie überwiegend Antwort c) gewählt haben, sind Sie ein *Empfindungsnaturell.*

Ihr emotionaler Zustand ist sehr geprägt von Ihrer Sensibilität. Sie spüren sofort, wenn es jemandem weniger gut geht und wollen ihn unterstützen. Lernen Sie sich etwas mehr abzugrenzen.

Ihr mentaler Zustand hängt von Ihren Prägungen ab. Wenn Sie in einem harmonischen Umfeld aufgewachsen sind, strahlen Sie diese Harmonie auch aus und fühlen sich gut. Sollten Sie in einem weniger harmonischen Umfeld gewesen sein, dann ist es wichtig, dass Sie sich im Verzeihen üben. Altlasten sollten Sie beseitigen. Schauen Sie nach vorne und konzentrieren Sie sich auf die positiven Dinge.

Wenn Sie eine gute Balance zwischen Emotionen und Bewegung finden, wird Ihr physischer Zustand gut sein. Achten Sie auf ausreichenden Schlaf, denn im Schlaf regenerieren Sie. Tägliche Meditation unterstützt Sie, damit Sie einen erholsamen Schlaf haben.

Wie Sie Ihr Naturell nutzen, um in Balance zu kommen!
Im Folgenden finden Sie Empfehlungen zur Ernährung, Bewegung und Entspannung für Ihr jeweiliges Naturell.

Ernährungsnaturell
Ernährung: Ihre Kost sollte reichhaltig und gleichzeitig leicht verdaulich sein. Ihrer Gemütlichkeit sollten Sie durch etwas mehr Bewegung entgegenwirken. Radikale Fastenkuren und Diäten bringen Ihnen wenig, können sogar Ihre Gesundheit schädigen. Vielmehr sollten Sie im Sommer Rohkost verzehren und tierisches Eiweiß meiden.
Bewegung: Als sportliche Betätigungen eignen sich für Sie besonders Spaziergänge und Schwimmen.
Entspannung: Sie können sich am besten mit Atemtechniken, Mudras, Meridian-Energie-Techniken, Yoga, Autogenem Training oder Tai-Chi vom Alltagsstress erholen.

Bewegungsnaturell
Ernährung: Sie haben eine starke Verdauungsleistung. Essen Sie viel Rohkost. Meiden Sie jedoch scharfe Gewürze, salzige, herbe oder fettige Speisen.
Bewegung: Für die Bewegung eignen sich für Sie Wettkampfsportarten wie etwa Karate, Golf oder Tennis und auch Extremsportarten oder Jogging.

Entspannung: Mit Atemtechniken, Mudras, Meridian-Energie-Technik, Yoga und Meditationen können Sie am besten entspannen.

Empfindungsnaturell
Ernährung: Ihre Verdauungsleistung ist vergleichsweise schwach. Deshalb sollten Sie Rohkost, Vollkornprodukte und kalte Nahrung meiden. Salzige, saure und süße Speisen tun Ihnen gut. Empfehlenswert sind auch wärmende Gewürze wie Koriander, Zimt, Pfeffer, Ingwer und Kurkuma. Seien Sie vorsichtig beim Fasten, besonders wenn Sie bereits schlank sind!
Bewegung: Die nötige Bewegung holen Sie sich bei entspannenden Spaziergängen. Meiden Sie Wettkampfsport. Wenn im Beruf viele Herausforderungen auf Sie zukommen, dann machen Sie Pilates und Dehnübungen und joggen Sie.
Entspannung: Entspannung finden Sie bei der Meditation, bei Atemtechniken, Mudras, Meridian-Energie-Technik und schöner Musik.

Hinweise für alle Typen
Bei Stress oder unter Anspannung kann es zu Lebensmittelunverträglichkeiten kommen. Nahrungsmittel, die Sie unter normalen Bedingungen sehr gut vertragen, können unter Stress Magen- oder Verdauungsbeschwerden hervorrufen. Für alle Naturelle gilt, dass sie es mit dem Fett, dem Zucker und dem Salz nicht übertreiben sollten.

Ich scanne dich und sage dir deinen Gesundheitszustand
Die Gesichtsdiagnostik stammt aus der Traditionellen Chinesischen Medizin. Ihre moderne Weiterentwicklung findet sie in der Psycho-Physiognomik nach Huter. Bei der Gesichtsdiagnostik fließt die Farbe der Gesichtshaut in die Attraktivitätsbewertung ein, denn sie spiegelt den allgemeinen Gesundheitszustand wider.

Belegt haben dies nun britische Forscher der Universitäten Bristol sowie St. Andrews in einer Studie. Laut der im Fachmagazin »International Journal of Primatology« vorgestellten Forschungsergebnisse steht eine gut durchblutete Gesichtshaut etwa für ein kräftiges Herz und eine gesunde Lunge. Anhand von kleinsten Veränderungen im Gesicht erkennt man Sie die Belastungen. Die Haut gibt Informationen über das Wohlgefühl eines Menschen. Jede Gesichtszone, die auffällig wird, sollte genauer betrachtet werden.

Woran Sie Ihre Gesundheit im Spiegel erkennen

Betrachten Sie sich selbst einmal ausgiebig und hören Sie in sich hinein. Es gibt viele Merkmale, die Ihnen Hinweise auf Ihren Gesundheitszustand geben. Folgende Beschwerden und Zustände lassen sich an Ihrem Körper ablesen:

Schlafstörungen	eingefallene Schläfen, zu wenig Energie, lange Regenerationszeit
Nervliche Anspannung	dunkle Augenhöhlen (teilweise auch erblich bedingt)
Magenbeschwerden	Nase im unteren Bereich wenig stark durchblutet
Verdauungsbeschwerden	Lippen sind leicht rissig oder auch unregelmäßig geformt, teilweise sehr helle oder sogar weiße Lippen
Überforderung	lange Nase und kleine Ohren oft bei Menschen, die sich mehr vornehmen, als sie schaffen können, teilweise Neigung dazu, eigene Grenzen nicht zu erkennen
Geringer Energiezustand	mattes und blasses Ohr, bei durchgängig blasser Haut zu wenige Regenerationsphasen
Guter Energiezustand	rosige Färbung der Haut zeigt eine optimale Lebensenergie an
Regenerationskraft	dünne Ohrläppchen, die Energie erschöpft sich bei solchen Menschen schneller und baut sich auch langsamer wieder auf; dicke Ohrläppchen regenerieren schneller

Hinweis: Diese Punkte dienen nur zu einer groben Orientierung. Hierbei gilt es zu beachten, dass die Kombinationen der Merkmale und das jeweilige Naturell berücksichtigt werden sollten. Denn je nach Naturell kann das eine oder andere Merkmal an Bedeutung zu- oder abnehmen. Deshalb ist immer eine ganzheitliche Betrachtung notwendig.

Entschlüsseln Sie das Geheimnis Ihres Schlaf-Wach-Rhythmus

Schlafen Sie durch oder gehören Sie zu den Menschen, die in der Nacht von Sonntag auf Montag nicht durchschlafen? Studien bestätigen, dass jeder Zweite über nächtliche Probleme klagt. Jeder Siebte hat schon einmal Schlaftabletten geschluckt. Die Auswirkungen von Schlafstörungen sind Gereiztheit, trübselige Stimmung und Konzentrationsschwäche. Testen Sie Ihren Schlaf-Typus:

- Haben Sie positive Gedanken, wenn Sie in Ihr Bett gehen?
- Hören Sie zwei Stunden vor dem Zubettgehen auf zu essen?

- Schlafen Sie durch?
- Fühlen Sie sich nach Ihrem Schlaf entspannt?

Wenn Sie mehr als eine Frage mit »Nein« beantwortet haben, leiden Sie wahrscheinlich unter Schlafproblemen. Prüfen Sie zunächst, wie viel Schlaf Sie überhaupt benötigen. Denn nicht die Schlafdauer entscheidet über eine erholsame Nacht, sondern das richtige Muster aus Tiefschlaf- und Traumphasen. Die meisten Erwachsenen benötigen dafür 6–8 Stunden. (Langschläfer 9 oder mehr, Kurzschläfer 5–6). Viele Menschen halten sich für schlafgestört, dabei wäre es ausreichend, früher oder später ins Bett zu gehen. Wenn Sie täglich um 22 Uhr ins Bett gehen und um 4 Uhr aufwachen, dann benötigen Sie aller Wahrscheinlichkeit nach nur 6 Stunden Schlaf. Sollte es Ihnen langweilig werden, dann nutzen Sie die Zeit, um etwas für sich zu tun.

Vom Schlafwandler zum Durchschläfer
Hier einige Tipps, wenn es mit dem Einschlafen nicht klappt:
Hören Sie schöne Musik. Musik entspannt, wenn sie dem Herzschlag ähnelt. Der Takt sollte gleichmäßig und langsam sein. Aus diesem Grund empfehlen Experten eine Taktfrequenz, die etwas unterhalb der Schlagfrequenz des menschlichen Herzens (etwa 70 Schläge) liegt. Das Herz versucht nämlich, sich dem Takt der Musik anzupassen.
Machen Sie leichten Sport wie Yoga oder Tai Chi. Probieren Sie aus, welche Sportart Ihnen gefällt und für welche Sie sich langfristig begeistern können.
Schreiben Sie alles auf, was Sie belastet, und erarbeiten Sie Lösungen.
Alkohol verstärkt den letzten Gedankenimpuls oder auch Stress. Deshalb: Trinken Sie nach einem anstrengenden Tag lieber ein Glas Wasser mit Zitrone oder einen Tee, bevor Sie zu Bett gehen.
Wenn Sie ins Bett gehen, stellt sich im Normalfall nach zirka 20 Minuten eine Müdigkeit ein. Ein regelmäßiger Gesundheitscheck gibt Ihnen zusätzlich Sicherheit. Ein jährlicher Arztbesuch erspart Ihnen so manche Sorge!

Zeig mir deine Zähne, und ich sage dir, wie du handelst
Kommen Ihnen die folgenden Aussagen bekannt vor? »Beiß die Zähne zusammen« ist ein Spruch, der oft an Personen gerichtet wird, die unter mentalem Druck stehen und mit besagtem Spruch – in einer etwas rauen Weise – motiviert

werden sollen. »Auf dem Zahnfleisch laufen« beschreibt die körperliche Erschöpfung einer Person. »Jemandem die Zähne zeigen« beschreibt die kämpferische Haltung einer Person.

Die Zähne haben einen großen Einfluss auf den Gesundheitszustand eines Menschen. Gleichzeitig zeigen sie, wie es um die Gesundheit von jemandem bestellt ist. Lesen Sie im Folgenden, wie Sie diese Merkmale erkennen und wie Sie Ihre Zähne vital und gesund halten.

Holen Sie sich einen Spiegel und schauen Sie Ihre Zähne ganz genau an:
1. Sind Ihre Zähne quadratisch oder eher rund?

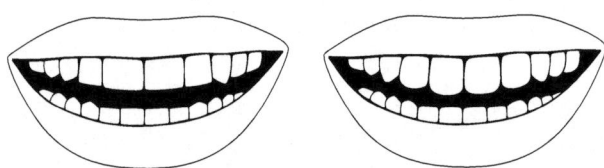

Quadratische Zähne weisen auf einen maskulinen Ansatz hin. Runde Zähne wirken femininer. Dies zeigt sich auch in Ihrem mentalen Fokus.

2. Erscheint von den mittleren oberen Schneidezähnen der linke oder der rechte größer?

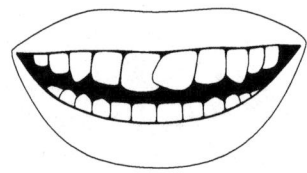

Die linke Körperseite (linker Schneidezahn) steht für die weibliche Seite, die rechte Seite (rechter Schneidezahn) für die männliche. Je nachdem, welcher Teil ausgeprägter ist, wirkt es sich auf den Umgang mit Ihren Emotionen aus. Wenn Ihr linker Schneidezahn stärker ausgeprägt ist, reagieren Sie emotionaler. Sollte der rechte Schneidezahn dominanter sein, dann kontrollieren Sie Ihre Emotionen und reagieren sachlich. Auch hier ist eine ganzheitliche Betrachtung des Charakters, des Naturells und der verschiedenen Körpermerkmale notwendig, um eine noch konkretere Bewertung zu machen.

3. Haben Sie Füllungen oder Kronen?
Jeder Zahn korrespondiert mit einem Organ. Je nachdem, welche Zähne behandelt wurden oder krank sind, kann dies eine Auswirkung auf Ihre körperliche Befindlichkeit haben.

Um Ihr Befinden nach den Zähnen zu beurteilen, bedarf es jedoch einer detaillierten und praxisnahen Analyse und einer Ausbildung. Anhand der Zähne lassen sich jedoch folgende Zusammenhänge erkennen:
- Fehlerhafte Zahnstellung: ungelöste Themen in der genetischen Reihe
- Einzelne, fehlerhafte Zähne: bestimmte Ungleichgewichte durch aktuelle, individuelle Lebensführung
- Knackendes oder gar schmerzendes Kiefergelenk: emotionale Belastung oder belastende Verhaltensmuster
- Allgemein »schlechte Zähne« zeigen ungelöste Themen von Generationen und lassen sich deshalb wohl kaum allein mit Zahnregulierungen, Fluoridieren, Reparieren, Versiegeln etc. lösen, wenn nicht die Ursachen bearbeitet werden.
- Nicht angelegte oder zu viel angelegte Zähne werden an die nachfolgende Generation weitergegeben.

Um anhand der Zahnstellung Schlüsse auf die Persönlichkeit eines Menschen ziehen zu können, braucht es viel Übung und Praxiserfahrung. Wenn Sie hier zum Profi werden wollen, dann studieren Sie Ihre eigenen Zähne und die Zähne der Menschen Ihres Umfeldes.

Der Zahnstellungscheck: Ihre Verantwortungsbereitschaft
Schauen Sie im Spiegel Ihre Schneidezähne an und beurteilen Sie diese. Ihre Schneidezähne zeigen Ihnen, wie Sie schon als Kind auf Ihre Eltern reagiert haben und auch heute noch handeln.

1. Kippen Ihre oberen seitlichen Schneidezähne über die mittleren Schneidezähne?

Bedeutung: Prägung durch sehr großes Verantwortungsgefühl
Reflexion: Überlegen Sie sich, aus welchen Bereichen Sie sich heraushalten können.
Übung: Lernen Sie, andere auch etwas tun zu lassen. Trauen Sie Ihrem Umfeld ruhig etwas mehr zu. Selbst wenn Sie denken oder wissen, dass Sie es schneller und besser machen, geben Sie Aufgaben ab. Starten Sie in einem Bereich, der nicht ganz so wichtig für Sie ist. Sie werden dadurch viel mehr Freiräume für die wirklich wichtigen Aufgaben gewinnen.

2. Erscheinen Ihre oberen seitlichen Schneidezähne schmaler oder wesentlich kleiner?

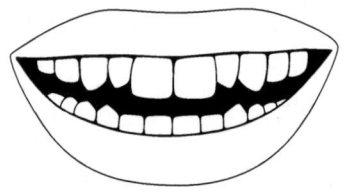

Bedeutung: Prägung durch autoritäre Eltern
Reflexion: Von wem fühlen Sie sich beeinflusst oder gesteuert?
Übung: Fordern Sie in den nächsten Wochen gezielter etwas ein, z. B. indem Sie Termine setzen, im privaten Bereich einen bestimmten Kinofilm ansehen wollen oder einfach mehr Zeit für sich möchten. Egal, was es ist, wichtig ist, dass Sie lernen, das, was Sie benötigen, auch einzufordern.

Ihr Rücken – Ihre Haltung zu sich und Ihrem Leben
Welche Lasten haben Sie zu tragen? Psychische Probleme wie Stress wirken sich häufig auf den physischen Zustand aus. Rückenschmerzen entstehen daher nicht nur aufgrund übermäßiger oder falscher körperlicher Belastung, sondern auch durch seelische Probleme. Oft betroffen sind Menschen, die unter mangelnder Anerkennung, schlechten Karriereaussichten oder geringem Mitspracherecht leiden. Auch Ängste und Depressionen sind mögliche Auslöser. Um Ihren Rücken zu stabilisieren, sollten Sie Ihren Körper und Geist gleichermaßen in den Heilungsprozess einbinden.

Unterdrückte Gefühle wie die sprichwörtliche »Angst im Nacken« können Auslöser von Schmerzen sein, für die der Arzt keine körperliche Ursache finden kann, selbst wenn er die Verspannung im Nacken ertasten kann.

Selbsttest: Antworten Sie ganz spontan. Welche der nachfolgenden Aussagen trifft auf Sie zu:
1. Sie machen sich Gedanken um Ihre Finanzen.
2. Sie wollen es allen recht machen.
3. Sie fühlen sich überfordert.
4. Sie können Dinge/Geschenke weniger gut annehmen.
5. Sie denken nicht immer sehr positiv über sich und sind sehr kritisch.
6. Sie müssen alles kontrollieren und sind sehr kopfgesteuert.

Auswertung: Der Rücken kann in verschiedene Bereiche eingeteilt werden, die jeweils unterschiedliche Themen ansprechen. Die Nummer der Antwort, die Sie ausgewählt haben, entscheidet, welcher Bereich für Sie relevant ist.

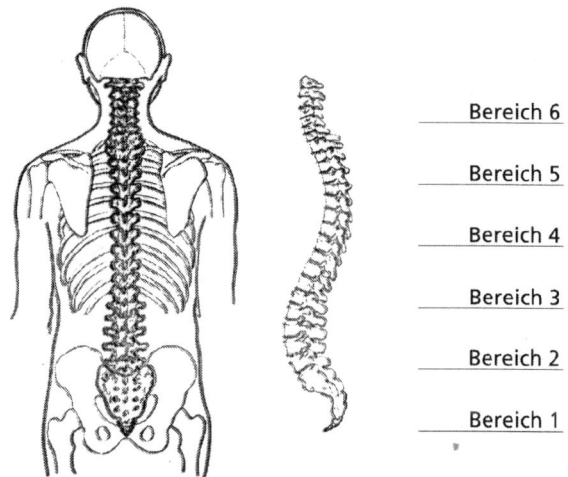

Bereich 1: Der erste Bereich hat mit existenziellen Themen wie Sicherheit, Lebensenergie und Vitalität zu tun.
Bereich 2: Dieser Bereich steht dafür, es allen recht machen zu wollen.
Bereich 3: Schmerzen in diesem Rückenbereich drücken ein Ohnmachtsgefühl und eine damit verbundene mangelnde Flexibilität im Verhalten aus.
Bereich 4: Dieser Bereich steht in enger Verbindung mit »Herzensangelegenheiten«. Ist dieser Bereich gekrümmt, ist dies ein Ausdruck einer emotionalen Schutzhaltung vor Verletzungen.
Bereich 5: In diesem Bereich sammeln sich oft negative psychische Emotionen wie Trauer, Resignation oder Minderwertigkeitsgefühle. Das »Kopfeinziehen« ist

Ausdruck von Angst oder Depression. Das Versteifen dagegen ist ein Signal für Halsstarrigkeit oder auch Hartnäckigkeit. Recken Sie den Kopf zu weit nach oben, kann dies arrogant wirken.

Bereich 6: Dieser Bereich steht für die Gesamtlast, die ein Mensch zu tragen hat. Je stärker die Verspannungen sind, umso mehr will der Mensch die sachliche Kontrolle über alle Situationen behalten. Er bildet den Übergang von Hals zu Kopf und bildet somit den letzten, obersten Teil des Rückens. Nur leichte Verschiebungen oder Fehlstellungen haben hier gravierende negative Folgen.

Zur erfolgreichen und nachhaltigen Behebung von Rückenproblemen ist eine ganzheitliche Betrachtung notwendig, die sowohl physische als psychische Ursachen beachtet.

Etwa 90 Prozent der Bevölkerung sind von einer seitlichen Abweichung von einer geraden Wirbelsäule betroffen. Auf körperlicher Ebene bedeutet dies eine Schwäche der inneren Muskeln des Rückens, Beckenschiefstand und häufige Fehlhaltungen am Arbeitsplatz. Mental zeigt sich hier ein (unbewusstes) Abweichen von der inneren natürlichen Mitte. Der Mensch »verbiegt« und »windet« sich. Auf emotionaler Ebene werden hier sowohl Perfektionismus und Direktheit als auch Sturheit und Empfindsamkeit angezeigt.

Was verrät Ihnen Ihr Rücken über Ihre Einstellung?
Stellen Sie sich vor, Sie erhalten von Ihrem Vorgesetzten eine neue Aufgabe. Hierzu müssen Sie Ihr bisheriges Team verlassen und werden einem neuen Team in leitender Funktion vorgesetzt. Wie reagieren Sie?
a. Sie freuen sich, dass Ihr Chef endlich erkannt hat, was in Ihnen steckt.
b. Sie wollen am liebsten wegrennen.
c. Wenn Ihr Chef Ihnen das zutraut, dann machen Sie es auch. Er muss es ja schließlich wissen.
d. Sie streben dieses Ziel schon lange an. Engagement macht sich also doch bezahlt!

Sie hören, dass Uli Hoeneß trotz des Steuerhinterziehungs-Skandals Präsident des FC Bayern bleiben soll.
a. Sie sagen sich: Leben und leben lassen! Jeder hat immer irgendwo eine Leiche im Keller liegen – er hat auch viel für den FC Bayern getan.
b. Sie finden dies unerhört.

c. Jeder macht in seinem Leben einen Fehler. Sie wollten ja auch nicht so hart bestraft werden, wenn Sie etwas Falsches tun.
d. Sie wissen, was Sie wollen und bekommen. Jeder Mensch kennt Ursache und Wirkung. Man muss sich den Konsequenzen seines Handelns einfach bewusst sein.

Auswertung: Ihre Denkhaltung und Einstellungen zu Menschen und Aussagen übertragen sich auf Ihren Rücken (siehe Mentalcode). Hier erkennen Sie die seelische Bedeutung dieser Einstellungen:

Wenn Sie a) am häufigsten angekreuzt haben, dann ist Ihre Haltung sehr flexibel. Sie hören sich andere Meinungen an und können auch gut diskutieren. Ihre Veränderungsbereitschaft ist groß. Sie können Hilfe annehmen und auch nachgeben. Wenn Sie den Eindruck haben, dass Ihre Körperhaltung sehr linkslastig ist, dann kann es sein, dass Sie Ihre Gefühle teilweise unterdrücken und eventuell auch von Ihren Zielen abweichen. Sollte Ihre Haltung sehr rechtslastig sein, dann kann es sein, dass Sie bei sachlichen Argumenten Ihre eigenen Themen hintenanstellen oder gar vergessen (siehe Intuitionscode).

Wenn Antwortmöglichkeit b) bei Ihnen überwogen hat, sind Sie ein Mensch, der tendenziell starr auf seine Meinung pocht. Andere Meinungen oder auch neue Kollegen zu akzeptieren, stellt für Sie teilweise eine Herausforderung dar. Machen Sie viele Rückenübungen. Dehnen und strecken Sie sich und wechseln Sie bei all Ihren Übungen immer ab.

Sollte Antwortmöglichkeit c) bei Ihnen dominieren, sind Sie ein Mensch, der sich sehr gut anpasst. Egal, was kommt, irgendeinen Sinn hat alles. Es ist wichtig, dass Sie sich Ihren Standpunkt erarbeiten. Achten Sie auf Ihren Rücken. Oft fühlt sich Ihr unterer Rückenbereich wie »abgebrochen« an.

Sollten Sie meistens Antwortmöglichkeit d) gewählt haben, sind Sie klar und deutlich bezüglich dessen, was Sie haben wollen. Sie sagen, was Sie denken, haben teilweise viele Ziele und verfolgen diese mit dem nötigen Fleiß und der erforderlichen Ausdauer. Überlegen Sie sich gut, welche Ziele für Sie momentan wichtig sind und halten Sie Pausen ein. Sie können Ihre Last besser ertragen, wenn diese nicht auf einmal geschultert werden muss.

Fazit: Sie kennen jetzt das Geheimnis von Körper-Seele-Geist für Ihre Gesundheit. Sie wissen, dass gedachte oder auch gesprochene Worte eine unglaubliche

Wirkung auf die Selbstheilungskräfte haben. Sie haben einen Überblick erhalten und können jetzt in die Ursachenforschung gehen. Welcher Bereich ist für Sie am wichtigsten. Setzen Sie hier Ihre Priorität und beginnen Sie sofort mit einer Maßnahme. Entscheidend ist nicht, womit Sie beginnen, sondern dass Sie beginnen!

Auch wenn wir das letzte Geheimnis der Heilung nicht lüften können, gibt es doch vieles, was Sie dafür tun können, um Heilung herbeizuführen oder gesund zu bleiben. Fragen Sie sich, an welchem Punkt Sie stehen. Ist es die Ernährung, die einer Umstellung bedarf? Geht es darum, Altes aufzuarbeiten? Ebenso können Sie bei Ihrem Schlaf ansetzen und etwas dafür tun, ihn zu verbessern.

Vor allem braucht Gesundwerdung Zeit und Zuwendung zu sich selbst und dem Körperbereich, der erkrankt ist. Da »Krankheit den Menschen nicht wie ein Blitz aus heiterem Himmel überfällt, sondern die Folge fortgesetzter Fehler wider die Natur ist« (Hippokrates von Kos), ist Gesundwerden meist auch kein Prozess, der sich in wenigen Tagen oder Wochen vollzieht.

Die 7 Schlüssel zum Gesundheitscode

1. Erkennen Sie die Ursachen mentaler, emotionaler und körperlicher Blockaden und streben Sie den Einklang von Körper, Seele und Geist an.
2. Konzentrieren Sie sich auf Ihre Vitalität und definieren Sie ein Gesundheitsziel pro Woche.
3. Starten Sie jeden Tag mit Bewegung. Erkennen Sie Ihren Leistungszustand und steigern Sie diesen kontinuierlich entsprechend Ihrer körperlichen Konstitution.
4. Generieren Sie Ihre Energie aus einem hochwertigen und gesunden Essen oder einem inspirierenden Gespräch. Essen Sie viel Obst und Gemüse. Schlafen Sie ausreichend.
5. Nehmen Sie Ihre Emotionen bewusst wahr. Aktivieren Sie Ihre Selbstwahrnehmung.
6. Reflektieren Sie, welche Lebensbereiche oder Menschen Ihnen Energie geben oder Energie nehmen.
7. Pflegen Sie Ihren Freundeskreis – rufen Sie täglich mindestens eine Person an, mit der Sie befreundet sind.

Intuitionscode

Kennen Sie die Situation? Sie wissen nicht, wie Sie sich entscheiden sollen. Beispielsweise haben Sie auf zwei Bewerbungen eine Zusage erhalten. Eine stammt von einem Konzern, die andere von einem mittelständischen Unternehmen. Beide Jobs sind in der engeren Auswahl und es fällt Ihnen unendlich schwer, sich für einen der beiden zu entscheiden. Entscheiden Sie per Münzwurf!

Holen Sie sich eine Münze. Sie legen fest: Kopf steht für den Konzern, Zahl für das mittelständische Unternehmen. Werfen Sie dann die Münze hoch in die Luft. Wenn Sie – während die Münze in der Luft ist – hoffen, dass sie beispielsweise Kopf zeigt, haben Sie bereits Ihre Entscheidung.

Sie haben sich also schon unbewusst für eine Option entschieden. Sie brauchen somit nicht abzuwarten, bis die Münze gefallen ist. Fangen Sie diese auf und legen Sie sie zurück in die Brieftasche, ohne zu prüfen, was sie tatsächlich gezeigt hätte.

Denn oft hat man sich bereits im Unterbewusstsein für eine Option entschieden, doch man »weiß« es noch nicht. Mit dieser Münzwurf-Methode holen Sie die getroffene Entscheidung vom Unterbewusstsein in das Bewusstsein.

Wenn Sie jedoch während des Münzwurfs weder zum einen noch zum anderen Job tendieren, lassen Sie die Münze fallen. Nehmen wir an, die Münze zeigt Kopf, Ihre Entscheidung trifft auf den Konzern. Wenn Sie mit der Entscheidung einverstanden sind, gut so! Wenn nicht – entscheiden Sie sich für das mittelständische Unternehmen.

Bei dieser Methode geht es also nicht darum, dass Sie die Münze bzw. den Zufall entscheiden lassen, sondern dass Ihnen Ihre – bereits im Unterbewusstsein getroffene – Entscheidung klar wird.

Ich weiß, diese Methode ist etwas unkonventionell, jedoch gerade deshalb, sehr gut geeignet. Sofern Sie diese Methode schon mit einem Schmunzeln angewendet haben, sagt dies schon einiges über Ihren Intuitionstyp aus. Sehen Sie selbst und erkennen Sie Ihr Intuitionsprofil.

Selbsttest: Genau wie eine Münze hat auch Ihr Gesicht zwei Seiten. Kopf steht für die linke emotionale Seite. Zahl entspricht der rechten sachlichen Seite. Nehmen Sie ein aktuelles Foto und einen Spiegel. Den Spiegel halten Sie in die Mitte des Gesichts und spiegeln jeweils die eine und die andere Seite.

Welche der ausgespiegelten Seiten ist breiter und damit auch belastbarer? Wo geht der Mundwinkel nach oben, wo nach unten?

Die Traditionelle Chinesische Medizin lehrt uns die Polaritätsbeziehung Yin und Yang. Sie ist damit die einzige Wissenschaft, die die energetische Bi-Polarität des Menschen erkennt: Die linke Körperhälfte ist laut dieser die Manifestation der weiblichen Tugenden, die rechte jene der männlichen Tugenden.

Was bedeutet das nun für uns? Unsere rechte Körperhälfte und linke Gehirnhälfte (Hemisphäre) repräsentieren unsere männliche Seite. Die linke Körperhälfte und die rechte Hemisphäre repräsentieren die weibliche Seite.

Sie brauchen sich nicht zu wundern, wenn Sie große Unterschiede wahrnehmen. Das ist bei jedem Menschen der Fall. Wenn Ihre linke Gesichtshälfte gespiegelt breiter ist als die gespiegelte rechte Seite, zeigt das, dass Sie bereits sehr intuitiv Entscheidungen treffen. Denn diese Seite steht für die emotionale/weibliche Seite.

Sollte diese Seite markant schmaler sein, dann bedeutet dies, dass Sie sehr darauf fokussiert sind, Ihre Entscheidungen rational zu untermauern. Das heißt, Sie halten den Münzwurf für weniger geeignet und erstellen sich lieber eine Liste mit Argumenten, die für und gegen die beiden Stellenangebote sprechen. Hier ist der Fokus auf Rationalität gesetzt. Doch nicht alle Entscheidungen werden rein rational getroffen.

Übung:
- Welche Seite ist bei dem Mann auf Bild a (siehe nächste Seite) stärker ausgeprägt?
- Was bedeutet dies für seine Entscheidungen?
- Denken Sie, dass er sich auf seinen Bauch verlässt oder sehr rational ist?
- Nachdem Sie die Fragen beantwortet haben, schauen Sie bitte die Spiegelungen auf den Bildern b und c an!

a b c

a. Normales Aussehen
b. Die linke Gesichtshälfte gespiegelt
c. Die rechte Gesichtshälfte gespiegelt

Lösung: Die linke Seite ist bei diesem Mann stärker ausgeprägt. Das bedeutet, dass er Entscheidungen emotional untermauert und sich auf sein Bauchgefühl verlässt und ein sehr gutes Gespür hat.

Auch wenn bei Ihnen die rechte Seite ausgeprägter ist, können Sie Ihre Intuition aktivieren.

Beispiel: Beim Formel-1-Rennen des Grand Prix von Monaco im Jahre 1950 kam der Formel-1-Rennfahrer Juan Manuel Fangio in der zweiten Runde aus einem Tunnel und bremste dann auf der vor ihm liegenden Geraden sein Fahrzeug merklich ab, anstatt Vollgas zu geben. Dieser vermeintliche Fahrfehler erwies sich als großes Glück für Fangio, denn als er in die nächste Kurve einbog, sah er unmittelbar vor sich ein kapitales Unfallgeschehen. Wegen seiner geringen Geschwindigkeit konnte er der Unfallstelle ausweichen, was nachfolgenden Fahrern nicht gelang. Fangio gewann dieses Rennen mit klarem Vorsprung. Fangio selbst konnte später sein Bremsverhalten nicht erklären.

Der US-amerikanische Arzt und Psychiater Eric Berne definierte Intuition in den 1980er-Jahren folgendermaßen: »Eine Intuition ist Wissen, das auf Erfahrung beruht und durch direkten Kontakt mit dem Wahrgenommenen erworben wird, ohne dass der intuitiv Wahrnehmende sich oder anderen genau erklären kann, wie er zu der Schlussfolgerung gekommen ist.«

I. Intuition als Wegweiser für Entscheidungen

Der Schlüssel für ein Verhalten wie beim Rennfahrer Juan Manuel Fangio liegt in der Intuition. Das Wort Intuition stammt aus dem Lateinischen und bedeutet so viel wie »betrachten«, »erwägen« oder »angeschaut werden«. Die Intuition wird auch als passiver Sinn in Form von einer Eingebung erfasst. Es ist ein gefühltes Wissen, das auf Erfahrungen und Wahrnehmung beruht, ohne dass der Verstand involviert ist. Intuitive Entscheidungen sind aus diesem Grunde auch kaum begründbar, denn wir können nicht genau erklären, wie es zu einer Schlussfolgerung gekommen ist. Eine genaue oder wissenschaftlich fundierte Definition des Geheimnisses Intuition gibt es daher nicht, jedoch viele Ansätze: Unabhängig davon, ob wir Intuition als Eingebung, siebten Sinn oder einfach nur als Bauchgefühl empfinden, sie ist ein Teil kreativer menschlicher Entwicklung in Kombination mit unserer Urkraft. Häufig werden allerdings nur die positiven Wirkungen einer solch mentalen Entscheidung der Intuition zugeordnet.

Die Analyse des eingangs geschilderten Rennens ergab folgende mögliche Erklärung: Normalerweise sind die Augen der Zuschauer in diesem Streckenabschnitt auf die lange Gerade gerichtet. Wegen der Kollision blickten die Zuschauer auf das für sie einsehbare Unfallgeschehen. Der Rennfahrer blickte daher nach dem Tunnel nicht auf die hellen Gesichter der Zuschauer, sondern auf die zum Unfall abgewandten Hinterköpfe. Das Unterbewusstsein des Fahrers registrierte wahrscheinlich diese winzige Veränderung, erkannte sie als Abweichung eines bekannten Musters und interpretierte sie als Gefahrensignal. Intuitiv hat er das Richtige getan und gebremst, denn innerhalb von weniger als 100 Millisekunden kann unser Gehirn solche Schlüsse ziehen und die Intuition entsprechende Maßnahmen anordnen. Wir müssen nur auf sie hören.

Wie gut ist Ihre Intuition?

Intuition hat jeder, allerdings muss man sie zulassen. Der Verstand ist der natürliche Todfeind der Intuition, dicht gefolgt von Über- bzw. Unteremotionalität. Die Intuition ist wie ein kleiner »Schläfer«, der sich nicht rührt oder verzerrt wird, wenn er unterdrückt wird.

Impulsgeschichte: Ein Profigolfspieler aus Indien hat sich das Golfspielen selbst beigebracht. Als mittelloses Kind hat er die Golfspieler auf dem nahe gelegenen Platz beobachtet. Da er weder Geld für Ausrüstung, Training oder Golfbälle hatte, ist er jede Nacht aufgestanden und hat in der Dunkelheit nach den Bällen gesucht. Er fand Bälle und liegen gebliebene Schläger und trainierte in der Nacht heimlich auf dem Platz, ahmte nach, was er am Tage bei den Spielern beobachtet hatte. Er spielte im Dunkeln und puttete mit geschlossenen Augen. Der heutige Profi hat sich rein auf seine Instinkte verlassen und trainiert heute Menschen darin, auf ihre Intuition zu hören.

Selbsttest: Ein neuer Mitarbeiter soll von Ihnen eingestellt werden.
a. Nach den Unterlagen ist der Bewerber kompetent und teamorientiert. Im persönlichen Gespräch ist er höflich und zuvorkommend. Doch irgendetwas stört Sie erheblich bei dem Bewerber. Sie hören auf Ihren Bauch und entscheiden sich gegen ihn.
b. Sie entscheiden nach Aktenlage und nach dem persönlichen höflichen Auftreten, denn der Bewerber ist äußerst qualifiziert.

Auswertung: Die Entscheidung a) wäre intuitiv und die Entscheidung b) äußerst rational. Hier bietet es sich an, auf die Intuition zu hören und weitere Fragen zu stellen, die das Bauchgefühl der Intuition entweder untermauern oder eliminieren.
Vergegenwärtigen Sie sich, dass es viele große und kleine Momente in unserem Leben gibt, die intuitiv beherrscht sind oder aus der Vernachlässigung der Intuition resultieren. Es geht hier nicht nur um »die Frau, die nicht in das Flugzeug stieg, das später abstürzte«, sondern auch um schwarze Wäsche mit weißen Fusseln, die wir trotz innerlicher Aufforderung nicht nach verbliebenen Taschentüchern durchgeschaut haben, oder um den »Fahr langsamer!«-Impuls kurz vor der Radarkontrolle. Es ist insoweit wichtig, dass wir Intuition zulassen.

Intuitionsblockaden

Wenn Sie nun denken sollten: »Die Sache mit der Intuition ist doch ganz einfach!« und womöglich noch: »Das mache ich doch schon so!«, liegen Sie fast zu 98 Prozent nicht richtig.
Auf den Menschen prasseln pro Sekunde Millionen von Sinneseindrücken ein, von denen das Bewusstsein nur einen Bruchteil rational verarbeiten kann. Die meisten Eindrücke und Informationen landen in unserem Unterbewusstsein und bilden unser emotionales Gedächtnis. Insoweit unterfüttert uns unser Ge-

hirn ununterbrochen mit Beweggründen für unser eigenes Handeln. Wir handeln emotional und nicht intuitiv.

Zudem ist Intuition höchst sensibel und wird häufig von Verstand, Verhaltensmustern, erziehungsgemäßen Gewohnheiten oder Erfahrungen überlagert.

Gerade durch diese gleichzeitigen Einflüsse von Emotion, Verstand und Erfahrung sind wir immer leichter manipulierbar. Denken Sie nur an die Entscheidungsbeeinflussung, der wir jeden Tag durch Werbung unterliegen. Wir greifen nicht intuitiv zu der Creme X oder dem Rasierwasser Y. Wir sind darauf programmiert worden, dass die Creme X unsere Falten mindert und erwarten auf der emotionalen Seite, dass wir dadurch schöner werden oder das Rasierwasser uns attraktiver wirken lässt.

Insofern kommt es zu gefährlichen Verwechslungen, da insbesondere der Verstand unsere Intuition blockiert und gleichzeitig suggeriert, dass wir eine innerlich bestimmte Gefühlsentscheidung treffen.

Sehen Sie bitte den beliebtesten Intuitionsblockaden offen ins Auge:

- **Denk- und Erziehungsblockade**
  Wie oft haben Sie schon diese Floskeln gehört: »Denke, bevor du redest!«, »Denke, bevor Du etwas tust!« oder »Der kluge Mensch denkt über jeden Gedanken nach!«. Wir sind von Kindheit an in verschiedenste Systeme integriert, sei es in Familie, Kindergarten, Schule, Ausbildung, Studium oder Berufsalltag, in denen wir uns den jeweiligen Spielregeln unterwerfen müssen. Diese Integration hat ihre Spuren hinterlassen und unser Denken trainiert. Unsere Lebensweise und unsere Anpassung haben zur Überpräsenz unseres Verstandes geführt, weil wir glauben, nur durch Logik unser Leben gestalten zu können und dass Fakten die besseren Argumente sind als Emotionen.

- **Erfahrungsblockade**
  Denken Sie nur an eines Ihrer Lieblingsparfüme oder an ein Parfüm eines ehemaligen Partners. Der Geruch des Parfüms des ehemaligen Partners an einer anderen Person weckt in uns Emotionen, die uns zur Vorsicht mahnen oder uns ein »Go!« signalisieren. Wir reagieren in diesen Fällen häufig auf die emotionale Assoziation unserer Erfahrungen und glauben, intuitiv zu handeln, was jedoch nicht der Fall ist. Erfahrungssätze sind klassische Intuitionskiller. Gerade sehr negative oder auch sehr positive Erfahrungen rufen bei uns

Empfindungsmuster hervor. Einstellungen und Stimmungen gegenüber Personen werden dabei leicht durch Erfahrungen manipuliert.

- **Vorurteile**
Denken Sie, dass ein Mensch, der Sie anlächelt, Ihnen gerne weiterhilft? Oder dass ein Mann, der einen Anzug trägt, weniger praktisch begabt ist als einer in Jeans? Höchst interessant sind unsere Vorurteile. Der gut gekleidete und gestylte Herr bekommt im 5-Sterne-Restaurant sicherlich einen Tisch, während der Herr im schlampigen Outfit wegen angeblich bestehender Reservierungen abgewiesen wird. Selbiges gilt für die Avancen, die der sexy Dame an der Bar angetragen werden, im Gegensatz zu der neben ihr stehenden Frau im schlichten grauen Hosenanzug. Kleider machen nun einmal Leute. Dieses Verhalten ist auf unzählige Einzelfälle übertragbar. In diesen Situationen wird vom Äußeren auf das Innere geschlossen, was mit Intuition gar nichts zu tun hat.

- **Frustblockade**
Wie war das Wochenende? Es gibt Menschen, die reagieren auf diese Frage wenig erfreut. Bei diesen ist Frustration ein häufiger Wegbegleiter. Es klappt nicht mit der Karriere, dem Chef, oder es geht mit den Mitarbeitern nicht vorwärts, die Partnerschaft läuft gerade nicht gut, oder das Single-Dasein macht auf die Dauer auch keinen Spaß. Je unzufriedener oder trauriger ein Mensch über gewisse Umstände in seinem Leben ist, desto mehr kreisen die Gedanken um die jeweilige Situation. Innere Schwingungen sind dann nicht mehr wahrzunehmen.

- **Stressblockade**
Haben Sie auch keine Zeit? Dann sind Sie absolut im Trend. Ein äußerst beliebter Intuitionskiller ist Überforderung, denn je mehr ein Mensch unter Stress steht, desto mehr ist sein gesamtes Fühlen, Denken und Handeln darauf gerichtet, allen Erfordernissen gerecht zu werden und alles zu schaffen. Es wird nur noch nach Zuständigkeiten gehandelt und dadurch die Intuition automatisch völlig ausgeblendet.

- **Angstblockade**
Gehören Sie zu den Menschen, die mehr Angst davor haben, eine Rede vor einem großen Publikum zu halten, als vor dem Tod? Ängste sind ebenfalls ein Todfeind der Intuition. Egal ob diese aus traumatischen Erfahrungen, der Sorge über die eigene Gesundheit, über das Unternehmen, die Karriere oder

die Partnerschaft entspringen, Angst spaltet Wahrnehmungsebenen ab und unterbindet Intuition.

Allein anhand dieser Beispiele einiger Intuitionsblockaden dürfte es Ihnen bewusst werden, dass es gar nicht so einfach ist, Intuition zu erkennen beziehungsweise zu erfühlen, denn die Störfelder und typischen Fallstricke der Intuition sind allgegenwärtig.

II. Intuitionsaktivierung

Was wir gemeinhin als Unterbewusstsein oder auch Intuition bezeichnen, lokalisieren Hirnforscher oftmals im emotionalen Erfahrungsgedächtnis – ein Speicherort im limbischen System unseres Gehirns. Dieser enthält eine umfassende Sammlung unserer ganz persönlichen Lebenserfahrungen in Form von Emotionen und diffusen Körpersignalen. In unzähligen Situationen erhalten wir unbewusst Botschaften von unserer Intuition.

Wir haben lediglich verlernt, diese wachsam wahrzunehmen und deren Ernsthaftigkeit zu erkennen. Oftmals ist der Grund hierfür die dem Verstand beigemessene Unfehlbarkeit. Doch auch wenn spontane Eingebungen im ersten Moment keinen Sinn zu machen scheinen, so lohnt es sich doch häufig, auf diese zu hören.

Einigen Menschen fällt es leicht, ihre Intuition wahrzunehmen und sie zielgerichtet in ihre Entscheidungen einzubeziehen. Sollten Sie nicht dazu gehören, kann ich Sie aufmuntern: Auch Sie können das lernen! Letztlich geht es beim Treffen richtiger Entscheidungen um eine Kombination aus Verstand, Erfahrung und Intuition. Die folgenden Punkte werden Ihnen helfen, Ihre Intuition zu aktivieren.

Aktivieren Sie Ihre Intuition durch emotionale Intelligenz
Aktivieren Sie Ihre Empathie. Empathie ist die Grundvoraussetzung für Intuition. Der Begriff Empathie (altgriech. ἐμπάθεια, *empátheia,* »Leidenschaft«) bezeichnet unter anderem die Fähigkeit des Einfühlungsvermögens in andere Individuen, egal ob Mensch oder Tier. Nur der fühlende Mensch kann empathisch und damit überhaupt intuitiv sein. Je nach Persönlichkeitsprofil ist unsere emotionale Seite stärker oder schwächer ausgeprägt.

Wie ist Ihre Reaktion? Sie sehen einen jungen Menschen im Rollstuhl. Was geht in Ihnen vor? Schauen Sie hin oder weg? Sind Sie peinlich berührt oder interessiert es Sie, was diesem Menschen widerfahren ist? Je mehr Emotionen Sie in sich spüren, desto stärker ist die Empathie in Ihnen ausgeprägt. Empathie ist insoweit die Fähigkeit, sich in die Gefühle, die Gedanken und Motive eines anderen Menschen so hineinzuversetzen, als wären es die eigenen. Dennoch bleibt man auf Distanz zu diesem Menschen.

Der US-amerikanische Psychologe und Anthropologe Paul Ekman hat herausgefunden, dass Menschen auf der ganzen Welt gewisse Emotionen stets mit der gleichen Mimik ausdrücken. Diese Emotionen sind:
- Freude
- Wut/Ärger
- Verachtung
- Überraschung
- Trauer
- Furcht
- Ekel/Abscheu

Egal ob Sie nach Indien, Australien, Chile oder Ungarn reisen: Diese Emotionen sehen überall gleich aus. Ekman nannte sie die 7 Basisemotionen. Emotionale Intelligenz beinhaltet, diese Emotionen zu erkennen und richtig zu deuten.

Sie mögen sich fragen: »Wozu nützt mir emotionale Intelligenz?« Schauen Sie sich zunächst die folgenden Aussagen an:
- »Es reicht doch, wenn ich dem Kunden die technischen Details erklären kann. Etwas anderes erwartet er sowieso nicht.«
- »Mitarbeiter wollen klare Vorgaben. Persönliche Empfindlichkeiten sind im Berufsleben uninteressant.«
- »Eine Führungskraft hat die Aufgabe, strategische Entscheidungen zu treffen und die Mitarbeiter über deren Aufgaben zu informieren und die Zielerreichung zu prüfen. Um mehr geht es nicht.«

Stimmen Sie den Aussagen zu? Oder sind Sie eher überzeugt, dass eine gute Führungskraft mehr leisten muss, als nur sachliche Vorgaben und Wissen über technische Details zu vermitteln? Dann haben Sie den Nutzen von emotionaler Intelligenz erkannt. Denn circa 90 Prozent der Unterschiede zwischen erfolgreichen und weniger erfolgreichen Führungskräften werden mit emotionaler Intelligenz erklärt!

In seinem internationalen Bestseller »Emotionale Intelligenz« beschreibt der Psychologe Daniel Goleman die Entstehung emotionaler Intelligenz. Für ihn ist emotionale Intelligenz nichts, was sich mittels IQ-Tests messen lässt. Vielmehr beruht sie auf den folgenden fünf Fähigkeiten:
1. Selbstwahrnehmung – sich selbst erkennen und verstehen
2. Selbstregulierung – störende Emotionen kontrollieren können
3. Selbstmotivation – Leistungsbereitschaft und Engagement aus eigenem Antrieb
4. Empathie – Gefühle anderer verstehen und mitfühlen
5. soziale Kompetenzen – Beziehungen und Netzwerke pflegen

Ein emotional intelligenter Mensch weiß demnach, was er fühlt, und ist in der Lage, damit umzugehen. Er kann sich selbst motivieren, seine Aufgaben anzugehen und zu erledigen. Er gibt seine volle Leistung und ist dabei kreativ und effektiv. Er fühlt, was andere fühlen, und schafft es, seine Beziehungen effektiv zu gestalten.

Testen Sie nun Ihre Wahrnehmung und Ihre Empathie: Welche Emotion nehmen Sie auf den folgenden Fotos wahr? Welche Basisemotion ist jeweils dargestellt?

a

b

c

d

e

f

g

Lösung: a) Verachtung, b) Trauer, c) Überraschung, d) Freude, e) Wut, f) Ekel, g) Angst

Empathie bezeichnet die Fähigkeit, die Emotionen anderer zu verstehen und mitzufühlen:
- Können Sie die Gefühle Ihres Gegenübers erkennen und lesen?
- Stellen Sie sich auf die Stimme, Mimik, Gestik und die Körperhaltung Ihres Gesprächspartners ein?
- Reflektieren Sie auch Ihre Gestik und Mimik in den verschiedenen Gefühlszuständen?

Um Ihre Empathie zu trainieren, beginnen Sie damit, andere zu beobachten. Ein weiterer Weg zu mehr Empathie ist es, sich seines eigenen Verhaltens bewusster zu werden.

Aktivieren Sie Ihre Selbstregulation
- Sieht man Ihnen Ihren Frust leicht an?
- Wie sehen Sie aus, wenn Sie gefrustet sind?
- Wie fühlen Sie sich?
- Woran erkennt ein Fremder, dass Sie unter Stress sind?

Wenn Ihnen die Selbstregulierung noch nicht so gut gelingt, seien sie beruhigt. Studien fanden heraus, dass sich die Mehrheit der Menschen ihren Stimmungen ausgeliefert fühlt. Sie lernen, sich selbst besser zu regulieren, indem Sie durch Achtsamkeit ein Bewusstsein über Ihre eigenen Motive, Gedanken und Gefühle erlangen. Dadurch werden Sie Ihre Gefühle besser verarbeiten. Wenn Sie das Gefühl haben, dass Sie von wechselhaften Emotionsschüben überwältigt werden, dann nehmen Sie diese Emotion bewusst an und akzeptieren Sie diese für den Moment. Sie haben jetzt die Möglichkeit, an etwas Positives zu denken.

Testen Sie Ihre Selbstmotivation
Was denken Sie: Kann uns ein anderer Mensch motivieren? Wenn, dann nur kurzfristig. Für unsere Motivation sind wir selbst verantwortlich. Sie können sich fragen: Warum ich? Dies wird Sie jedoch nicht weiterbringen. Die bessere Frage lautet: Weshalb will ich die Aufgabe erledigen bzw. mache ich meinen Job?

Selbsttest: Verfügen Sie über diese Eigenschaften?
- Interessieren Sie sich für Menschen?
- Gehen Sie gerne zur Arbeit?
- Lachen Sie häufig?
- Loben Sie sich und andere?
- Tragen Sie zu einem guten Betriebsklima bei?

Wenn Sie diese Fragen mit »nein« beantwortet haben, dann wählen Sie zur Verbesserung Ihrer Motivation ein Monatsziel aus, welches Ihnen persönlich am Herzen liegt. Notieren Sie sich dieses Ziel und schreiben Sie bitte sieben Gründe auf, weshalb es für Sie wichtig ist. Hören Sie jetzt auch auf Ihr »Bauchgefühl« – wenn Sie sich innerlich schon sträuben, diese Punkte aufzuschreiben, dann wählen Sie ein anderes Ziel aus.

Wie verhält es sich mit Ihren sozialen Kompetenzen?
Abgerundet wird die emotionale Intelligenz schließlich durch die sozialen Kompetenzen. Den Ausdruck hat jeder schon einmal gehört, und dennoch versteht jeder etwas anderes darunter. Soziale Kompetenzen werden von Jobbewerbern ebenso gefordert wie von Führungskräften, von den eigenen Kindern genauso wie von guten Freunden. Der Begriff bezeichnet laut dem Psychologen K. Rampus

ein Maß für die Fähigkeit, sich in einem sozialen Feld angemessen zu bewegen. Doch was genau zeichnet einen sozial kompetenten Menschen aus? Es sind folgende Punkte:
- Humor
- Veränderungswille
- Spiritualität
- gute Umgangsformen
- Wertschätzung und Respekt vor Menschen
- positive Einstellung
- Achten auf die eigene Lebensführung
- das Gesetz von Geben und Nehmen kennen und leben

Um Ihre emotionale Intelligenz zu aktivieren, gilt es also, die fünf Fähigkeiten Selbstwahrnehmung, Selbstregulierung, Selbstmotivation, Empathie und soziale Kompetenz zu trainieren.

Treffen Sie die richtigen Entscheidungen?
Wie treffen Sie Ihre Entscheidungen? Ist Ihre Zukunft vorbestimmt? Entscheidet der Würfel über Ihr Leben? In der heutigen Zeit werden Menschen täglich Entscheidungen abverlangt. Jeder Mensch hat für sein Leben unendliche Möglichkeiten zu entscheiden.

Impulsgeschichte: Ein sehr sachlicher Geschäftsführer kam zu mir ins Coaching. Es ging um seine Unternehmensausrichtung. Er war sich nicht sicher, ob er eine weitere Firma dazukaufen sollte. Auf meine Frage, wie er auf dieses Unternehmen aufmerksam wurde, leuchteten seine Augen, und er meinte, dass er im Urlaub rein zufällig am gleichen Tisch mit einem älteren Geschäftsführer saß. Sie seien ins Gespräch gekommen, und dieser Herr habe mit Begeisterung von seinen Produkten und den Produktionsabläufen erzählt. Er sei sehr beeindruckt gewesen und habe sich gedacht, dass dieser Bereich sehr gut in sein Unternehmen passe. Schließlich habe ihm der Unternehmer das Geschäft zum Kauf angeboten. Auf meine Frage, weshalb er es dann nicht machen wollte, war er sehr verblüfft – er meinte, das kann doch nicht sein, dass mir im Urlaub rein zufällig ein Geschäft angeboten wird. Daraufhin musste er über seine Einstellung und seine Sachlichkeit lachen. Er hat das Unternehmen dazugekauft und ist mit seiner Entscheidung und dem Gewinn sehr zufrieden! Sie werden überrascht sein: Wissenschaftliche Studien bestätigen es, je umfassender und wichtiger die Entscheidung ist, desto mehr entscheiden wir intuitiv.

Zur richtigen Entscheidung in vier Schritten
1. Fällen Sie eine wichtige Entscheidung, indem Sie sich vorher entspannen oder eine Nacht darüber schlafen, damit Sie Abstand gewinnen.
2. Notieren Sie mindestens 7 Punkte, die für diese Entscheidung sprechen.
3. Stellen Sie sich vor, diese Entscheidung bereits getroffen zu haben. Wie fühlen Sie sich?
4. Reflektieren Sie: Passt diese Entscheidung in Ihr Lebenskonzept?

Beispiel: Stellen Sie sich vor, Sie wollen eine Immobilie kaufen. Sie schauen sich die Wohnung an und denken: Preis, Leistung und Rendite sind in Ordnung. Da Sie in Eile sind, wollen Sie die Entscheidung nicht sofort treffen. Sie schlafen eine Nacht darüber. Am nächsten Morgen wachen Sie auf und denken schon daran, wie Sie in dieser Wohnung leben. Sie haben ein super-positives Gefühl. Vielleicht war Ihnen auch schon im Auto auf der Rückfahrt klar, dass Sie diese Wohnung wollen. Überprüfen Sie jetzt Ihre Ziele: Passt der Wohnungskauf zu Ihren beruflichen und privaten Plänen? Falls ja, dann sagen Sie »ja« zu dieser Entscheidung.

Erfolgstipp: Sie benötigen eine Lösung. Im Moment fühlen Sie sich blockiert. Schreiben Sie sich Ihr Problem auf und schlagen Sie ein Buch oder die Zeitung willkürlich auf. Blicken Sie auf ein Wort oder eine Zeile und führen Sie dies 7 Mal hintereinander durch. Sie werden schnell erkennen, dass Sie sich dadurch Ideen für Ihre Lösung einholen.

Übrigens: Lesen Sie viel über Dinge, die Sie interessieren, und auch über Informationen, die Sie bisher weniger interessiert haben. Durch jede Art der Information aktivieren Sie Ihr Unterbewusstsein als Ideengeber, denn Halbwissen reicht oft aus als Grundlage für intuitive Entscheidungen.

Fazit: Wir alle verfügen über Intuition. Wir haben lediglich verlernt, sie wachsam wahrzunehmen. Intuition ist nicht dazu da, den Verstand oder die Erfahrung zu ersetzen, sondern als Ergänzung, um unser Bewusstsein zu erweitern.

In Entscheidungsprozessen gehören der Einsatz des Kopfes und des Bauches gefühl unweigerlich zusammen.

Die 7 Schlüssel zum Intuitionscode

1. Nehmen Sie sich täglich eine kleine Auszeit, um Ihrer Intuition Freiraum zu geben.
2. Trainieren Sie täglich Ihre Empathie, indem Sie die Emotionen Ihres Gegenübers und Ihre eigenen reflektieren.
3. Meditieren Sie täglich. »Der Geist kann nur beobachten, wenn er vollkommen ruhig ist«, sagt Jiddu Krishnamurti.
4. Nutzen Sie Routinearbeiten, um in einen anderen Bewusstseinszustand zu kommen. Sie werden sehen, wie wichtig diese Distanz für Ihre Betrachtungsweise ist.
5. Informieren Sie sich über alles, was Sie interessiert. Ihr Unterbewusstsein benötigt ein breites Spektrum an Informationen, damit es Verknüpfungen erstellen kann. Dadurch aktivieren Sie Ihren Ideenpool und Ihre Kreativität.
6. Achten Sie auf Ihre Selbstmotivation. Mittels bewusstem Wahrnehmen Ihres Denkens, Fühlens und Handelns lenken Sie Ihre Emotionen in die richtige Richtung.
7. Lösen Sie Ihre Intuitionsblockaden, indem Sie diese bewusst wahrnehmen, gezielt verändern und damit Ihre Entscheidungen leichter treffen.

Erfolgscode

Ihre Persönlichkeit, Ihre Prägungen, Ihre mentale Verfassung, Ihre Wirkung, Ihre Intuition und Ihr Gesundheitsbild entscheiden darüber, was Erfolg für Sie ganz persönlich bedeutet. Der Erfolgscode resultiert somit aus den vorangegangenen Codes und baut gleichzeitig auf ihnen auf. Erst durch das Zusammenspiel aller sechs Codes entsteht Erfolg. Der Erfolgscode macht Ihnen bewusst, wie Sie Erfolg für sich selbst definieren und ihn dauerhaft sichern.

Erfolg ist nicht nur Karriere, Anerkennung und Macht. Auch ein Mensch, der eine stabile Gesundheit hat, zufriedene Beziehungen zu seinen Mitmenschen führt und Kinder zu eigenständigen Persönlichkeiten erzieht, ist erfolgreich: ein Mensch, der neben der Verantwortung in Beruf und Familie seine eigene Entwicklung fördert.

Starten Sie bitte erst mit dem Erfolgscode, wenn Sie sich mit den anderen Codes auseinandergesetzt haben.

Das Lebensspiel

Stellen Sie sich vor, Sie spielen ein Spiel, bei dem Sie Ihr Leben durchlaufen. Wie bei jedem Spiel gibt es Weggabelungen, an denen Sie entscheiden müssen, beispielsweise welche Ausbildung oder welches Studium und welchen Partner Sie wählen wollen. An jeder Weggabelung bestimmen Sie, welchen Weg Sie gehen wollen. Wählen Sie zwischen a) und b). Denken Sie, dass …

a. Ihre Lebenssituation unabänderlich ist und Sie abhängig von anderen sind?
b. Sie Ihre Lebenssituation jederzeit selbstbestimmt verändern können?

Auswertung: Wenn Sie sich für a) entschieden haben, dann haben Sie eine Neigung, eher in die passive Rolle zu fallen und Dinge geschehen zu lassen. Aussagen wie »Es ist halt so«, oder »Da kann man nichts machen« bestätigen diese Haltung. Es ist, als ob Sie mit einer angezogenen Handbremse Auto fahren. Sie alleine haben die Möglichkeit, diese zu lösen! Sie können jederzeit Ihr Leben in die Hand nehmen, egal in welcher Situation Sie sich befinden. Wichtig ist nur, dass Sie es wirklich wollen.

Wenn Sie sich für b) entschieden haben, dann haben Sie eine sehr positive innere Haltung und ein sehr gutes Erfolgsbewusstsein. Sie sind ein Selbstgestalter. Sie wissen, dass Sie alleine entscheiden, was Sie wollen und wie Sie etwas gestalten. Sie bringen sehr viel Engagement und Umsetzungswille mit. Sie sind sich auch bewusst, dass Sie für Ihren Erfolg etwas tun müssen, und warten nicht lange ab. Für Sie ist wichtig, dass Sie tatsächlich nochmals reflektieren, was Sie wirklich wollen und weshalb. Dann sind Sie nicht mehr zu bremsen.

I. Wissenschaftliche Betrachtung

Der US-amerikanische Entwicklungsbiologe und Stammzellenforscher Prof. Dr. Bruce Lipton widmete sich vor allem den Zellen, da diese ihn besonders faszinierten. Für ihn war es eine unglaubliche und sonderbare Vorstellung, dass der Körper eines Lebewesens aus einer Vielzahl von kleinen Lebewesen, den Zellen, besteht. Um herauszufinden, wie eine Zelle eigenständig arbeitet, begann er mit dem Klonen von Zellen: Er legte dazu eine Stammzelle in eine Petrischale. Diese Zelle teilte sich alle zehn Stunden von selbst. Nach zwei Wochen waren es Abertausende – alle von ihrem genetischen Aufbau her identisch.

Im nächsten Schritt wurden die Zellen in drei Petrischalen mit jeweils leicht unterschiedlichem Nährboden aufgeteilt. In jeder Schale schaffte Lipton also eine etwas andere Umgebung. Das Ergebnis: In der ersten Petrischale entwickelten sich Fettzellen, in der zweiten Muskelzellen und in der dritten Knochenzellen – und das, obwohl alle aus ein und demselben genetischen Material bestanden hatten.

Was steuert nun das Schicksal der Zellen? Die bahnbrechende Erkenntnis, die mittlerweile vom Forschungsbereich der Epigenetik bestätigt wurde, ist, dass die Zellentwicklung keinesfalls von der Genetik abhängt. Stattdessen ist es ihre Umwelt, die die Zelle beeinflusst.

Für uns Menschen ist dieses Wissen um unsere Zellen eine Revolution: Denn beziehen wir Liptons Erkenntnis auf unser Leben, so sind wir keinesfalls Opfer unserer Gene. Wir sind nicht gefangen in unseren vererbten Schwächen. Unser

Aussehen, unsere Intelligenz, sogar unser Gemüt sind nicht vorbestimmt durch unsere Biologie.

Vielmehr haben wir die Möglichkeit, auszubrechen aus diesem Selbstbild und selbstbestimmt unser Leben in die Hand zu nehmen. Unsere Gene bestimmen nicht uns, sondern wir bestimmen sie! Unser Geist ist viel stärker als jede genetische Programmierung. Das bedeutet, dass Sie Ihr Leben jederzeit nach Ihren Wünschen gestalten können.

Jetzt gilt es Ihren eigenen Erfolgscode zu entschlüsseln, damit Sie glücklicher, selbstbestimmter und erfolgreicher leben.

II. Entdecken Sie Ihr Erfolgspotenzial

Um Resultate zu erzielen, gilt es zunächst, Ihre eigenen Erfolgspotenziale herauszufinden. Wie sind Ihre Voraussetzungen für Erfolg? Welche Erfolgspotenziale stecken in Ihnen? Die folgenden Schritte helfen Ihnen, das herauszufinden.

Machen Sie sich Ihre Erfolgspotenziale bewusst

In den bisherigen Kapiteln haben Sie schon vieles über Ihr Persönlichkeitsprofil gelernt. Sie haben die Potenziale Ihres Charakters ergründet und die Vorteile aus Ihrem richtigen Umgang mit Ihren Prägungen erkannt. Auch haben Sie Ihre Mentalkraft entdeckt und Ihre Wirkung auf andere analysiert. Schließlich haben Sie Ihren Gesundheitszustand unter die Lupe genommen und gelernt, Ihre Intuition zielgerichtet einzusetzen. Damit haben Sie bereits einiges mehr getan als viele andere. Sie sind ihnen bereits einen Schritt voraus.

Definieren Sie Ziele

Wenn Sie wissen, wohin Sie wollen, ist die Wahrscheinlichkeit groß, dass Sie dort auch ankommen. Ein entscheidender Schritt auf dem Weg zum Erfolg ist die Definition von Ihren Zielen. Finden Sie Ihre Ziele, indem Sie sich fragen: Wo will ich hin? Ihre Ziele sollten erreichbar sein und sich nach Ihren individuellen Talenten und Potenzialen richten. Entscheiden Sie, was Ihnen wirklich wichtig ist, welches Ziel Sie erreichen wollen oder welches nicht. Überprüfen Sie, wie weit Sie mit Ihrer Zielerreichung sind. Beispielsweise lauten Ihre Ziele: Ich will den Gewinn um 30 Prozent steigern. Ich will 5 neue Vertriebspartner innerhalb von einem Jahr aufbauen. Ich will eine glückliche Ehe führen. Ich will 5 Kilogramm abnehmen. Dann sollten Sie sich zunächst fragen, was ist zu tun, damit Sie diese Ziele auch erreichen. Damit erkennen Sie, welchen Einsatz Sie erbringen müssen. Wenn Sie sich langfristig für dieses Ziel motivieren wollen, dann sollten Sie sich mindestens 7 Gründe notieren, warum Sie es erreichen wollen. Um Ziele zu erreichen, braucht es Leistungsbereitschaft, Begeisterung und eine hohe Disziplin.

Selbsttest zur Zieldefinition
- Was wollen Sie erreichen?
- Warum wollen Sie dieses Ziel unbedingt erreichen?
- Welche Ihrer Charaktereigenschaften benötigen Sie, damit Sie dieses Ziel erreichen?
- Wie gehen Sie vor?

Beantworten Sie diese Fragen schriftlich, damit Sie erkennen, ob Sie mit Ihren Zielsetzungen im Einklang sind. Auch wenn Sie später zurückblicken, ist es für Ihre Selbstreflexion gut, wenn Sie Ihr Ziel und auch die Gründe dafür schriftlich formuliert haben.

Impulsgeschichte: Vor Kurzem lernte ich in einem Sportclub eine jung wirkende und sehr sportliche Dame kennen. Diese Frau und ihr Mann sind mir durch ihre positive Ausstrahlung, die Lebensfreude und die Jugendlichkeit aufgefallen. Ich war neugierig und sprach sie auf ihre Ausstrahlung an. Ich fragte, was für sie Erfolg im Leben bedeute und wie alt sie sei. Darauf lachte sie nur und meinte:

»Bis zu meinem 45. Lebensjahr habe ich so gelebt, wie es damals für eine Frau typisch war. Ich habe als Sprechstundenhilfe gearbeitet, meinen Mann kennengelernt, geheiratet, drei Kinder aufgezogen und wurde wie mein Mann von Jahr zu Jahr dicker. Als mein Mann eines Morgens die Schuhe vor lauter Bauch nicht mehr binden konnte, trafen wir eine Entscheidung. Denn wir hatten nur zwei Möglichkeiten: Entweder machen wir so weiter wie bisher – dann erleben wir keine Rente. Oder wir ändern unser Leben von Grund auf. Was wir dann auch taten.

Wir überlegten uns, was wir erreichen wollten: Unser Ziel war, gesund zu bleiben und schlank zu sein. Warum wollten wir dies unbedingt? Weil wir das

Leben schön finden und gemeinsam sehr alt werden wollen. Dies können wir jedoch nur mit viel Sport und einer grundlegenden Ernährungsumstellung erreichen. Das heißt, keine Einladungen mehr zu Kaffee und Kuchen, kein oder weniger Alkohol, gesunde Nahrungsmittel und Verzicht auf diese Rumhockerei. Unser Umfeld war extrem geschockt. Wir haben konsequent Kuchen abgelehnt, obwohl unsere Verwandtschaft und die Freunde uns ständig zu bekehren versuchten, damit wir »normal« werden. Zu Beginn erzählten viele Menschen, dass ein Mensch ab 45 Jahren weniger beweglich sein wird und diese Beweglichkeit auch nicht so schnell erreicht. Alles Quatsch! Ich hatte innerhalb eines Jahres mehrere Sportabzeichen nachgeholt und bessere Zeiten erreicht als so manche Zwanzigjährige!«

Auf meine Frage, was sie die nächsten Jahre machen will, lachte sie: »Täglich Sport, Sex und viel lachen!« Das Alter der Dame ist 77 Jahre, ihr Mann ist bereits über 80.

Erfolgstipp: Erfolgreiche Persönlichkeiten lassen sich von keinem die Freude am Ziel verderben! Wenn Sie sich bei Ihrer Zielsetzung nicht absolut sicher sind, dann überlegen Sie sich, was passiert, wenn Sie so weitermachen wie bisher. Stellen Sie sich das Ergebnis vor! Ich bin sicher, dass Sie etwas finden, wofür sich die eine oder andere Anstrengung lohnt.

Nutzen Sie Ihre Erfolgspotenziale
Nicht reden, sondern tun! Viele Menschen verbringen unendlich viel Zeit damit, über das zu reden, was sie vorhaben. Andere tun es einfach. Es ist kein Geheimnis, dass Menschen, denen mit einer beneidenswerten Leichtigkeit alles zu gelingen scheint, einfach schneller sichtbare Ergebnisse schaffen. Diese Persönlichkeiten kennen ihre eigenen, individuellen Potenziale und setzen auf ihre Stärken und Kompetenzen.

Ein introvertierter Mensch käme kaum auf die Idee, in den Vertrieb zu gehen und dort Kaltakquise zu betreiben. Denn er hat nicht unbedingt die Fähigkeit, mit den vielen Ablehnungen umzugehen, und wird spätestens nach einigen Wochen seine Motivation verlieren.

Ein extrovertierter Mensch hingegen würde selten mit dem Gedanken spielen, alleine in einem Büro monatelang Rechnungsbelege zu prüfen. Dies entspricht nicht seinen Stärken.

Erfolgstipp: Erkennen Sie Ihre Einzigartigkeit! Werden Sie sich über Ihre Fähigkeiten und Talente bewusst und hinterfragen Sie sich immer, inwieweit Ihre Fähigkeiten zur Zielerreichung beitragen. Verbessern Sie ständig Ihre Stärken. Notieren Sie Ihre fünf Stärken und Ihr Alleinstellungsmerkmal. An welcher Stärke werden Sie noch mehr arbeiten und was haben Sie davon?

Treffen Sie Entscheidungen

Was tun, wenn Sie viele verschiedene Ziele haben? Machen Sie sich bewusst, was Sie wirklich wollen. Starten Sie mit einer Pro-und-Contra-Liste. Dann werden Sie sehr schnell das eine oder andere Ziel auf Ihrer Prioritätenliste weiter nach unten setzen.

Bedenken Sie, Erfolg ist das Ergebnis richtiger Entscheidungen. Ob Sie eine weitere Ausbildung oder einen Master of Business Administration machen wollen, den Arbeitgeber wechseln, mehr für Ihre Gesundheit tun – alles beruht auf einer klaren Entscheidung, dies tun zu wollen, und auf dem festen Glauben, dieses Ziel auch zu erreichen.

 Erfolgstipp: Notieren Sie bitte, für was Sie sich entschieden haben und warum. Schreiben Sie sich Ihre Entscheidung auf eine kleine Karte und stecken Sie diese in Ihren Geldbeutel!

Impulsgeschichte: Wie hat es der Gründer von Kentucky Fried Chicken, Harland Sanders, geschafft, unendlichen Erfolg zu haben? Er war mit 65 Jahren pleite und stellte sich die Frage, was er tun könne, das für andere Menschen einen Wert hat. Schließlich entwickelte er ein Hähnchenrezept, das alle Leute lieben sollten. Viele Unternehmen lachten ihm ins Gesicht und lehnten es ab. Dessen ungeachtet gab Colonel Sanders nicht auf. Er wurde über eintausend Mal abgewiesen, bis er ein Ja erhielt. Er besaß einen der wichtigsten Schlüssel zum Erfolg: Hartnäckigkeit und Ausdauer.

Jedes Mal, wenn Sie etwas tun, lernen Sie dazu und finden einen Weg, es beim nächsten Mal besser zu machen. Auch Thomas A. Edison brauchte über elftausend Versuche, bis es endlich geklappt hat mit der Glühlampe. Erfolgreiche Menschen haben gelernt, aus jedem Misserfolg das Beste zu machen und niemals aufzugeben.

Für Ihren Erfolg ist es wichtig, dass Sie an Ihr Ziel glauben, dass Sie von ihm felsenfest überzeugt sind und es wirklich wollen.

Welche Eigenschaften hat eine erfolgreiche Persönlichkeit? In vielen wissenschaftlichen Studien wurden Eigenschaften analysiert, die für den Erfolg verantwortlich sind. Diese sind:
- Leistungsbereitschaft
- geistige und körperliche Belastbarkeit
- Verantwortungsbereitschaft
- positive Grundhaltung
- Rückschläge als Chance sehen
- lösungsorientiertes Denken
- Menschenkenntnis
- Konzentrationskraft
- Wille
- Disziplin
- Engagement
- Ausdauer
- Kompromissfähigkeit
- Fähigkeit zur Selbstreflexion
- Entscheidungsstärke
- Vorstellungskraft

Übung: Wählen Sie nun die Eigenschaften aus, die Sie schon besitzen. Welche Eigenschaften werden Sie optimieren? Warum werden Sie diese verbessern? Was bringt es Ihnen persönlich? Was bringt Ihnen die Eigenschaft, um Ihre Ziele leichter zu erreichen?

III. Erfolg und Bewusstsein

Was ist Bewusstsein?
Die moderne Hirnforschung nähert sich auf verschiedenen Wegen dem nicht einheitlich definierten Begriff Bewusstsein. Eine einheitliche Definition des Bewusstseins gibt es deshalb nicht, weil man sich sehr schnell bei der Beschäftigung mit dem Thema auf die metaphysische Ebene begibt.

Zusammengefasst bedeutet es, dass jeder Mensch mit allen Sinnen seine Umgebung erfasst und mit seinem Verstand diese Umweltreize und seine Reaktionen darauf wahrnimmt und verarbeitet.

Warum ist das Bewusstsein für Ihren Erfolg so wichtig? Es ist das grundlegende Instrument zum Überleben. Es befähigt uns, unser Handeln auf die Umwelt auszurichten. Bewusst leben heißt, alles zu steuern, was mit unseren Handlungen, Absichten, Werten und Zielen zu tun hat. Es bedeutet, nach besten Kräften entsprechend unseren Fähigkeiten zu leben und sich für ein klares »Ja« oder »Nein« zu entscheiden. Je klarer Ihr Bewusstsein ist, desto erfolgreicher sind Sie.

Erfolgsbewusstsein: Ihr Bewusstsein entscheidet über Ihren Erfolg
Das Erfolgsbewusstsein ist die Basis für Ihren Erfolg. Es setzt sich aus 7 einzelnen Bewusstseinsebenen zusammen. Erfolgsbewusstsein zu leben, heißt mehr als nur sehen und wissen. Ein Erfolgsbewusstsein zu haben, heißt handeln nach dem, was wir erkennen, sehen und wissen.

Selbsttest: Beantworten Sie die folgenden Fragen mit »ja« oder »nein«:
- Bezeichnen Sie sich als selbstbewusst und verfügen Sie über ein gutes Selbstvertrauen?
- Haben Sie gute Freunde und soziale Kontakte?
- Verfügen Sie über eine große Disziplin?
- Denken Sie, dass Sie für Ihr Leben verantwortlich sind?
- Haben Sie klare Werte und ethische Grundsätze, nach denen Sie leben?
- Sind Sie mit Ihrem Reichtum zufrieden?
- Leben Sie das Leben, das Sie haben wollen, und sind Sie die Person, die Sie sein wollen?

Auswertung: Der Test zeigt Ihnen, an welchen Stellen bei Ihnen bereits ein Erfolgsbewusstsein vorhanden ist und wo noch nicht. Wenn Sie alle Antworten mit »ja« beantwortet haben, ist bei Ihnen bereits ein starkes Erfolgsbewusstsein vorhanden. Die Punkte, bei denen Sie »nein« geantwortet haben, zeigen Ihnen Handlungsbedarfe auf. Dies sind Punkte, an denen Sie arbeiten können. Lesen Sie im Folgenden, worauf es bei den 7 Kriterien des Erfolgsbewusstseins ankommt.

1. ICH-Bewusstsein

Warum hat ein Mensch keine Selbstzweifel beim Handeln und ein anderer so viele? Hier geht es in erster Linie darum, dass Sie sich selbst noch besser kennenlernen, indem Sie Ihre Stärken, Schwachstellen, Vorlieben und Abneigungen erkunden. Erfolg ist nur möglich, wenn Sie wissen, in welchen Bereichen Sie Ihre Stärken zur Geltung bringen und diese auch gezielt leben. Nur in den Bereichen, in denen auch Ihre Begabungen liegen, ist es möglich, Überdurchschnittliches zu leisten. Das ICH-Bewusstsein ist wie das Immunsystem, das uns Widerstandsfähigkeit, Energie, Kraft und die Fähigkeit gibt, um uns immer wieder zu erholen. Mit einem gesunden ICH-Bewusstsein erholen Sie sich schneller. Ein weiterer entscheidender Schritt für das ICH-Bewusstsein ist die Erkenntnis, dass Sie selbst Ihr Verhalten steuern.

Grundlage Ihres ICH-Bewusstseins ist es, dass Sie sich selbst lieben. Des Weiteren sollten Sie mit nahestehenden Menschen liebevoll und wertschätzend umgehen. Ein Mensch, der sich selbst liebt, macht was er für gut befindet, und arbeitet nach seinen Stärken. Er hinterfragt gezielt: Ist das, was er macht, auch das, was er wirklich will? Viele Menschen trauen sich nicht, ihr Leben zu verändern, und harren in einer unbefriedigenden Situation aus. Manche benötigen einschneidende Erkenntnisse, damit sie ihr Leben ändern. Deshalb ist es wichtig, das ICH-Bewusstsein zu aktivieren.

Selbsttest: Beantworten Sie nachfolgende Fragen:
- Begegnen Sie sich liebevoll?
- Vertrauen Sie sich und Ihren Stärken?
- Können Sie spontan 5 positive Eigenschaften oder Stärken nennen, die Sie an sich lieben?

Auswertung: Sollten Sie zwei Fragen mit »nein« beantwortet haben, dann ist es wichtig, dass Sie etwas für Ihr ICH-Bewusstsein tun. Lesen Sie anhand der nachfolgenden Beispiele, welche Möglichkeiten es gibt. Durch die Selbstliebe gehen Sie positiver und wertschätzender mit sich um und werden sich nicht mehr nur als Gefangener Ihrer Lebenssituation fühlen.

Impulsgeschichte: Ein Kunde war nur auf Erfolg programmiert: noch eine weitere Firma kaufen, noch ein Luxusfahrzeug und vieles mehr. Auf die Frage, warum, meinte er, dass er immer geglaubt habe, nur geliebt zu werden, wenn er etwas erschaffen habe. Er suchte mit Statussymbolen ständig nach Liebe. Nachdem wir die Prägungen aufgearbeitet hatten, konnte er sich bewusst so annehmen, wie er war. Er war nicht mehr in seinem Hamsterrad gefangen. Er hatte erkannt, was er tun musste, damit er noch selbstbestimmter handelt.

Aktivieren Sie Ihr Ich-Bewusstsein
- **Üben Sie sich in der Selbstliebe**
  Nutzen Sie die Kraft der Rituale und tun Sie sich täglich etwas Gutes. Denken Sie sich beispielsweise beim Zähneputzen: »Ich bin es mir wert, gut für mich zu sorgen, und ich liebe mich so, wie ich bin.« »Mir geht es von Tag zu Tag immer besser.« »Ich habe es verdient, geliebt zu werden.« »Ich liebe und akzeptiere mich so, wie ich bin.«
- **Durch Rückschau zum Lebensgestalter**
  Erstellen Sie sich eine Liste über Ihre Stärken. Bewerten Sie Ihre Stärken nach Prioritäten (1 = sehr gut, also häufig nachgefragt und eingesetzt; 6 = ungenügend, also selten nachgefragt und eingesetzt).
- **Bringen Sie Ihre Stärken in Ihrem Berufsleben zur Geltung**
  Reflektieren Sie täglich, ob Sie nach Ihren Stärken gearbeitet haben, und verstärken Sie diese weiterhin.
- **Aktivieren Sie Ihr Vertrauen in sich**
  Es ist ganz einfach: Erst, wenn Sie sich selbst vertrauen, können Sie auch Selbstvertrauen haben. Nehmen Sie sich Dinge vor, die Sie auch wirklich ausführen. Überlegen Sie, welchen Sport Sie gerne machen, und treffen Sie eine Vereinbarung mit sich, dass Sie jeden Morgen zur gleichen Zeit eine sportliche Übung durchführen. Dann verpflichten Sie sich (schriftlich), dass Sie jeden Morgen vor 7 Uhr zwanzig Liegestützen machen.

Impulsgeschichte: Ein Kunde führte diese Übung vor Jahren durch. Als er am Wochenende spät ins Bett gegangen war, war er überhaupt nicht motiviert, vor 7 Uhr seine Übung durchzuführen. Er holte sich seine Notiz her, die er auf seinem Handy hatte, und hier stand: »Ich verpflichte mich, täglich vor 7 Uhr mindestens 20 Liegestützen zu machen, weil ich diszipliniert bin und ich es mir selbst versprochen habe. Ich bin ein zuverlässiger und toller Typ, ich halte mich daran.« Er rollte sich aus seinem Bett und machte die Liegestützen. Heute ist er selbstbewusster und noch erfolgreicher in seinem Beruf. Übrigens: Er macht immer noch die Liegestützen.

Trainieren Sie sich in Visionsübungen

Stellen Sie sich jeden Abend vor, was Sie erreichen wollen. Am besten immer vor dem Einschlafen. Dieses Ziel stellen Sie sich auf allen Ebenen vor – so als ob Sie es schon erreicht hätten (siehe Mentalcode). »Das Bild, das eine Person von der Zukunft hat«, schreibt der Erziehungspsychologe E. Paul Torrance, »kann ein besserer Indikator für die künftigen Leistungen als die Leistungen in der Vergangenheit sein«.

 Erfolgstipp: Sobald Sie an Ihren Stärken und an Ihrem Selbstvertrauen arbeiten, werden Sie auch leichter die Stärken Ihres Gegenübers erkennen. Konzentrieren Sie sich mindestens vier Wochen auf Ihre Stärken und auf das, was Sie ganz besonders an sich schätzen. Sie werden sehen, dass Sie dadurch viele Situationen leichter bewältigen.

2. Du-Bewusstsein

Weshalb kommt der eine so gut an und ein anderer nicht? Sie erkennen, wie Sie Ihre Beziehung leben, und lernen, soziale Kontakte sinnvoll zu nutzen, damit Sie ein gesundes und zufriedeneres Leben führen. Sie lernen zu erkennen, welche Einstellungen Sie zu Menschen haben und wie Sie Beziehungen zu anderen besser leben.

Das Du-Bewusstsein meint vor allem die Art und Weise, wie Sie Ihren Mitmenschen begegnen. Sind Sie misstrauisch und vermuten hinter jeder Aufmerksamkeit eine List? Oder haben Sie Vertrauen darauf, dass Ihnen Ihre Umgebung wohlgesonnen ist? Indem Sie ein positives Menschenbild haben, unvoreingenommen neue Kontakte schließen und keine voreiligen Urteile fällen, öffnen Sie sich für die Möglichkeiten des Lebens.

Selbsttest:

- Haben Sie sich heute für einen Menschen, der Ihnen wichtig ist, Zeit genommen?
- Sind Sie Ihrem Umfeld freundlich und hilfsbereit begegnet?
- Wurde Ihnen bewusst, dass Sie mit Ihrer positiven Haltung auch Ihr Gegenüber positiver beeinflusst haben?

Auswertung: Sollten Sie bei zwei Fragen mit »nein« geantwortet haben, dann ist es wichtig, dass Sie etwas für Ihr Du-Bewusstsein tun.

Impulsgeschichte: Ich war vor einigen Jahren mit einer Freundin ein Wochenende in Hamburg. Eines Abends beschlossen wir spontan, ein Musical zu besuchen. Als wir gerade auf das Theater zusteuerten, sprach uns ein Mann an. Er fragte uns, ob wir Interesse an zwei Musicalkarten hätten. Wir freuten uns sehr, und ich fragte, was wir dafür tun sollen. Daraufhin sagte der Mann uns, dass er sie uns schenken möchte, weil zwei seiner Kollegen verhindert seien. Die einzige Bedingung sei, dass wir mit ihm zusammen einen Begrüßungssekt trinken. Wir freuten uns und nahmen dankend an. Zu unserer Verwunderung erzählte der Mann dann, dass er schon seit über einer Stunde auf der Suche nach Abnehmern für seine Karten gewesen sei.

Sie sehen, dass viele Menschen sofort eine Abwehrhaltung einnehmen, sobald ihnen jemand etwas schenken will. Doch was soll denn passieren? Es ist absolut löblich, eine gewisse Skepsis zu haben, nicht jedem Menschen sofort Vertrauen zu schenken. Jedoch ist in manchen Situationen das Risiko so gering, dass es sich vielmehr lohnt, die Geschenke des Lebens anzunehmen.

Aktivieren Sie Ihr Du-Bewusstsein
- **Nehmen Sie sich täglich oder mindestens wöchentlich Zeit für einen Menschen, der Ihnen wichtig ist**
  Notieren Sie sich fünf Menschen, die Ihnen wirklich wichtig sind, und überlegen Sie, wie viel Zeit Sie mit diesen Menschen im letzten halben Jahr verbracht haben. Schreiben Sie nun auf, wie viel Zeit Sie mit diesen Menschen künftig verbringen wollen und weshalb.
- **Trainieren Sie sich im selbstbewussten Umgang mit anderen**
  Behaupten Sie sich gegenüber anderen. Auch unter Stresssituationen ist ein höfliches Verhalten entscheidend. Achten Sie bewusster auf Ihre Körperhaltung und Ihre innere Einstellung gegenüber anderen.
- **Zeigen Sie sich wohlwollend und kooperativ**
  Wenn Sie Menschen begegnen, konzentrieren Sie sich auf das Positive an Ihrem Gegenüber und begegnen Sie Ihm wertschätzend. Betrachten Sie einen Kollegen oder Bekannten von seiner besten Seite und konzentrieren Sie sich bewusst auf dessen Stärken.
- **Üben Sie sich in Empathie und Mitgefühl**
  Schauen Sie sich heute einen Menschen, den Sie nicht kennen, ganz genau an – analysieren Sie diesen Menschen und fühlen Sie sich in diesen Menschen

hinein. Dann werden Sie spüren, dass sich Ihre Betrachtung sehr schnell ändert, und Sie verstehen, weshalb manche Menschen einfach anders als erwartet reagieren.

- **Trainieren Sie sich in Ihrem Zeitmanagement**
Nehmen Sie sich pro Tag nur drei Aufgaben vor. Setzen Sie sich ganz klare Prioritäten. Halten Sie immer wieder kurz inne und überprüfen Sie, ob Sie noch auf diesem Weg sind oder sich gerade ablenken lassen.
- **Erwecken Sie das Dankbarkeitsgefühl**
Prüfen Sie täglich, ob Sie dem Menschen, der Ihnen die Türe aufhielt oder ein Lächeln schenkte, auch Dankbarkeit signalisierten. Dankbarkeit ist eine Grundvoraussetzung für ein erfülltes Du-Bewusstsein und ein Garant für Erfolg.

Erfolgstipp: Denken Sie immer daran, egal, was Sie für einen anderen Menschen tun, Sie tun es auch für sich. Sie werden sich besser fühlen, und Ihre emotionale Balance ist für Ihren Erfolg mitentscheidend. Starten Sie durch – was werden Sie heute tun?!

3. Führungsbewusstsein

Weshalb vollbringt ein Mensch geniale Leistungen und ein anderer scheitert kläglich? Beim Führungsbewusstsein geht es um die innere Selbstführung, die einen veranlasst, in seinem Bereich ganz klar zu wirken. Diese Führung verlangt einem jedoch auch die innere Übereinkunft ab, voll und ganz »da« zu sein. Und das heißt, man besitzt die Fähigkeit, ganz klar zu trennen zwischen seiner Arbeit und seinen persönlichen, besser gesagt privaten Belangen.

Sollten Sie in einer Führungsposition sein oder eine anstreben, dann ist es umso wichtiger für Sie, an Ihrem Führungsbewusstsein zu arbeiten. Führungserfolg ist nicht unbedingt messbar, doch er ist bewertbar. Wenn eine Führungskraft ein sehr gutes Führungsbewusstsein hat, dann schafft sie auch die Basis für eine hohe Motivation, Arbeitszufriedenheit und ein gutes Betriebsklima. Die Fluktuations- oder Krankenquote im Team reduzieren sich.

Selbsttest:
- Wurden Sie in Ihrer Kindheit von Ihren Eltern mit Respekt behandelt?
- Verhalten Sie sich so, wie Sie es sich auch von anderen wünschen?
- Reflektieren Sie täglich Ihr Handeln?

Auswertung: Sollten Sie bei zwei Fragen mit »nein« geantwortet haben, dann ist es wichtig, dass Sie etwas für Ihr Führungsbewusstsein tun.

Impulsgeschichte: Ein sehr erfolgreicher Unternehmer erzählte, dass er, als er noch jung war, unbedingt das Unternehmen seines Vaters übernehmen wollte. Sein Vater traute ihm die Unternehmensführung zu. Er gab ihm drei Dinge mit auf den Weg: 1. Denke immer daran, woher du kommst, wer du bist und was du willst. 2. Höre jedem Menschen zu, denn jeder hat dir irgendetwas zu sagen. Wenn du anderen zuhörst, kannst du dir Fehler ersparen 3. Gehe respektvoll mit dir selbst und mit anderen Menschen um. Die Weisheit kommt erst mit viel Erfahrung. Ob ein Mensch weise ist, bekommst du sehr schnell heraus, indem du ihn fragst, ob er viele Fehler gemacht hat. Wenn er »ja« sagt, dabei lächelt und meint, er habe viel gelernt, dann höre genau hin.

Im Übrigen: Dieser Unternehmer ist heute sehr erfolgreich, denn er hat sich an die Ratschläge seines Vaters gehalten.

Aktivieren Sie Ihr Führungsbewusstsein
- **Achten Sie sich und andere**
Beobachten Sie sich, wie achtsam Sie heute und die nächsten Tage mit sich und Ihrem Umfeld umgehen.
- **Behalten Sie Ihren Realismus**
Reflektieren Sie abends, was gut und was weniger gut war. Notieren Sie sich das Ziel für den nächsten Tag und verfolgen Sie dieses.
- **Vermeiden Sie vorschnelle Urteile**
Hören Sie heute mindestens zwei Menschen konzentriert zu, ohne dass Sie diese unterbrechen. Geben Sie auch keinen Kommentar zu dem Gesagten.
- **Arbeiten Sie an Ihrer Vorbildfunktion**
Machen Sie sich bewusst, ob Sie das, was Sie fordern, auch vorleben. Wenn Sie Pünktlichkeit erwarten, sollten Sie selbst auch pünktlich sein.
- **Trainieren Sie Ihre Bereitschaft, Fehler zuzugeben und auch zu korrigieren**
Gehen Sie mit Fehlern positiv um und nutzen Sie diese zur Optimierung Ihrer Arbeitsprozesse.
- **Nutzen Sie Ihren Stolz**
Reflektieren Sie jeden Abend, was Sie heute gut gemacht haben. Notieren Sie es sich.

- Handeln Sie immer nach bestem Wissen und Gewissen
Treffen Sie die Entscheidungen und handeln Sie so, dass Sie es mit Ihrem Gewissen vereinbaren können.

 Erfolgstipp: Schauen Sie sich täglich mindestens für eine Minute im Spiegel in die Augen. Wenn Sie Ihrem Blick standhalten, dann ist Ihre Entscheidung für Sie in Ordnung, und Sie trainieren dadurch Ihre Entschlossenheit.

4. Verantwortungsbewusstsein

Warum übersteht einer Rückschläge scheinbar mit Leichtigkeit und ein anderer geht daran zugrunde? Je besser jemand die Folgen seiner Entscheidungen – bewusst oder unbewusst – im Voraus in Betracht zieht und entsprechend handelt, desto verantwortungsbewusster ist diese Person.

Viele Menschen geben den Umständen oder dem Vorgesetzten die Verantwortung für ihre Situation. Machen Sie sich bewusst, dass es an Ihnen und Ihrer Einstellung liegt, wie Ihr Leben verläuft!

Selbsttest:
- Kommt es häufig vor, dass ein Auto vor Ihnen ganz langsam fährt, wenn Sie es eilig haben?
- Wünschen Sie sich mehr Zeit für sich?
- Handeln Sie häufig anders, als Sie wollen?

Auswertung: Wenn Sie mehrmals »ja« gesagt haben, dann ist es allerhöchste Zeit, mehr Verantwortung für Ihr Leben zu übernehmen. Entscheidend ist die Erkenntnis, dass nur Sie selbst die Verantwortung für Ihr Leben tragen.

Impulsgeschichte: Vor einem Flug von Berlin nach Stuttgart wurde uns mitgeteilt, dass wir wegen eines technischen Defekts die nächste Maschine nehmen müssen. Zwei Geschäftsmänner vor mir brüllten die Mitarbeiterin am Schalter an. Diese antwortete nur: »Was wollen Sie denn, wäre es Ihnen lieber abzustürzen?« In diesem Moment waren die Herren zwar ruhig, doch saßen sie gefrustet in der Ecke, während die anderen Passagiere am Laptop arbeiteten oder miteinander redeten. Jeder entscheidet für sich, wie er mit einer bestimmten Situation umgeht. Wollen Sie in Zukunft die Verantwortung für das eigene Erleben übernehmen oder wollen Sie stattdessen lieber in der Opferrolle bleiben und allen anderen die Schuld geben?

Denken Sie dabei auch an Ihre Gesundheit. Sobald Sie sich in Situationen hineinsteigern, steigt Ihr Blutdruck an, und die eigene Einstellung bestimmt nicht nur über Ihr Verhalten, sondern auch über Ihren Gesichtsausdruck, das Auftreten und Ihr Charisma.

Aktivieren Sie Ihr Verantwortungsbewusstsein

- **Raus aus der Opferrolle**
  Lernen Sie mit den Herausforderungen des Alltags umzugehen, indem Sie die Opferrolle verlassen, Verantwortung übernehmen und jeden negativen Gedankenimpuls sofort wahrnehmen und verändern. Verwenden Sie Worte wie »heute« und »ich will«. Dadurch ist es Ihnen möglich, täglich aufs Neue zu entscheiden und die Verantwortung zu übernehmen.
- **Trainieren Sie sich in der Unabhängigkeit**
  Überprüfen Sie, ob Sie etwas für sich oder für andere tun. Wenn Sie etwas für andere tun, dann sagen Sie es Ihrem Umfeld: »Ich tue es für dich« oder »Ich mache dies, damit die Mitarbeiter zufrieden sind und ich angesehen bin«. Trainieren Sie, ehrlich sich selbst gegenüber zu sein und machen Sie sich bewusst, für wen und warum Sie etwas tun.
- **Selbstannahme**
  Kleine Schwächen machen Sie sympathisch. Beobachten Sie Ihre Emotionen und lernen Sie diese zu akzeptieren. Wenn Sie diese nicht mögen und ändern wollen, dann haben Sie die Möglichkeit, durch bewusstes Wahrnehmen diese Emotion zu verändern.
- **Erhöhen Sie Ihre Eigenverantwortung**
  Was gefällt Ihnen weniger? Was wollen Sie ändern? Finden Sie es heraus und setzen Sie sich klare Ziele. Definieren Sie Ihre Maßnahmen.
- **Aktivieren Sie Ihre Selbstlosigkeit**
  Wenn es anderen gut geht, dann geht es Ihnen ebenfalls gut. Helfen Sie heute einem Menschen! Es gibt immer eine Möglichkeit, etwas Gutes zu tun, und Sie werden sehen, wie gut Sie sich fühlen, wenn Sie etwas Gutes getan haben.
- **Stellen Sie sich Ihrer persönlichen Herausforderung**
  Sprechen Sie heute mindestens zwei fremde Menschen an.

- Achten Sie auf eine gesunde Ernährung
Verzichten Sie doch einmal vier Wochen lang auf Kaffee. Sie werden merken, die ersten vier Tage sind grausam, danach wird es besser. Das ist nicht nur gut für Ihre Gesundheit, sondern auch für Ihre Disziplin.

Erfolgstipp: Aktivieren Sie Ihre Leistung, indem Sie zur Mittagszeit einen Zeitungsartikel lesen. Markieren Sie alle E's, am Nachmittag gegen 15 Uhr die T's und am Abend alle A's. Die Tageszeit, zu der Sie die wenigsten Fehler machen, entspricht Ihrer besten geistigen Leistungsfähigkeit.

5. Reichtumsbewusstsein

Weshalb hat ein Mensch finanzielle Erfolge und ein anderer nicht? Reichtumsbewusstsein zu entwickeln bedeutet, sich jenseits der begrenzenden, gewohnten Gedanken zu begeben. Das Reichtumsbewusstsein verschafft eine innere Stabilität. Von diesem inneren Zustand fühlen sich Menschen angezogen.

Das Geheimnis des Reichtumsbewusstseins ist, die eigenen unbewussten Gedanken, Muster und Verhaltensweisen im Umgang mit Wohlstand und Geld zu erkennen und diese zu verändern. Reichtum kann sich jeder erschaffen. Viele Menschen stellen sich die Frage, ob finanzieller Erfolg wirklich machbar ist und ob Reichtum und Geld steuerbar sind. Selbstverständlich ist das machbar. Etwa jeder 222. Bürger Deutschlands ist Millionär. Zusammen besitzen diese »Reichen« ein Vermögen von zwei Billionen Euro und damit über ein Viertel des deutschen Gesamtvermögens.

Zur Erreichung von Reichtum gehört auch die Analysefähigkeit, wie Sie besser mit Ihrem Geld umgehen und es intelligent anlegen, damit Sie auch über ein ausreichendes passives Einkommen verfügen.

Selbsttest: Beantworten Sie folgende Fragen mit »ja« oder »nein«.
- Haben Sie ein gutes Gefühl, wenn Sie sich etwas kaufen?
- Haben Sie finanzielle Ziele?
- Haben Sie für Notfälle eine Rücklage von drei Monatsgehältern in einem Safe?

Auswertung: Wenn Sie mehrmals »nein« gesagt haben, dann ist es allerhöchste Zeit, mehr für Ihr Reichtumsbewusstsein zu tun.

Impulsgeschichte: Ein Geschäftsführer bestellt sich einen Porsche, und zwei Wochen später erfährt er, dass sein Geschäftsführervertrag nicht verlängert wird. Seine Reaktion: »Zum Glück habe ich mir den Porsche schon bestellt. Das wird schon irgendwie passen.« Drei Monate später hat er einen neuen Job und fährt weiterhin seinen Porsche.

 Erfolgstipp: Wenn Sie im Reichtumsdenken leben, dann ziehen Sie auch Reichtum an. Wenn Sie im Mangel denken, dann haben Sie auch im Außen Mangel.

Aktivieren Sie Ihr Reichtumsbewusstsein
- **Ihr Verhalten im Umgang mit Geld**
  Zunächst ist es für Sie wichtig, zu erkennen, welche Einstellung Sie zu Geld haben. Beantworten Sie bitte nachfolgende Fragen schriftlich: Hätten Sie gerne mehr Geld? Warum wollen Sie mehr Geld? Was verändert sich dadurch in Ihrem Leben? Was wurde Ihnen als Kind über Geld erzählt? Wie gingen Ihre Eltern mit Geld um? Mit welchen Menschen umgaben Sie sich als Kind? Welche Beziehung hatten Sie zu Geld? Denn durch Ihr Geldverhalten erzeugen Sie Emotionen, und Ihre Emotionen lassen Handlungen folgen.
  Impulsgeschichte: Eine Kundin von mir wollte ein zusätzliches Einkommen von 5000 Euro monatlich haben. Früher jammerte sie grundsätzlich bei jeder Rechnung. Sie lernte, sich über eine Rechnung zu freuen, denn sie hat dafür ja einen Gegenwert erhalten. Immer wenn sie eine Rechnung erhielt, stellte sie sich vor, wie ihr monatliches Einkommen ansteigen wird. Nach ca. einem halben Jahr gewann sie in einem Preisausschreiben eine Reise, dann beim nächsten Geld. Mittlerweile macht diese Frau jedes Preisausschreiben mit und gewinnt sehr häufig etwas.
- **Ihr Gelddenken**
  Was unterscheidet einen Selfmademillionär von einem Lottomillionär? Seine Einstellung gegenüber Geld! Ein Selfmademillionär wird sehr schnell wieder zu Geld kommen, wenn er sein Geld verliert. Weshalb? Weil er ein sehr positives Verhältnis zu Geld hat und weiß, dass er einen sehr großen Einsatz an Arbeit und Engagement erbringen muss, um Geld zu verdienen. Deshalb wird er es immer wieder schaffen, zu Geld zu kommen! Ein Lottomillionär, der noch keinen Umgang mit großen Geldsummen gewohnt ist, wird sehr

schnell seinen Lottogewinn wieder verlieren. Weshalb? Weil sein Verhältnis zu Geld problematisch ist, negative Prägungen aus der Kindheit vorhanden sind und er nicht gelernt hat, Geld zu verdienen.

Ändern Sie Ihr bisheriges Gelddenken und konzentrieren Sie sich auf Ihren Wohlstand.

- **Überprüfen Sie Ihr Gelddenken**

Ihr altes Gelddenken:	Ihr neues Gelddenken:
»Wenn ich Geld ausgebe, habe ich ein schlechtes Gefühl.«	»Alles was ich ausgebe, kommt wieder zu mir zurück.«
»Für viel Geld muss man auch viel arbeiten.«	»Geld fließt mir mit Leichtigkeit zu.«
»Geld ist schlecht.«	»Geld ist sexy.«
»Geld macht Menschen schlecht.«	»Geld macht Menschen zu guten Menschen.«

- **Ihr Erfolgskonzept – Finanzplan**

Nutzen Sie ein Haushaltsbuch. Sie werden sehr schnell erkennen, ob sich jede Ausgabe wirklich lohnt und für was Sie Ihr Geld tatsächlich ausgeben.

Impulsgeschichte: In meiner Zeit als Anlageberaterin lernte ich eine junge Frau mit mehreren Kindern kennen. Diese hatte ihr Konto schon zur Monatsmitte überzogen. Es wäre für mich sehr einfach gewesen, dieser Frau etwas Geld zu geben. Doch ich wusste, dass sich dadurch bei ihr nichts ändert. Deshalb vereinbarte ich mit ihr einen längeren Gesprächstermin – sie war sehr verwundert, denn sie wollte doch nur 100 DM haben. An diesem Termin wollte ich ihr ein besseres Geldbewusstsein beibringen. Sie erschien mit einigen Minuten Verspätung. Auf meine Frage, weshalb sie nicht pünktlich war, meinte sie, sie habe noch eine Freundin getroffen. Ich erklärte ihr, dass sie nur dann genug Geld haben werde, wenn sie das Geld auch als wichtig ansehe.

Darauf reagierte sie sehr negativ und erklärte mir, dass ihre ganze Familie noch nie Geld besessen habe und auch ihr Mann nicht mit Geld umgehen könne. Ich fragte sie, was passiere, wenn sie so weitermache. Sie meinte traurig, dann ändere sich nichts und es würde immer schlimmer. Was sie besonders negativ empfand, war, dass ihre Kinder schon ausgegrenzt würden. Das war für mich ein guter Ansatz, denn Menschen verändern sich nur bei Freude oder Schmerz. Ich gab ihr ein Haushaltsbuch und sagte ihr, dass sie jede Ausgabe und jede Einnahme sauber erfassen solle. Einmal die Woche hatten wir einen Termin, an dem sie mir das Haushaltsbuch zeigte. Nach einem halben Jahr schaffte sie es, dass sie am Ende des Monats noch Guthaben auf ihrem Konto hatten. Dieses sparte sie bis auf 5 DM. Nach einem Jahr hatte sie ein kleines Polster, und nach drei Jahren waren alle Kleinkredite zurückbezahlt.

- **Rücklagen**
  In Deutschland liegt die Sparquote bei ca. 10 Prozent des Einkommens. Legen Sie einen Dauerauftrag in Höhe von 10 Prozent Ihres Einkommens an. Dies ist schon eine gute Basis für Ihren Vermögensaufbau.
- **Ihr Geldziel-Visionsaufbau**
  Zuerst stellen Sie sich Ihre Geldvision konkret vor. Legen Sie Ihr finanzielles Ziel möglichst genau fest – Definieren Sie einen konkreten Betrag. Überlegen Sie genau, was Sie tun müssen, um diesen Betrag zu erreichen. Definieren Sie einen konkreten Zeitplan. Notieren Sie den Zeitpunkt, die Geldsumme und Ihren Einsatz und lesen Sie sich diese Notiz mindestens zweimal täglich vor.

 Erfolgstipp: Bedenken Sie immer, Sie haben nicht viel Erfolg, weil Sie Geld haben, sondern Sie haben viel Geld, weil Sie Erfolg haben. Jetzt verstehen Sie sicherlich viele Aussagen von erfolgreichen Persönlichkeiten, die sagen, wenn ein Mensch Leistung bringt und dabei auch noch Spaß hat, wird er auch immer das entsprechende Geld verdienen.

6. Wertebewusstsein

Weshalb handelt der eine, ohne nachzudenken, und ein anderer denkt so viel? Das Wertebewusstsein besteht aus den moralischen und ethischen Vorstellungen, mit denen ein Mensch seine Handlungen bewertet und die Richtigkeit des eigenen Handelns definiert. Das Wertebewusstsein entsteht hauptsächlich aus den Erfahrungen aus Ihrer Kindheit (siehe Prägungscode) und später aus Ihrem sozialen Umfeld.

Selbsttest: Beantworten Sie spontan folgende Fragen:
- Können Sie Ihre Werte beruflich und privat leben?
- Haben Sie den Eindruck, dass Sie Konflikte im Sinne aller Beteiligten lösen?
- Sind Sie verbindlich in Ihren Worten und Aussagen?

Auswertung: Wenn Sie mehrmals »nein« gesagt haben, dann ist es höchste Zeit, an Ihrem Wertebewusstsein zu arbeiten. Nur wenn Sie wissen, welche Kriterien für Ihr Wertebewusstsein verantwortlich sind, sind Sie in der Lage, etwas zu verändern.

Beispiel: Wie geht es Ihnen, wenn Sie eine gesunde Person in einen Parkplatz einparken sehen, der für Rollstuhlfahrer reserviert ist?

Aktivieren Sie Ihr Wertebewusstsein
- **Achten Sie auf Ihre persönliche Integrität**
Überprüfen Sie grundsätzlich, ob Ihre Worte und Ihr Verhalten übereinstimmen. Zum einen wird Ihnen mehr vertraut, und zum anderen werden Sie schneller erkennen, wenn jemand nicht diese Integrität besitzt.
- **Umgang mit Schuldgefühlen**
Kennen Sie folgende Gedanken? »Hätte ich doch ...«, »Wäre ich bloß nicht so schnell gefahren.«, »Wenn ich mehr Geld hätte, dann wäre ...«
Anerkennen Sie die Tatsache, dass Sie so gehandelt haben. Überprüfen Sie, warum Sie es getan haben. Betreiben Sie Schadensbegrenzung durch klare Aussagen und Verantwortungsübernahme. Ändern Sie Ihr Verhalten.
- **Werte leben**
Notieren Sie Ihre drei wichtigsten Werte und überprüfen Sie, ob Sie diese in Ihrem Berufs- und Privatleben auch leben. Denn nur wenn Sie Ihre Werte wirklich leben, werden Sie auch ein zufriedenes Leben haben.

 Erfolgstipp: Reflektieren Sie Ihre wichtigsten Werte und legen Sie sich auf einen Wert für einen Monat fest. Überprüfen Sie, ob Sie diesen Wert auch tatsächlich leben und wie es Ihnen dabei geht. Sie werden Ihre Zufriedenheit steigern.

7. Glücks- und Erfüllungsbewusstsein

Häufig fragen sich Menschen, warum ist der eine viel glücklicher als der andere? Glück ist eine Grundvoraussetzung für innere Zufriedenheit. Fokussieren Sie sich auf das, was Sie wollen, und nicht auf das, was Sie nicht wollen.

Der Dalai Lama sagt: »Tue das, was du tust, mit ganzem Herzen.« Dies bedeutet, dass nicht das, was wir tun, zum Glück führt, sondern die Art und Weise, wie wir etwas tun.

Selbsttest: Beantworten Sie spontan folgende Fragen:
- Haben Sie das Gefühl, Ihr Leben zu leben?
- Haben Sie den Eindruck, dass Sie etwas in Ihrem Leben verpasst haben?
- Denken Sie, dass Sie ein glückliches Leben führen?

Auswertung: Wenn Sie einmal »nein« gesagt haben, dann ist es an der Zeit, mehr für Ihr Glücks- und Erfüllungsbewusstsein zu tun. Es geht um die alltägliche Zufriedenheit und Freude, nicht um einen permanenten Glückszustand. Dies ist auch der Unterschied zwischen Glück und Erfüllung. Glück ist noch nicht genug für den Menschen. Glück hat mit einem einzigen Augenblick zu tun: Jetzt bin ich glücklich. In vielen Untersuchungen wird bestätigt, dass Glücklichsein wenig von den Umständen des Lebens abhängt. Die äußeren Faktoren entscheiden zu weniger als 10 Prozent über das persönliche Glück. Das bedeutet, dass das Glücksempfinden hauptsächlich aus jedem selbst kommt.

In der Glücksforschung wurden sieben Glücksfaktoren identifiziert. Diese sind:
- eine familiäre Beziehung,
- finanzielles Einkommen,
- befriedigende Arbeit,
- soziales Umfeld,
- Gesundheit,
- persönliche Freiheit und
- eine Lebensphilosophie.

In den westlichen Industrieländern hängt unser Glück maßgeblich von den Beziehungen zu anderen Menschen ab.

George Bernard Shaw sagte Folgendes: »Ökonomie ist die Kunst, das Beste aus unserem Leben zu machen.« Konkreter beschreibt es der Schweizer Ökonom

Mathias Binswanger, der sagt, es geht nicht um Einkommensmaximierung, sondern um die Maximierung des menschlichen Glückes, der Zufriedenheit, der Lebensqualität oder – noch wissenschaftlicher ausgedrückt – des subjektiven Wohlbefindens.

Neben Glück ist auch Erfüllung wichtig. Bei der Erfüllung geht es darum, im Leben ein begehrtes Ziel vor Augen zu haben. Viktor Frankl, ein Freund Sigmund Freuds und Überlebender der nationalsozialistischen Todeslager, stellt die These auf, dass die Suche nach Erfüllung der ultimative menschliche Antrieb sei. Jedem Menschen ist wichtig, dass sein Leben einen Sinn hat und es für ihn einen Grund gibt, hier zu sein. Für den einen ist es wichtig, ein Vermächtnis zu hinterlassen, für den anderen, seine Berufung zu finden. Erfüllung ist immer mit Dingen oder Personen verbunden, die über das eigene Selbst hinausgehen. Erfüllung ist mit einem Gefühl der Verbundenheit verknüpft.

Aktivieren Sie Ihr Glücks- und Erfüllungsbewusstsein
- **Ihre Glücksmomente**
  Waren Sie heute schon glücklich? Nein? Dann wird es höchste Zeit. Halten Sie einen kurzen Moment inne und notieren Sie, welche Glücksmomente Sie in den letzten Tagen hatten. Konzentrieren Sie sich bewusst auf diese kurzen Momente.
- **Trainieren Sie sich in der Flexibilität**
  Arbeiten Sie mit einem Plan B. Stellen Sie sich vor, Sie müssen Ihre Präsentation auf 15 Minuten kürzen. Trainieren Sie, für jede Aufgabe immer zwei Lösungen zu finden. Bereiten Sie bei Präsentationen eine kurze und längere Version vor. Je besser Sie vorbereitet sind, umso flexibler können Sie auch sein.
- **Hinterfragen Sie sich und Ihre Lebenssituation**
  Stellen Sie sich in regelmäßigen Abständen nachfolgende Fragen: Will ich wirklich so leben? Worauf kommt es mir im Leben an?
- **Aktivieren Sie Ihr »Humor-Gen«**
  Lachen Sie täglich mindestens einmal über sich. Machen Sie etwas, was Sie noch nie getan haben, und vor allem bewerten Sie hier nicht das Ergebnis, sondern wie Sie sich gefühlt haben.
  Trainieren Sie sich im Humor. Durch Humor erreichen Sie ein erhöhtes Motivationslevel, und als humorvoller Mensch sind Sie stressresistenter und erfolgreicher.

- **Die Kraft der positiven Gedanken**
Lenken Sie heute jeden Gedanken in eine positive Richtung. Sie werden sehr schnell feststellen, dass Sie sich nicht nur glücklicher, sondern auch selbstbestimmter fühlen.
- **Die Macht der Bewegung und der Worte**
Überprüfen Sie in den nächsten sieben Tagen Ihre Körperhaltung und Ihre Wortwahl. Durch Bewegung beeinflussen Sie Ihre Gefühle, durch Ihre Worte steuern Sie Ihre Ziele. Menschen, die nicht glücklich sind, bewegen sich häufig sehr langsam, sitzen mit hängenden Schultern da, und es kommt keine Power rüber. Menschen, die glücklich sind, haben eine bessere Körperhaltung, mehr Präsenz.
- **Zufriedenheit leben**
Nehmen Sie sich heute vor, alle Aufgaben, die Ihnen übertragen werden, mit Freude zu erledigen. Sie werden sehr schnell erkennen, wie rasch Sie zufriedener werden.
Ein Mensch, der mit Freude bei seiner Arbeit ist, ist zufriedener. Sie sind voller Hingabe und Zufriedenheit, wenn Sie einen Sinn in Ihrem Tun erkennen. Wenn Sie das machen, was Sie gerne tun, und die Menschen mögen, mit denen Sie zu tun haben. Und auch, wenn Sie den Ehrgeiz entwickeln, beste Ergebnisse zu liefern, und Verantwortung für Ihre Arbeit zu übernehmen.
- **Chancen nutzen**
Bekamen Sie heute schon ein Angebot? Zum Beispiel eine Einladung zum Mittagessen oder zu einer gemeinsamen Wanderung …? Viele Menschen lehnen solche »Angebote« ab, weil sie gerade »Wichtigeres« zu tun haben. Nehmen Sie solche Angebote an. Auch wenn es ganz anders ist, als Sie es sich vorstellen. Sie entwickeln sich weiter – und wer weiß, was es Ihnen dann doch noch bringt.
Wenn sich Ihnen Chancen eröffnen, dann nutzen Sie diese, um Ihre Karriereplanung und Lebensplanung oder einfach Ihre Persönlichkeitsentwicklung voranzutreiben.
- **Umgang mit Rückschlägen**
Welchen großen Rückschlag mussten Sie bereits hinnehmen? Was hat sich dadurch verändert? Wie ist Ihre heutige Einstellung zu dieser Situation?
Ein kleiner Ausrutscher, eine Kündigung, ein Umzug: Situationen, die zu Beginn häufig als Katastrophe gesehen werden, sind sehr häufig im Nachhin-

ein eine tolle Möglichkeit, sich zu verbessern und das eigene Leben noch besser zu gestalten.

 Erfolgstipp: Legen Sie sich ein Erkenntnisbuch an. Notieren Sie sich Ihre Erfolge und Rückschläge. Schreiben Sie ein halbes Jahr später auf, was sich für Sie verbessert hat. Somit lernen Sie aus Ihren Situationen und lenken Ihr Leben gezielter.

IV. Erhöhen Sie Ihr Erfolgsbewusstsein

Erfolgsbewusstsein gewinnen Sie nur, wenn Sie alle sieben Bewusstseinskriterien reflektieren und anwenden. Machen Sie sich bewusst, dass es in keinem Leben Erfolgsgarantien gibt. Vielmehr steckt in jedem Versuch auch die Möglichkeit des Scheiterns. Wenn Sie dies wissen, ist es leichter, es nochmals und immer wieder zu probieren. Es gibt verschiedene Wege zu Ihrem persönlichen Erfolg. Sehr häufig ist der zweite oder dritte Versuch sogar wesentlich besser. Das Schönste ist, dass Sie gerade an diesen Herausforderungen in Ihrer Persönlichkeitsentwicklung und in Ihrem Erfolgsdenken wachsen.

Denken Sie immer daran: Hinfallen ist nicht schlimm – nur Liegenbleiben! Jede Erfolgsgeschichte von Unternehmen oder Unternehmerpersönlichkeiten ist durch viele Herausforderungen gekennzeichnet. Die nach außen wirkende Leichtigkeit kommt nur über die Begeisterungsfähigkeit und die Leidenschaft der Persönlichkeit, die weiß, was sie will.

Machen Sie es sich bewusst, dass wenn Sie es nicht probieren, Misserfolg auf alle Fälle vorprogrammiert ist. Sehen Sie einen Rückschritt als Chance, Ihr Ziel noch besser zu erreichen. Probieren Sie es aus. Nicht dass Sie sich am Ende Ihres Lebens fragen: »Warum habe ich es bloß nicht getan?«

Im Folgenden finden Sie einige Tipps, mit denen Sie Ihr Erfolgsbewusstsein überprüfen und verbessern.

Ihr Fokus: Fokussieren bringt Veränderung. Indem Sie sich auf etwas, das Ihnen wichtig ist, konzentrieren, werden Sie schon eine konkrete Veränderung wahrnehmen. Wählen Sie einen Leitsatz aus und leben Sie diesen eine Woche lang. Beginnen Sie mit dem Satz, der Ihnen am leichtesten fällt, und starten Sie heute noch:

- Ich werde diese Woche täglich an meinem großen Ziel arbeiten.
- Ich werde mir täglich etwas Gutes tun.
- Ich akzeptiere mein Umfeld so wie es ist und sehe das Positive in jedem Mitmenschen.
- Ich erledige jede Aufgabe, die ich begonnen habe, bis zum Ende.
- Ich habe eine positive Haltung zu meinem Geld. Ich gebe gerne und erhalte es zurück.
- Ich nehme mich wichtig und gehe achtsam mit mir um und werde jeden Tag 5 Minuten meditieren.
- Ich werde jedem Menschen, der mir begegnet, ein Lächeln schenken.

Erfolgstipp: Sie können jederzeit diese Leitsätze ergänzen. Selbst wenn Sie einen Satz nur einen Tag lang leben, werden Sie erkennen, dass Sie selbstbestimmter und erfüllter leben. Probieren Sie es aus.

Das Tragische im Leben vieler Menschen ist, dass sie überall nach ihrem Erfolg suchen, nur nicht in ihrem Inneren. So bleiben viele an der Oberfläche hängen. Durch die sieben Erfolgsbewusstseinskriterien haben Sie die Möglichkeit, Ihr Erfolgsbewusstsein zu korrigieren und Ihren Erfolg so zu steuern, dass er mit Ihrer Persönlichkeit, Ihrem Verhalten, Ihren Talenten und Ihrem Bewusstsein vollkommen in Balance ist. Denn dadurch haben Sie die Chance, Ihr Leben wirklich erfolgreich zu leben. Denn Ihr Erfolg wird nicht durch Belesenheit, materiellen Besitz, die Ehe oder Familie, sexuelle Eroberungen oder unendliche Firmenübernahmen geschaffen. Selbstverständlich tragen diese Dinge zu einem guten Gefühl bei. Dieses hält jedoch nur kurzfristig an.

Lassen Sie sich von den nachfolgenden Erfolgsgeschichten inspirieren und definieren Sie im Anschluss Ihre eigene Geschichte.

V. Die Bedeutung des Erfolgs aus verschiedenen Blickwinkeln

Es gibt unzählige Sichtweisen, was Erfolg bedeutet. Um dies zu verdeutlichen, habe ich einige »Erfolgsgeschichten« zusammengetragen. Im Folgenden ein kleiner Auszug, wie Menschen für sich Erfolg definiert haben und ihn leben:

Der Selbststarter

Schon als junger Mann war er sehr engagiert und hatte klare Ziele. Das Verhältnis zu seinen Eltern war mittelmäßig, der Vater sehr aggressiv. Das war jedoch seine Motivation, noch mehr aus seinem Leben zu machen. Er zeichnet sich durch Extrovertiertheit und Begeisterungsfähigkeit aus. Nach außen ist er der Erfolgstyp, dem alles zufällt. Schon in jungen Jahren wollte er mehr erreichen als andere und machte sich mit einem Geschäftspartner selbstständig. Dieser betrog ihn, und der junge Mann stand mit über einer Million Schulden allein da. Er hatte zwei Möglichkeiten: Die eine war, aufzugeben und Insolvenz anzumelden. Die andere, kämpfen, mit den Banken verhandeln und das Geld zurückzuzahlen. Er entschied sich für Version zwei und stellte sich dieser Herausforderung. Denn das Kämpfen hatte er ja schon sehr früh gelernt und wusste, dass er es schaffen wird. Sein Unternehmen steht heute sehr gut da, er hat Familie, ist weiter angetrieben, noch erfolgreicher zu sein, und gibt täglich sein Bestes. Wenn er die Frage gestellt bekommt, weshalb er immer noch so erfolgsgetrieben ist, meint er nur, dass es ähnlich wie bei einem Schwungrad ist, es geht immer weiter und ist nicht aufzuhalten.

Die Engagierte

Durch den Tod des Vaters musste die junge Frau schon mit Mitte 20 viel Verantwortung übernehmen. Sie nahm diese an und stieg in das Unternehmen der Eltern als Geschäftsführerin ein. Es war nicht leicht, den Ansprüchen der Mitarbeiter zu entsprechen. Doch sie boxte sich durch, studierte nebenher und überzeugte durch eine unglaubliche Einsatzbereitschaft. Nebenbei baute sie Netzwerke auf und tat alles für das Unternehmen, um es nach vorne zu bringen. Sie gilt als charismatische Powerfrau. Das Privatleben blieb etwas auf der Strecke. Wegen ihres überdurchschnittlichen Einsatzes und ihrer starken Persönlichkeit ist es für keinen Mann einfach, an ihrer Seite zu bestehen. Teilweise wird sie als Workaholic bezeichnet – doch dazu lächelt sie nur und meint: »Ich liebe das, was ich mache, und lebe auch dafür.«

Die Soziale

Schon früh und plötzlich verstarb die Mutter. Der Vater war mit der Situation und den fünf Kindern teilweise überfordert. Sie selbst hatte als junges Mädchen einen schweren Unfall, der ihr Leben komplett veränderte. Zu Beginn war sie gelähmt und konnte erst nach zwei Jahren wieder richtig gehen. Ihr standen jedoch immer wieder Menschen zur Seite, die ihr die Angst nahmen und Hilfe gaben.

Als ihr später bewusst wurde, dass sie dies alles niemals aus eigener Kraft hätte schaffen können, fand sie ihren Glauben an Gott, der ihr auch die Angst genommen hatte oder ihr Menschen schickte, die ihr halfen. Damals lautete die Prognose, dass sie maximal 14 Jahre alt werden könne. Heute ist sie viel älter und gesund. Sie sieht ihr Leben als Geschenk an. Ihre Empfehlung für andere lautet: »Freu dich an deinem Leben und genieße jeden Tag!«

Der Ehrgeizige
Als junger Mann wollte er viel lernen und bewies im Studium ein hohes Engagement. Wissen war ihm wichtig. Als sein Vater verunglückte, entschied er sich, ein Unternehmen aufzubauen. Seine Prioritäten waren Zielorientierung und Gewinn. Sein Ziel: noch größer und erfolgreicher werden und im richtigen Moment zu wissen, was wirklich wichtig ist. Eine seiner Herausforderungen war, loszulassen und den Führungskräften mehr Verantwortung zu geben und zu akzeptieren, dass diese sich entwickeln und das Unternehmen führen können. Er verstand sehr gut, die Unterschiedlichkeit seiner Führungsmannschaft zu nutzen und diese zu entwickeln. Er zeichnet sich dadurch aus, dass er seine Mitarbeiter innerhalb ihres Profils fordert und fördert und nach Stärken einsetzt. Er weiß, dass er und das Unternehmen nur wachsen, wenn er die Menschen hinsichtlich ihrer Potenziale einsetzt. Nur so kann er weiterkommen und wieder ein Unternehmen aufbauen. Mit Bescheidenheit reagiert er auf die Frage nach seinen hohen Maßstäben: »Es gibt Menschen, die haben noch höhere Maßstäbe und arbeiten noch mehr.«

Der Senkrechtstarter
Er wird in der Schule als introvertiert und als zu ruhig bezeichnet. Seine Stärken sind aus Sicht der Lehrer durchschnittlich. Sein Ehrgeiz wurde gerade durch diese Aussagen geweckt. Jahrelang arbeitet er daran, sein Ziel mit seinem vollen Einsatz und einem planvollen Vorgehen zu erreichen. Heute hat er sein Ziel erreicht: ein perfekt durchorganisiertes Unternehmen. Sein Slogan: »Ohne konkrete Vorgaben und Kontrollen kein Erfolg. Wer weiß, wohin er will, und die Ausdauer und Disziplin hat, der kommt garantiert dort auch an.«

Der Starke

Schon als kleines Kind musste er Verantwortung übernehmen. Er musste alleine zur Schule gehen, seinen Ranzen einpacken, alleine lernen und zu Hause viele Aufgaben übernehmen. Seine Eltern hatten viel zu tun und wenig Zeit für ihn. Als Kind stellte er sich bereits vor, was er besser machen wollte. Sein Vater wurde schwer krank, und er musste seine Mutter unterstützen, in den Krankenhäusern mit Ärzten sprechen und deren Aussagen positiv sehen. Denn die Ärzte gaben nie positive Diagnosen über die Krankheit seines Vaters, ganz im Gegenteil. Er lernte früh, auf Menschen zuzugehen und diplomatisch mit ihnen zu reden. Studieren konnte er nicht, da das Geld nicht vorhanden war. Er machte eine Ausbildung, und durch Zufall kam er in den Vertrieb. Seine Führungskraft entdeckte gleich das Potenzial und forderte und förderte ihn. Geschenkt bekam er nichts. Schon nach kurzer Zeit war er einer der besten Verkäufer. Nach weiteren Jahren war er Vertriebsleiter. Heute ist er ganz oben, hat seine Familie und ist sehr zufrieden. Auf die Frage, warum er es geschafft hat, meint er: »Fleiß, Ausdauer, Unterstützer und ein bisschen Glück.«

Der Zuverlässige

Er wuchs mit zwei Geschwistern auf und hatte immer einen kleinen und treuen Freundeskreis. Er ist in vielen Vereinen engagiert, denn der Kontakt zu Menschen ist ihm wichtig. Er ist freundlich und motiviert. Er ist loyal und engagiert. Beruflich macht er einen sehr guten Job, er arbeitet effektiv und effizient. Seine Führungskraft unterstützte ihn, weiter nach oben zu kommen, da er sehr zuverlässig und verantwortungsbewusst war. Seine Ziele: ein angenehmes Umfeld und die Erreichung der Unternehmensziele. Durch sein persönliches Auftreten und seine verbindlichen Aussagen wird er befördert. Er führt seine Aufgaben aus. Mit seinen Mitarbeitern geht er sehr wertschätzend und respektvoll um. Für ihn ist die wichtigste Voraussetzung für seinen Erfolg ein wertschätzender und respektvoller Umgang mit allen Menschen.

Übung: Was machen erfolgreiche Menschen anders als andere?
Notieren Sie sieben Eigenschaften, die Sie bei den verschiedenen Erfolgsprofilen wahrgenommen haben und die maßgeblich für den Erfolg dieser Personen verantwortlich waren.

Auflösung: Engagement, Wille, innere positive Haltung, Ziel, Vision, Begeisterungsfähigkeit, Leidenschaft, Verlässlichkeit, Freude, Menschenkenntnis, noch besser werden wollen, Ehrlichkeit, Ausdauer, Glück, Dankbarkeit, Kompromissbereitschaft, Respekt, Wertschätzung, Glaube und Überzeugungskraft.

Sie sehen, dass jeder dieser Menschen Erfolg anders definiert. Alle Typen haben eigene Erfolgspotenziale mitgebracht und ihren Weg gewählt.

 Erfolgstipp: Lassen Sie andere wissen, was Ihnen Ihr persönlicher Erfolg bedeutet! Schreiben Sie Ihre eigene Erfolgsgeschichte in einigen Sätzen auf und senden Sie mir diese zu. Erfolg zieht Erfolg an!

Die 7 Geheimnisse für Ihren Erfolg

1. Ihr Potenzial: Denken Sie immer daran: Sie sind einzigartig und haben die Chance, sich so zu entfalten, wie Sie es für wichtig erachten. Hierzu benötigen Sie Engagement. Wenn Sie Ihre Stärken leben, dann werden Sie dadurch schon erfolgreicher!
2. Ihre Lebensvision: Des Weiteren benötigen Sie ein klares Zielbild über Ihr Leben. Dies funktioniert am besten, wenn Sie sich vorstellen, was Sie am Ende Ihres Lebens Ihrem besten Freund oder einem Journalisten über Ihr Leben erzählen wollen: Stellen Sie sich genau vor: Was wollen Sie haben? Warum wollen Sie es haben? Wie wird es Ihnen gehen, wenn Sie es erreicht haben?
3. Ihre Strategie: Setzen Sie sich zum Ziel, sich immer weiter zu verbessern. Definieren Sie die Eigenschaften, an denen Sie noch arbeiten werden. Erstellen Sie sich Ihren Maßnahmenplan.
4. Ihr Erfolgsglaube: Der Glaube und das Vertrauen, dass alles gut wird, sind eine Grundvoraussetzung. Sollten Sie noch Zweifel haben, dann hinterfragen Sie diese. Sehen Sie immer die Chance. Je mehr Sie sich auf das Gute konzentrieren, umso leichter fällt es Ihnen, und Sie haben mehr Energie und Kraft. Trainieren Sie sich im Vertrauen und im Glauben. Was Sie glauben und worauf Sie vertrauen – das ziehen Sie auch magisch an.
5. Holen Sie sich einen Unterstützer. Ein Mensch, der für Sie da ist und der Sie versteht, wenn Sie ihn benötigen, ist mehr wert als vieles andere. Suchen Sie sich Menschen aus, die Sie bei Ihrer Zielerreichung unterstützen und die Sie auch sehr gut reflektieren.

6. Legen Sie sich ein Jahresmotto für Ihr Ziel zu, z. B. »Jeden Tag ein Glücksmoment!« oder »Ich lebe mein Leben!« oder »Jeden Tag ein Kompliment!«.
7. Reflektieren Sie täglich, was Sie für Ihr Ziel getan haben. Nehmen Sie sich für den nächsten Tag eine Aufgabe vor, die Sie Ihrem Ziel näher bringt.

VI. Ihr persönlicher Weg zum Erfolg

Gehen Sie Ihren eigenen Weg zum Erfolg
Erinnern Sie sich noch an die Geschichte mit dem kleinen Jungen, der ganz nach oben wollte, und dem älteren Mann, der ihm im Aufzug begegnete? Der alte Mann traute sich früher nicht, ganz nach oben zu fahren, und später wollte er es nicht. Denken Sie immer daran, egal was Ihnen andere Menschen sagen: Gehen Sie Ihren eigenen Weg! Wenn Sie viele Menschen fragen, was richtig oder falsch ist, werden Sie jedes Mal eine andere Antwort erhalten, da die meisten Menschen von sich ausgehen. Entscheidend für ein beruflich und privat erfüllteres Leben ist, dass Sie erkennen, was gut für Sie ist, wie Sie Ihre Stärken leben und was Sie wollen. Lernen Sie nun von Grund auf, Ihre Erfolgsgeschichte zu schreiben und Ihren Erfolg zu leben.

Impulsgeschichte: Vor Kurzem erzählte mir ein Kunde, dass er eine sehr merkwürdige Mail mit einer Nachfrage nach seinem Vater erhielt. Früher hätte er diese Mail gelöscht, denn wenn eine Person schreibt »Sind Sie der Sohn von …«, sei dies schon ein Grund, sie einfach zu löschen. Doch er hatte im Coaching einiges gelernt, vor allem Chancen zu nutzen oder einfach eine Frage zu stellen. Er beantwortete die Mail kurz und sagte, dass seine Mutter schon vor über 15 Jahren verstorben sei und sein Vater ebenfalls 13 Jahre tot sei. Daraufhin kam eine ausführliche Antwort von einem älteren Herrn.

Er schrieb: »Lieber …, das mit Ihren Eltern tut mir sehr leid. Ich war 1999 mit Ihrem Vater in der Reha, ein paar Monate später haben meine Frau und ich Ihre Eltern besucht. Ich weiß, dass er viel mitgemacht hat. Daher gönne ich ihm seinen Frieden. Sie werden sich wundern, warum ich mich jetzt melde. Ich bin mittlerweile 63 Jahre alt, und in diesem Alter schaut man auf sein Leben zurück. Je älter man wird, desto öfter denkt man an früher. Und manche Menschen bleiben einem irgendwie immer im Gedächtnis. Vor Kurzem wollte ich Ihren Vater anrufen und fragen, wie es ihm geht. Doch die Rufnummer gab es nicht mehr.

So machte ich Sie ausfindig. Was ich über Sie gelesen habe, ist sehr beeindruckend, und Ihr Vater wäre sicherlich sehr stolz gewesen auf Sie und Ihren Lebenslauf. Es war ihm damals sehr bewusst, dass Sie es durch die Krankheit und die gesamten Umstände nicht immer leicht hatten und sehr früh Verantwortung übernehmen mussten. Er sprach in der Kur sehr viel von Ihnen und wie engagiert Sie doch sind. Anhand Ihres Profils sehe ich – und das ist sehr tröstlich –, dass die Leidenserfahrung Gutes wachsen lässt. Ich wünsche Ihnen viel Erfolg und Glück im privaten Leben, ein erfülltes Leben, Gesundheit und Geborgenheit, das ist sicher der innigste Wunsch Ihrer leider verstorbenen Eltern.«

Diese Mail gab ihm die Antwort auf seine Fragen. Sein Vater hatte vor anderen Menschen immer positiv über ihn gesprochen, jedoch nie vor ihm. Auch wurde ihm durch die Aussage des »Fremden« nochmals mehr bewusst, dass jedes Leben endlich ist und er sich noch gezielter überlegen wollte, ob er weiterhin so viel arbeiten oder doch etwas mehr sein Leben genießen wollte. Er erkannte, dass Erfüllung und das richtige selbstbestimmte Leben viel wichtiger sind, als noch mehr zu arbeiten oder für andere zu leben.

Wenn Sie gerade auch an einem Wendepunkt in Ihrem Leben stehen oder einfach nur eine Bestandsaufnahme machen wollen, dann nutzen Sie jetzt Ihre Chance und schauen Sie vom Ende her auf Ihr Leben.

Ihre Rückschau
Es gibt in Ihrem Leben sicherlich viele Momente, in denen Sie sehr glücklich waren oder in denen Sie Menschen trafen, die Ihnen etwas auf Ihren Weg mitgaben, was Sie tief berührt hat. Denken Sie an diese Menschen und an diese Situationen und führen Sie nachfolgende Übung durch.

Übung: Worte berühren und hinterlassen einen bleibenden Eindruck. Worte geben uns Kraft und Mut. Worte helfen uns, Herausforderungen anzugehen. Welches »Handgepäck« an Worten, die Sie begleitet haben und die Sie nie verlieren wollen, tragen Sie mit sich herum? Fragen Sie sich: Weshalb sind diese Worte für Sie so wichtig gewesen? Welche Emotionen haben Sie bei Ihnen hervorgerufen?

Notieren Sie sich diese Worte und die entsprechenden Emotionen. Diese sollen Ihnen die innere Kraft und Begeisterung für Ihre Ziele geben, damit Sie mit einem Leuchten in den Augen erkennen und erreichen, was Ihnen wichtig ist.

Ihre Lebensreise: »Der rote Faden«

Das Leben ist eine Reise, und jeder kann diese Lebensreise nur einmal antreten. Wie lange wir auf dieser Welt bleiben, weiß keiner ganz genau, doch die Zeit beginnt mit dem Tag unserer Geburt zu laufen und endet in einem Moment. Die Endlichkeit ist also bewusst vom ersten Tag an vorhanden! Viele Menschen bedauern am Ende ihres Lebens und sagen, dass sie dies oder jenes nicht gemacht haben. Jetzt haben Sie die Chance, etwas wirklich zu tun!

Impulsgeschichte: Ein Kunde hatte einen schweren Autounfall und kam nur knapp mit dem Leben davon. Im Krankenhaus wurde ihm bewusst, dass er einen besonderen Schutzengel hatte, der dafür sorgte, dass er nochmals eine Chance erhielt. Er notierte sich drei Dinge, die er sofort ändern wollte: Dankbarkeit für sein Leben, jeden Tag bewusst innezuhalten und einen Glücksmoment zu haben. Und bei jedem Kunden das Beste zu geben. Heute ist er sehr dankbar für das Geschehene. Er geht sorgfältiger mit jedem Tag um und genießt kleine Glücksmomente, denn er weiß, dass er die Möglichkeit bekam, sein Leben als Geschenk zu sehen, mit dem er sorgfältiger umzugehen weiß.

Erarbeiten Sie nun Ihren »roten Faden« für Ihren persönlichen Erfolg, indem Sie nachfolgende Fragen beantworten:

- Was macht für Sie Ihr Leben aus?
- Was hat Ihnen in Ihrem Leben am meisten Freude bereitet?
- Welche Situationen vermittelten Ihnen das stärkste Gefühl von Erfüllung und Sinn?
- Welche Menschen sind für Sie unverzichtbar, damit Sie sich glücklich und erfüllt fühlen?
- Was bedauern Sie, das Sie früher nicht getan haben oder sich nicht erlaubten?
- Was würden Sie konkret anders machen, wenn Sie nochmals neu beginnen könnten?
- Welche Weggabelungen gab es, die für Ihren weiteren Lebenslauf entscheidend waren?
- Stellen Sie sich vor, dass Sie bei vertrauten Menschen eingeladen sind. Der Gastgeber bittet Sie, Ihr Leben zu beschreiben. Was sagen Sie? Wie ist Ihr bisheriges Leben verlaufen?
- Mit welchem Gefühl sehen Sie Ihrem Lebensende entgegen?
- Wovor fürchten Sie sich im Hinblick auf Ihr Lebensende?
- Was werden Sie ändern, damit Sie die Furcht überwinden?

- Was werden Sie in einem Satz über ihr Leben sagen?
- Welchen Satz würden Sie einem jungen Menschen mit auf seinen Weg geben, damit er aus Ihrer Sicht ein erfüllteres, glücklicheres Leben hat?

Jeder Mensch ist einzigartig! Jede Erfolgsgeschichte ist individuell, und jeder hat auch eine andere Lebensaufgabe. Sie werden sehr schnell erkennen, ob Sie auf dem richtigen Weg sind, denn dann wird es gut laufen: Chancen kommen auf Sie zu, und den Herausforderungen werden Sie sich stellen. Das Wichtigste ist jedoch immer, Ihr Zielbild zu sehen und es zu leben.

Übung: Schreiben Sie nun über Ihr Leben. Stellen Sie sich vor, was Sie am Ende Ihres Lebens erreicht haben wollen und wie Sie sich dabei fühlen. Betrachten und beschreiben Sie bitte alle Lebensbereiche. Was schreiben Sie über Ihren Beruf, Ihre Partnerschaft, Ihre Familie, Freunde, Hobbys, Gesundheit, Finanzen und den Sinn Ihres Lebens? Formulieren Sie für jeden Bereich mindestens zwei emotionale Sätze. An Ihren emotionalen Aussagen erkennen Sie schnell, was Ihnen tatsächlich Erfüllung und Sinn in Ihrem Leben gibt.

Ihre Erwartungshaltung entscheidet über Ihren Erfolg
Es gibt Menschen, die erwarten das Schlimmste, und es gibt Menschen, die erwarten immer das Beste vom Leben. Ein Vertriebsmitarbeiter erzählte mir, dass er bei den meisten Angeboten, die er erstellt, davon ausgehe, dass der Kunde beim Wettbewerber kaufe. Auf meine Frage, weshalb er sich dann überhaupt so viel Mühe mache mit seinen Angeboten, meinte er: »Weil das meine Pflicht ist und zu meinen Aufgaben gehört.« Wenn er das Schlimmste erwarte, dann werde er auch nicht enttäuscht!

Ein anderer Vertriebsmitarbeiter erwartet nur das Beste im Leben. Er denkt: »Meine Angebote treffen die Bedürfnisse meiner Kunden, und meine Kunden finden mich auch klasse und wollen mit mir zusammenarbeiten.« Dieser Mitarbeiter geht viel lockerer mit seinen Kunden um, da er immer mit Freude und Neugier an seine Aufgaben herangeht und Erfolg erwartet. Auf meine Frage, warum er so positiv denkt, meint er: »Ich gebe immer mein Bestes, und wenn ein Kunde mein Angebot nicht annimmt, dann passt er einfach nicht zu mir. Dazu ist es doch viel schöner, etwas Gutes zu erwarten, dann kann ich mich viel mehr freuen und ich bin glücklicher.«

Erfolgstipp: Erwarten Sie immer das Beste im Leben. Denn es ist angenehmer, mit einer hoffnungsvollen Einstellung zu leben als mit einer weniger positiven.

Sind Sie auf dem richtigen Weg? Stellen Sie sich Ihrem Profil
Wenn Sie Ihre Lebensgeschichte aufgeschrieben haben, dann vergleichen Sie diese mit Ihrem Profil und analysieren Sie sie anhand der 7 Codes. Schreiben Sie nun Ihre Erkenntnisse aus den vorangegangenen 7 Codes auf.
1. Ihr Charakter:
2. Ihre mentale Einstellung:
3. Ihre Prägungen:
4. Ihre Wirkung:
5. Ihre Gesundheit:
6. Ihre Intuition:
7. Ihr Erfolgsbewusstsein:

Selbstreflexion
- Überprüfen Sie, ob Ihre Lebensgeschichte zu Ihren Codes passt.
- An welchen Codes sollten Sie noch arbeiten, damit Sie Ihr Lebensziel erreichen?
- Was werden Sie noch verbessern?
- Warum werden Sie es tun?
- Was bringt es Ihnen für Ihren Erfolg?

 Erfolgstipp: Es ist nie zu spät! Schon viele Menschen hörte ich sagen: »Hätte ich das nur schon vor vielen Jahren gewusst, dann ...« Es ist egal, wann Sie beginnen! – Früher wäre es vielleicht besser gewesen. Doch auch wenn Sie schon etwas älter sind, können Sie jederzeit die 7 Codes bei sich und bei Ihren Mitmenschen anwenden. Das Alter ist keine Entschuldigung dafür, sich nicht zu bessern. Erfolg haben Sie durch Beharrlichkeit!

Was werden Sie jetzt umsetzen?
Wenn Sie jetzt den Impuls verspüren, Ihr Leben mit Ihren Möglichkeiten, die Sie haben, zu gestalten, dann sind Sie schon auf Erfolgskurs. Sie haben viel gelernt, wie Sie Ihre Einstellung optimieren, Ihre Potenziale voll nutzen und die richtigen

Ziele setzen. Fordern Sie Ihr Recht ein, ein besonderes, ja, ein außergewöhnliches Leben zu führen. Die Voraussetzungen haben Sie erhalten – Sie können sich entschlüsseln und andere Menschen besser erkennen. Jetzt liegt es an Ihnen, was Sie umsetzen und wann Sie starten.

Die 7 Schlüssel zum Erfolgscode

1. Ihr Leben ist einzigartig wie Ihr Fingerabdruck, verwirklichen Sie Ihr Ich, indem Sie das Beste aus sich herausholen. Erwecken Sie Ihre Erfolgspotenziale und leben Sie Ihre Stärken.
2. Gewinnen Sie mehr Klarheit durch Ihre Lebensvision. Definieren Sie den roten Faden für Ihre persönliche Entwicklung.
3. Verabschieden Sie sich von Ihrer Opferrolle und werden Sie zum Selbstgestalter Ihres Lebens. Handeln Sie aktiv und motiviert.
4. Aktivieren Sie Ihre Umsetzungskompetenz in allen Bewusstseinsebenen. Setzen Sie klare Prioritäten, welche Bewusstseinsebene den größten Handlungsbedarf hat.
5. Sehen Sie das Gute in Menschen und in jeder Situation. Gönnen Sie jedem sein Emporkommen, und Sie werden sehen, der Erfolg kommt noch schneller auf Sie zurück.
6. Nutzen Sie die positiven Eigenschaften Ihrer Vorbilder und gestalten Sie mit diesen Ihre persönliche Erfolgsvision, damit Sie das Optimale für sich herausholen.
7. Genießen Sie jeden Tag so viele Glücksmomente, wie Ihnen geschenkt werden.

Knacken Sie den Menschencode®

Sind Sie zur Erneuerung bereit? Dann schauen Sie sich die einzelnen Codes nochmals genau an. Werden Sie sich bewusst, dass jeder Mensch etwas ganz Besonderes ist. Gehen Sie mit viel Wertschätzung und Respekt an Ihre Mitmenschen heran. Das Leben ist ein Geschenk, und Sie haben es verdient, alles aus Ihrer Lebensreise herauszuholen, was diese für Sie bereitgestellt hat.

1. **Verbinden Sie die Gegensätze – Charaktercode**
   Das Verstehen der Unterschiedlichkeit zwischen Ihnen und Ihren Mitmenschen hilft Ihnen, Gesprächssituationen und die Berechenbarkeit einzuschätzen. Erkennen Sie hierbei die Verhaltensprofile Ihrer Gesprächspartner, damit Sie diese in Gespräche oder Verhandlungen besser abholen.

2. **Schulen Sie sich im Verzeihen – Prägungscode**
   Verzeihen hat mit Stärke und mit Selbstbewusstsein zu tun. Wer vergeben kann, wird Großes schaffen!

3. **Heben Sie Ihre Begrenzungen auf – Mentalcode**
   Es gibt Menschen, die meinen, dass man nur das eine haben kann und nicht auch das andere oder beides gleichzeitig. Begrenzungen kommen nicht von außen, sondern von Ihrem Denken. Ändern Sie Ihr Denken, dann ändern Sie Ihr Leben.

4. **Unterscheiden Sie sich von der Masse – Wirkungscode**
   Im Einklang von Körpersprache und Körpermerkmalen versus Körpersprache und -merkmale Ihres Gegenübers analysieren Sie den anderen und sich selbst. Mit dem Bewusstsein und der Ableitung von Talenten aus der Physiognomie und Ihrer individuellen Körpersprache definieren Sie Ihr Image. Setzen Sie auf Ihre Individualität!

5. **Bringen Sie Körper, Geist und Seele in Einklang – Gesundheitscode**
Durch die Analyse von Zahnstellungen, die frühzeitige Erkennung von Stresssymptomen und emotionalen Belastungen lernen Sie, Burn-outs vorzubeugen, mehr Energie zu gewinnen und Ihre Leistungsfähigkeit zu steigern. Ihr Körper ist Ihr Impulsgeber für mehr Balance und Sinngehalt!

6. **Emotionalität und Rationalität im Gleichgewicht – Intuitionscode**
Das viel zitierte Bauchgefühl ist ein wichtiger Faktor, um mit Inspiration die richtigen Entscheidungen zu treffen. Mit der emotionalen Intelligenz lernen Sie, die Intuition schlüssig zu nutzen und Emotionen zielorientiert einzusetzen. Mit Emotion zu mehr Motivation!

7. **Gestalten Sie Ihren Erfolg – Erfolgscode**
Betrachten Sie Erfolg aus unterschiedlichen Sichtweisen; für den einen ist es Reichtum, und für den anderen ist es Zeit für sich selbst und die Pflege sozialer Kontakte. Sie steuern Ihren Erfolg, indem Sie sich bewusst machen, was für Sie wirklich zählt und wie Sie die Chancen für sich positiv ergreifen. Wer Verantwortung für sein Leben übernimmt, hat Erfolg – Erfolg trägt Ihren Namen!

Was ich mir für Sie wünsche

Dass der Menschencode® ...

... Ihnen hilft, Ihre Potenziale gemäß Ihren Stärken zu leben.

... jedem *Unternehmer* ganzheitliche Erkenntnisse gebracht hat, damit er seine Führungskräfte und Mitarbeiter noch gezielter auswählt und sie nach ihren Stärken einsetzt. Und damit verbunden, dass die Motivation im Unternehmen stärker gelebt wird und die Mitarbeiter noch selbstständiger und engagierter die Ziele des Unternehmens erreichen.

... alle *Führungskräfte* mit neuen Anregungen inspiriert hat, die gesteckten Ziele zu erreichen und Entscheidungen mit dem Einsatz emotionaler Intelligenz noch sicherer zu treffen und Mitarbeiter individueller zu entwickeln, damit die Identifikation mit dem Unternehmen gesteigert wird.

... den *Vertriebsmitarbeitern* neue Erkenntnisse und Verkaufsimpulse gibt, damit sie mit mehr Leichtigkeit an die Kundengespräche herangehen, den Kunden schneller erkennen, sich Gesprächsziele setzen, mit dem »Nein-Sagen« spielerischer umgehen und ihre innere Haltung als einen Erfolgsgaranten erkennen und einsetzen.

... allen *Mitarbeitern* noch mehr Sicherheit gibt, zu erkennen, welche Aufgaben sie effektiver und effizienter erledigen und wie sie eine bessere Balance herstellen, damit ihre Gesundheit langfristig gesichert ist (b789er).

... jedem *Leser* Möglichkeiten eröffnet hat, ein zufriedeneres Leben zu führen, indem Sie noch verständnisvoller mit sich umgehen und Ihr Gegenüber besser einschätzen, sowie zu erkennen und zu sehen, dass jede Veränderung immer bei einem selbst beginnt.

Nutzen Sie Ihre Chance in Ihrem Leben! Denken Sie daran, manche Ziele erreichen Sie schneller, und andere benötigen etwas mehr Zeit. Bleiben Sie aktiv und gehen Sie konsequent Ihren Weg.

Haben Sie gerade den zweiten Code entdeckt? Herzlichen Glückwunsch, Sie haben eine gute Wahrnehmung! Loggen Sie sich mit dem Code auf meiner Webseite www.sabineoberhardt.com ein und überprüfen Sie, wie gut Sie Ihre Menschenkenntnis bereits entwickelt haben.

Für Ihren weiteren Lebensweg wünsche ich Ihnen immer unerschöpfliche Energie, ganz viel Glück und viele Unterstützer, damit Sie Ihre Ziele verwirklichen.

Bewahren Sie sich Ihre Träume, leben Sie Ihre Träume und geben Sie alles dafür. Machen Sie das, was SIE aus tiefstem Herzen wollen, und leben Sie Ihr Leben.

Dank

Mein ganz besonderer Dank gebührt meinen Eltern, die mir durch ihre Erziehung, ihr Wertesystem und ihr Vertrauen die Grundlagen für mein heutiges Wirken gegeben haben.

Meinem Mann danke ich, dass er mich so liebt, wie ich bin, und mir die Freiräume gegeben hat, meinen Weg zu gehen, und mich meine Begeisterungsfähigkeit und Kreativität leben lässt.

Meinem Sohn danke ich dafür, dass er mein Leben so sehr bereichert, stets verständnisvoll ist und mir mit Wertschätzung begegnet.

Auch meinen früheren Vorgesetzten, die mir die Chancen gaben, schon in jungen Jahren meine Potenziale zu leben, danke ich für das Vertrauen in meine Person und in meine Führungs- und Vertriebskompetenz.

Meinen zahlreichen Mentoren gilt ein besonderer Dank. Durch die Begegnungen mit Dr. Leonhard Hochenegg (1942–2012) habe ich die Welt und Menschen mit neuen Ansätzen kennengelernt. Bei Frank Scheelen habe ich viele hilfreiche Tools über Unternehmensführung und Menschenkenntnis gelernt.

Es gibt noch ganz viele Menschen, die mein Leben bisher begleiteten und mich immer unterstützt haben. Hier sind mir einige besonders wichtig: meine beste Freundin Desiree, die in jeder Lebenslage für mich da ist. Kirsten Hirschmann, die mich als erfolgreiche Unternehmerin und Netzwerkerin in allen Fragen unterstützt und mich sehr gut reflektiert hat. Dr. Wolfgang Blechschmitt, der mich mit seiner unternehmerischen Erfahrung und außergewöhnlichen Lebensführung immer wieder neu inspiriert und bestärkt.

Von ganzem Herzen möchte ich mich bei all den Menschen bedanken, die mich beim Entstehen dieses Buches auf allen Ebenen unterstützt haben. Im Besonderen danke ich Marion Plum, Tabea Lerch, Christine Wüst und Dr. Adele Dezsö-Lakatos, die mich inhaltlich unterstützten, sowie Terzo Algeri, die die schönen Fotos zauberte.

Ein herzlicher Dank gebührt meinem Verlag für die außergewöhnlich gute Zusammenarbeit.

Allen meinen Kunden, die ich in mein Herz geschlossen habe, die mir ihr Vertrauen schenken und mit ihren Anliegen zu mir kommen, spreche ich meinen Dank aus.

Es freut mich, dass Sie dieses Buch für Ihre persönliche Entwicklung gekauft haben und Sie dadurch zu einem besseren und wertschätzenderen Miteinander beitragen.

Feedback

Über eine persönliche Rückmeldung, welche Tipps besonders hilfreich waren, freue ich mich sehr.

Für alle Ihre Fragen stehe ich Ihnen jederzeit gerne zur Verfügung.

Sabine Oberhardt GmbH & Co. KG
Erfolgs- und Balancestrategien für Menschen und Unternehmen
Karl-Heim-Str. 13
74363 Güglingen

Telefon +49 (0)7135 / 96 11 60
Fax +49 (0)7135 / 96 11 49

E-Mail success@sabineoberhardt.com
Website www.sabineoberhardt.com

Register

A
Arbeitsstil 33
Arbeitszufriedenheit 185
Ausstrahlung 86, 107, 142
Authentizität 106

B
Balance 135, 142, 144, 146
Bewegung 92, 144, 146
Bewusstseinsstufen 71
Bewusstseinszustand 76, 172
Beziehungsstil 33
Body-Feedback 90
Burn-out 210

C
Chancen 196, 210
Charakter 17
Charaktercode 17

D
Denkebenen 70
Du-Bewusstsein 183

E
Einschätzungsvermögen 32
Emotionale Intelligenz 164
Empathie 100, 164, 166, 184
Energie 67, 76, 144
Energiegewinnung 135
Entscheidungen treffen 12, 85, 160, 170
Erfolgsbeschleuniger 75
Erfolgsbewusstsein 180, 197
Erfolgscode 173
Erfolgsgeschichten 198
Erfolgspotenzial 175, 202
Ernährung 144, 146
Erster Eindruck 84
Erziehung 39, 162

Extrovertiert 29, 41

F
Fachkompetenz 11
Fokus 78, 158, 197
Fremdbild 28
Freunde 29
Führungsbewusstsein 185
Führungskraft 23, 165, 185
Führungsposition 81
Führungsstil 33

G
Gedankenbewusstsein 70
Gedankenhygiene 59
Gehaltserhöhung 70
Gelassenheit 135, 141
Gene 136, 174
Gestik 81
Gesundheitscode 135
Gesundheitszustand 135, 145, 147
Glücks- und Erfüllungsbewusstsein 194

I
Ich-Bewusstsein 181
Identität 108, 109
Image 81, 106, 209
Imagecode 106
Imagetyp 108
Introvertiert 29, 41, 101
Intuition 74, 157, 160
Intuitionsaktivierung 164
Intuitionsblockaden 161
Intuitionscode 157

K
Kleidung 110
Kohärenz 78
Kommunikationsstil 33

Konflikt 22, 140
Konzentrationskraft 67
Körperseiten 92
Körpersprache 25, 81, 90
Körpersprachecode 81
Kunden 66, 206

L
Lebensgeschichte 136, 207
Lebensgestalter 71, 182
Lebensplan 142
Leistung 135
Leistungsdruck 75, 140
Lüge 102
Lügenerkennung 102

M
Markenzeichen 109
Mentalcode 59
Mentales Training 75
Mentale Verfassung 143
Mentale Zieleprogrammierung 78
Mimik 81, 86, 102
Mitarbeiter 29, 165
Motivation 169, 172
Motivationsstil 33

N
Naturelle des Menschen 116, 144, 146

P
Persönlichkeitsanalyse 18
Persönlichkeitsentwicklung 196
Persönlichkeitsprofil 19, 133, 175
Positiv denken 69
Prägung 40
Prägungsarten 42
Prägungscode 39
Prägungstyp 44
Psycho- und Physiognomikcode 113

R
Reichtumsbewusstsein 189
Rücken 152

S
Sabotageprogramme 49
Schlaf 76, 138, 146, 148
Selbstbewusstsein 43, 77
Selbsterfüllung 77
Selbsterkenntnis 43
Selbstheilungskräfte 138, 156
Selbstliebe 182
Selbstmotivation 166
Selbstregulierung 166
Selbsttäuschung 47
Selbstverantwortung 63, 65, 66, 77
Selbstwahrnehmung 166
Soziale Kompetenz 166
Sprachmuster 97
Stimme 25, 26, 86, 97
Stress 87, 135, 139, 140, 147
Stresslevel 142

T
Team 40, 154
Temperament 17

V
Veränderungsprozesse 41
Verantwortungsbewusstsein 187
Verhaltensstil 33
Verkaufen 66
Verkäufer 11, 66
Verkaufsgespräch 37
Verkaufsstil 33
Vertriebsmitarbeiter 11, 206
Verzeihen 54, 209
Visualisierungskraft 74
Vorbilder 109, 111
Vorstellungskraft 60, 65

W
Wahrnehmung 81
Wertebewusstsein 192
Wirkung 81
Wirkungscode 81

Z
Zieldefinition 176
Zieleprogrammierung 76

Quellenverzeichnis

Bailom, Franz, Kurt Matzler und Dieter Tschemernjak (2013): Was Top-Unternehmen anders machen: Mit Strategie, Innovation und Leadership zum nachhaltigen Erfolg. Linde.
Binswanger, Mathias (2006): Die Tretmühlen des Glücks: Wir haben immer mehr und werden nicht glücklicher. Was können wir tun? Herder.
Birkenbihl, Vera F. und Alexander Christiani (1999): Meilensteine zum Erfolg. MVG.
Branden, Nathaniel (2010): Die 6 Säulen des Selbstwertgefühls: Erfolgreich und zufrieden durch ein starkes Selbst. Piper.
Caffin, Michele (2011): Was Zähne zeigen. Aurum in J. Kamphausen.
Carnegie, Dale (2003): Der Erfolg ist in dir. Fischer.
Chopra, Deepak (2004): Die sieben geistigen Gesetze des Erfolgs. Allegria.
Collins, Jim (2011): Der Weg zu den Besten: Die sieben Management-Prinzipien für dauerhaften Unternehmenserfolg. Campus.
Correll, Werner (2007): Menschen durchschauen und richtig behandeln: Psychologie für Beruf und Familie. MVG.
Coué, Emil (1997): Die Selbstbemeisterung durch bewusste Autosuggestion. Schwabe.
Cube, Felix von und Klaus Dehner (2005): Führen durch Fordern: Die BioLogik des Erfolgs. Piper.
Czechorowski, Claudine und Henri Czechorowski (2011): Das Praxisbuch der Meditation: Atemtechniken, Mantras und Mudras, Konzentrations- und Visualisierungsübungen für Ruhe und Klarheit. Windpferd.
Damasio, Antonio (2000): Ich fühle, also bin ich. Die Entschlüsselung des Bewusstseins. List.
Dethlefsen, Thorwald und Rüdiger Dahlke (2000): Krankheit als Weg. Kap: Welche Funktionen übt die rechte Hirnhälfte im Unterschied zur linken Hirnhälfte aus? Goldmann.
Deutsche Presse Agentur (2010): Sozialkontakte fördern Gesundheit. In: Spiegel Online. URL: http://www.spiegel.de/wissenschaft/mensch/psyche-und-gesundheit-einsamkeit-schadet-genauso-wie-rauchen-a-708728.html. Abruf am 16.03.2015.

Dyer, Wayne W. (2005): Mit Absicht: Den eigenen Lebensplan erkennen und verwirklichen. Goldmann.
Edelmann, Johannes (2006): Psychodontie: Zähne - Spiegel der Persönlichkeit. Ausstrahlung, Attraktivität, Image durch psychodontisches Zahndesign. FQL-Publishing.
Ekman, Paul (1999): Basic Emotions. In: Dalgleish, T. und T. Power (Eds.): The Handbook of Cognition and Emotion. Pp. 45-60. John Wiley & Sons.
Elsner, Frank und Ranga Yogeshwar (2011): Die Große Show der Naturwunder. Der erste Eindruck zählt. Sendung vom 28.12.2011. URL: http://www.swr.de/naturwunder/thema-4-der-erste-eindruck-zaehlt/-/id=1223312/did=8506810/nid=1223312/1wzzm08/. Abruf am 29.03.2015.
Ericsson, K. Anders, Ralf Th. Krampe und Clemens Tesch-Romer (1993): The Role of Deliberate Practice in the Acquisition of Expert Performance. Psychological Review. Vol. 100. No. 3. Pp. 363-406.
Ferronato, Natale, Andreas Halstenberg und Wilma Castrian (2014): Praxis der Pathophysiognomik: Lehrbuch und Bildatlas der Krankheitszeichen im Gesicht. Haug.
Franck, Wolfgang und Dora Linß (2000): Emotionale Intelligenz im Verkauf. MVG.
Frank, Elsa M. (2007): Wege zur Menschenkenntnis: Wissenschaft nach Carl Huter. Verlag des Psychotherapeutischen Instituts Bergerhausen.
Frank, Gunter (2001): Gesundheitscheck für Führungskräfte: Ihr persönlicher Weg zu mehr Leistungsfähigkeit jenseits aller Moden. Campus.
Franke, Rainer (2004): Klopfen Sie sich frei! rororo.
Gálvez, Cristián (2007): Du bist, was du zeigst! Erfolg durch Selbstinszenierung. Knaur.
Gebauer, Ray: Mice and the Electric Grid Experiment. URL: http://www.selfgrowth.com/articles/The_Single_Cause_And_Cure_For_Any_Health_Challenge.html. Abruf am 06.04.2015.
Gladwell, Malcolm (2005): Blink! Die Macht des Moments. Campus.
Glass, Lillian (2005): Ich weiß, was Sie denken! Vier glasklare Methoden, Menschen zu durchschauen. Goldmann.
Goleman, Daniel (1995): Emotional Intelligence: Why it can matter more than IQ. New York: Bantam Books.
Goleman, Daniel (1997): EQ. Emotionale Intelligenz. dtv.
Gross, Stefan F. (2010): Beziehungsintelligenz. Redline.
Harenberg, Bodo (2002): Harenberg Lexikon der Sprichwörter und Zitate. Harenberg.
Häusel, Hans-Georg (2014): Think Limbic! Die Macht des Unbewussten nutzen für Management und Verkauf. Haufe.
Hay, Louise (2009): Heile deinen Körper: Seelisch-geistige Gründe für körperliche Krankheit und ein ganzheitlicher Weg, sie zu überwinden. Lüchow.

Hengstschläger, Markus (2008): Die Macht der Gene: Schön wie Monroe, schlau wie Einstein. Piper.

Hinterhuber, Hans H. und Eric Krauthammer (2014): Leadership – mehr als Management: Was Führungskräfte nicht delegieren dürfen. Gabler.

Hirschi, Gertrud. (2000): Mudras: Yoga in your hands. Weiser Books.

Hochenegg, Leonhard und Fatima Hochenegg jun. (2006): Strategie der Sieger.

Huter, Carl (1985): Physiognomik und Mimik: Grundlagen zur Seelensprache des Gesichtes. Weisses Licht.

Izzo, John (2010): Die fünf Geheimnisse, die Sie entdecken sollten, bevor Sie sterben. Goldmann.

Johnson, Spencer und Larry Wilson (2002): Das Minuten Verkaufstalent. rororo.

Jönsson, Claus (1961): Elektroneninterferenzen an mehreren künstlich hergestellten Feinspalten. In: Zeitschrift für Physik: Hadrons and Nuclei. 161. Nr. 4. S. 454–474.

Jung, Carl Gustav (1976): Über die Archetypen des kollektiven Unbewussten. In: Gesammelte Werke, Band 9.1. Patmos

Kahler, Taibi (1977): Das Miniskript. In: Barnes, G. et al: Transaktionsanalyse seit Eric Berne, Bd. 2, S. 91-132. Kottwitz.

Kahn, Oliver (2010): Ich. Erfolg kommt von innen. Goldmann.

Kahn, Oliver (o.J.): Interview auf www.mensfitness.de/oliver-kahn. Abruf am 02.04.2015.

Karsten, Jürgen (2011): Das Mentalprinzip: Wie Sie denken, was Sie wollen und bekommen, was Sie denken. Heyne.

Klein, Stefan (2002): Die Glücksformel. Rowohlt.

Krishnamurti, Jiddu (2001): Die Wahrheit ist ein pfadloses Land. Aquamarin-Verlag.

Krishnamurti, Jiddu (2001): Vollkommene Freiheit. Das große Krishnamurti-Buch. Fischer.

Koch, Julia (2012): Das Leben vor der Geburt. In: Der Spiegel. Ausgabe vom 18.06.2012. URL: http://www.spiegel.de/spiegel/print/d-86505890.html. Abruf am 18.03.2015.

Koch, Marianne (2003): Körperintelligenz: Was Sie wissen sollten, um jung zu bleiben. dtv.

Köhler, Hans-Uwe L. (2000): Mehr verkaufen mit Emotionaler Intelligenz. Metropolitan.

Krusche, Helmut (2002): Der Frosch auf der Butter. NLP - Die Grundlagen des Neuro-Linguistischen Programmierens. Econ.

Kupfer, Amandus (2001): Grundlagen der Menschenkenntnis - Band I: Die Formkraft der Psyche. Weisses Licht.

Küstenmacher, Werner (2000): Der Ich-Kompass: Wer ich bin /Was kann ich /Mit wem ich kann. SCM R. Brockhaus.

»Lateralisierung«, Artikel in: Lexikon der Neurowissenschaften, 2001. Band 2. S. 290. Spektrum Akademischer Verlag.

Lindinger, Karin (2011): Lass los und gewinne (Körper, Geist & Seele). GU.

Lipton, Bruce: Die Weisheit der Zellen. Interview. URL: http://www.sein.de/geist/weisheit/2010/die-weisheit-der-zellen--interview-mit-bruce-lipton.html). Abruf am 02.04.2015.

Lipton, Bruce H. (2006): Intelligente Zellen. Wie Erfahrungen unsere Gene steuern. Koha.)

Löhr, Jörg und Ulrich Pramann (2004): Lebe deine Stärken! Wie du schaffst, was du willst. Econ.

Lundin, Stephen C. und Harry Paul (2003): Fish! Ein ungewöhnliches Motivationsbuch. Goldmann.

Maslow, Abraham H. (1981): Motivation und Persönlichkeit. rororo.

McTaggart, Lynne (2008): Intention. VAK.

Meinhof Renate: Unter Freunden. Süddeutsche Zeitung Magazin. Heft 03/2012. URL: http://sz-magazin.sueddeutsche.de/texte/anzeigen/36875/3/1. Abruf am 02.04.2015.

Merkle, Rolf: Selbsterkenntnis Experiment: Deine Gedanken haben einen Einfluss auf deinen Körper und dein Verhalten. URL: http://www.palverlag.de/selbsterkenntnis-7.html. Abruf am 06.04.2015.

Molcho, Samy (1996): Körpersprache. Goldmann.

Möller, Peter (o.J.): Zitate zu Recht, Gesetz und Juristen. Berlin. URL: http://www.philolex.de/recht.htm. Abruf am 03.04.2015.

Murphy, Joseph (1982): Die Gesetze des Denkens und Glaubens. Goldmann.

Nadolny, Sten (2012): Die Entdeckung der Langsamkeit. Piper.

Nagel, Gerhard (2010): Chefs am Limit: 5 Coaching-Wege aus Burnout und Jobkrisen. Hanser.

Navarro, Joe (2010): Menschen lesen: Ein FbI-Agent erklärt, wie man Körpersprache entschlüsselt. MVG.

Niven, David und Jochen Eggert (2003): Die 100 Geheimnisse erfolgreicher Menschen: Was Wissenschaftler herausgefunden haben und wie wir es nutzen können. Integral.

Nussbaum, Cordula (2012): Organisieren Sie noch oder leben Sie schon? Zeitmanagement für kreative Chaoten. Campus.

O. A. (2014): Ethik und Wertemanagement. In: Center for Responsible Management. Management by Ethics. URL: http://responsible-management.at/ethik-und-wertemanagement/. Abruf am 02.04.2014.

O.A. (2011): Erfolg im Job. Schönheit zählt so viel wie ein Uni-Abschluss. Süddeutsche Zeitung Online. URL: http://www.sueddeutsche.de/karriere/erfolg-im-job-schoenheit-zaehlt-so-viel-wie-ein-uni-abschluss-1.1239201. Abruf am 30.03.2015.

Oppelt, Siglinda (2004): Management für die Zukunft: Spirit in Business: Anders denken und führen. Kösel.
Ortega y Gasset, José (2012): Der Aufstand der Massen. Deutsche Verlags-Anstalt.
Pease, Allan und Barbara Pease (2002): Der tote Fisch in der Hand und andere Geheimnisse der Körpersprache. Ullstein.
Rampus, K. (1947): Social Competence. In: Journal of Abnormal and Social Psychology (26), S. 681-687.
Riskind, John H. und Carolyn Gotay (1982): Physical posture: Could it have regulatory or feedback effects on motivation and emotion? Motivation and Emotion. Vol 6 (3). 273-298.
Robbins, Anthony (2004): Grenzenlose Energie - Das Powerprinzip: Wie Sie Ihre persönlichen Schwächen in positive Energie verwandeln. Allegria.
Robbins, Anthony (2004): Prinzip des geistigen Erfolgs: Der Schlüssel zum Power-Programm. Allegria.
Roy, Martina (2002): Emotionale Balance. Von Schwerarbeit zu Mühelosigkeit. Der Weg zu innerem Frieden und Heilung. KOHA.
Scheelen, Frank M. und John Butler (2000): Managementkompetenz. Der Weg zum erfolgreichen Unternehmer. MI.
Scheelen, Frank M. (2006): Menschenkenntnis auf einen Blick. Sich selbst und andere besser verstehen. MVG.
Scherer, Hermann (2009): Jenseits vom Mittelmaß: Unternehmenserfolg im Verdrängungswettbewerb. Gabal.
Scherer, Hermann (2013): Schatzfinder: Warum manche das Leben ihrer Träume suchen – und andere es längst leben. Campus.
Scherer, Hermann (2014): Glückskinder: Warum manche lebenslang Chancen suchen - und andere sie täglich nutzen. Piper.
Schmidt, K. O. (1989): Neue Lebensschule: Band I: In Dir ist die Kraft. Ein Jahresplan der Lebens- und Erfolgsbemeisterung. Reichl.
Schmidt, K. O. (1989): Neue Lebensschule: Band II: Macht der Persönlichkeit. Ein Jahresplan der Lebens- und Erfolgsbemeisterung II. Reichl.
Schmidt, K. O. (1989): Neue Lebensschule: Band III: Die schöpferischen Kräfte. Reichl.
Schwarz, Aljoscha A. und Ronald P. Schweppe (1999): Die Macht des Unbewussten für sich nutzen. Südwest.
Seiwert, Lothar (2013): Simplify your time: Einfach Zeit haben. Knaur.
Shafy, Samiha (2011): Der Nachtkampf. In: Der Spiegel 44/2011. URL: http://www.spiegel.de/spiegel/print/d-81303024.html. Abruf am 02.04.2015.
Sheldrake, Rupert (1999): Der siebte Sinn der Tiere. Spektrum der Wissenschaft Spezial 1/2010 »Zufall und Chaos«, S. 32. Scherz Verlag.

Sheldrake, Rupert (2005): Der siebte Sinn des Menschen: Gedankenübertragung, Vorahnungen und andere unerklärliche Fähigkeiten. Fischer.
Spektrum der Wissenschaft Spezial 1/2010 »Zufall und Chaos«, S. 32.
Spieth, Rudolf (1996): Menschenkenntnis im Alltag. Orbis.
Spitzer, Manfred (2005): Nervensachen: Geschichten vom Gehirn. Suhrkamp.
Springer Fachmedien Wiesbaden (2013): Projektmanagement - treffend verpackt. Über 800 Zitate ausgewählter Persönlichkeiten. Gabler.
Strack, Fritz, Leonard L. Martin, und Sabine Stepper (1988): Inhibiting and Facilitating Conditions of the Human Smile: A Nonobtrusive Test of the Facial Feedback Hypothesis. In: Journal of Personality and Social Psychology. Vol. 54. No. 5. S. 768–777.
Stephen, I.D. et al (2009): Facial skin coloration affects perceived health of human faces. International Journal of Primatology.
Storch, Maja (2006): Der vernachlässigte Körper. In: Psychologie heute. Ausgabe Juni.
Tracy, Brian (2003): Das Maximum-Prinzip: Mehr Erfolg, Freizeit und Einkommen - durch Konzentration auf das Wesentliche. Campus.
Traufetter, Gerald (2013): Intuition: Die Weisheit der Gefühle. Rowohlt.
Watzlawick, Paul, Janet H. Beavin und Don D. Jackson (2007): Menschliche Kommunikation. Formen, Störungen, Paradoxien. Huber.
Watzlawick, Paul (2009): Anleitung zum Unglücklichsein. Piper.
Welt der Wunder (o.J.): So entlarven Sie Lügner. URL: http://video.weltderwunder.de/playerv/vod-player.html?tx_kaltura_pi1%5Bclipid%5D=0_t6qcuoq4&cHash=d4ba8e4f312f8f46b412877be57bb9df. Abruf am 02.04.2015.
Winthrop, Simon (2012): So werden Sie ein Mentalist: Der Star-Magier erklärt die geheimen Methoden aus der Serie The Mentalist. MVG.
Würth, Reinhold (1999): Erfolgsgeheimnis Führungskultur: Bilanz eines Unternehmers. Paul Swiridoff.

Die Autorin

Als Expertin für Profilanalytik versteht es *Sabine Oberhardt,* mit Zielorientierung und Menschenkenntnis ihre Kunden zum Erfolg zu bringen.

Eine Frau, die lebt, was sie sagt: authentisch und empathisch. Mit diesen Stärken coacht die erfahrene Praktikerin seit über 15 Jahren Führungs- und Vertriebsteams in Unternehmen verschiedener Branchen. Sie überzeugt, weil sie weiß, wovon sie spricht.

Durch ihre positive Einstellung und ihre Willenskraft wurde sie die jüngste Anlageberaterin in der Region, die innerhalb von einem halben Jahr zu den Besten gehörte. Frei nach dem Motto »Es geht immer noch etwas mehr« nahm sie nach einigen Jahren des erfolgreichen Verkaufens eine Herausforderung mit Führungsaufgabe wahr. Innerhalb von 100 Tagen sollte sie eine in den roten Zahlen befindliche Immobilien GmbH wieder nach vorne bringen. Mit ihrer mentalen Stärke und Begeisterungsfähigkeit schaffte sie den für unmöglich gehaltenen Turnaround. Sie führte trotz Widerständen ein leistungsbezogenes Bonussystem ein und steigerte dadurch massiv den Unternehmenserfolg.

Ihre Kunden sehen Sabine Oberhardt als Möglich-Macherin und schätzen ihre Schnelligkeit im Erfassen von Menschen und Situationen. In unnachahmlicher Weise versteht sie es in ihren Vorträgen, Seminaren und Coachings, Menschen innerhalb kürzester Zeit zu Erkenntnissen über ihre eigenen Stärken zu führen und innere Motivationsprozesse zu starten.

Durch ihre langjährige Coaching-Erfahrung mit weit über 250 Seminaren und Coachings pro Jahr, ihre umfangreiche Praxiserfahrung sowie ihre begeisternde, charismatische und authentische Art zeichnet sich Sabine Oberhardt besonders aus. Tausende von Führungskräften und Vertriebsmitarbeitern hat sie bereits erfolgreich begleitet und in ihrer Persönlichkeit und ihren Fähigkeiten weiterentwickelt.

Hierfür hat sie mit dem Menschencode® eine ganzheitliche Technik, bestehend aus 7 Codes, entwickelt, um in Unternehmen Mitarbeiter nach ihren Stärken auszuwählen, Positionen richtig zu besetzen und Vertriebspotenziale zu steigern. Ihre Methode vermittelt Sabine Oberhardt als Expertin vielen Nachwuchsführungskräften auch an diversen Hochschulen.

Die Autorin lebt mit ihrem Mann und ihrem Sohn in Heilbronn-Franken - der Region der Weltmarktführer - und arbeitet in Deutschland, Österreich und in der Schweiz.

www.sabineoberhardt.com

BUCHANKÜNDIGUNG

Sabine Oberhardt

Mehr Details wie Sie mithilfe eines positiven Mindsets über sich hinauswachsen und hierbei erfolgreiche Chancen bei sich sowie auch im Unternehmen verwirklichen, verrät Sabine Oberhardt in ihrem bald erscheinenden Buch „Mind Change Code".

Das Buch kann über Ihren Fachbuchhändler oder über Amazon bezogen werden.
ISBN 978-3-946834-79-3
Erscheinungstermin: September 2019

Neugierig?

Auf Anfrage geben wir Ihnen bereits jetzt gerne Einblicke in das Buch! Schreiben Sie einfach an die Autorin: *success@sabineoberhardt.com*

Sie wollen mehr wissen?

Schreiben Sie gerne jederzeit oder rufen Sie an!
E-Mail: *success@sabineoberhardt.com* · Tel.: 0 71 35 / 96 11 60

Alle Informationen zu unseren Seminaren und viele weitere Anregungen, die Ihnen helfen, Ihr Leben auf Erfolgskurs zu bringen, finden Sie auf unserer Homepage *www.sabineoberhardt.com*.